행복한 부모-자녀 관계를 위한

예비부모교육

| 조성연 저 |

Education for Future Parenthood

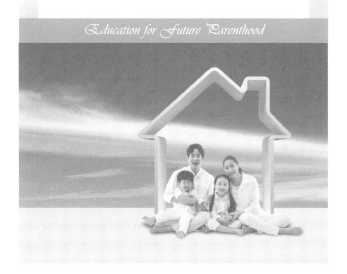

학지사

머리말

　우리는 살면서 한 번쯤 부모로서의 역할을 수행해 볼 수 있고, 이를 기대하기도 하며, 때로는 이러저러한 이유로 부모 되기를 그만두거나 아예 시도조차 하지 않기도 한다. 인생에서 남녀가 만나 자녀를 출산하여 부모가 되는 것은 다분히 선택적이다. 이는 인생에서 다른 어떤 직업보다 어렵고, 일단 선택하면 중간에 그만둘 수도 없다. 그렇기에 부모가 될 사람은 부모가 되기 전에 진정으로 부모가 되고 싶은지, 오랜 시간 동안 부모로서 자신이 한 자녀 혹은 여러 자녀의 삶을 책임지는 역할을 수행할 수 있는지에 대해 숙고해야 한다.

　두 자녀를 낳아 기르면서 나 자신이 올바른 부모 역할을 하고 있는지에 대해 늘 고민했고 인생에서 가장 어려운 직업이 부모라는 생각을 하면서 때로는 부모 역할을 그만두고 싶다는 생각이 들 때도 있었다. 그러나 자녀의 성장과 발달을 지켜보면서 부모가 되는 것을 선택한 것은 내 인생에서 가장 잘한 일이라는 생각이 들곤 한다. 부모가 되는 것은 결코 쉬운 일이 아니다. 부모 역할은 그 어떤 일보다 많은 시간과 노력을 투자해야 하는 어려운 일이다. 부모가 되기 전에 부모로서 어떤 역할을 해야 하는지, 어떤 철학과 신념을 가지고 자녀를 양육해야 하는지, 부모가 되기 위해 알아야 할 것은 무엇인지 등에 대해 교육을 받는 것은 행복한 부모-자녀 관계를 형성하고 유지하는 데 큰 도움이 될 수 있다.

"한 아이를 키우려면 온 마을이 필요하다."

"열 손가락 깨물어 안 아픈 손가락 없다."

"아이는 꽃으로도 때리지 말라."

"칭찬은 고래도 춤추게 한다."

자녀 양육과 관련한 속담이나 격언은 무수히 많다. 이런 속담이나 격언은 필경 오랜 시간의 자녀 양육 경험에서 나왔을 것이다. 자녀를 키우는 데 어떤 이웃이나 지역사회가 좋은지, 자녀가 여럿일 때는 어떻게 훈육해야 하는지, 자녀 훈육 시 어떤 교육 방법이 좋은지, 자녀에게 칭찬은 어느 정도로 해야 적합한 수준인지 등 초보 부모에게 이 모든 것은 어렵기만 하고, 실제로 어떤 양육서를 봐도 이에 대한 기준을 제시한 책은 찾아보기 어렵다. 물론 이 책에서도 이에 대한 기준을 제시하지는 못한다. 다만, 이 책은 초보 부모로서 부모 역할 수행 시 알아 두면 좋겠다고 생각한 내용을 담고자 했을 뿐이다.

사회는 빠르게 변하고 있다. 불과 10년 전 자녀 양육을 했던 사람과 이제 막 부모가 되어 그 역할을 수행하는 사람의 입장에서 부모로서 알아 두어야 할 내용에는 상당한 차이가 있고, 어떤 것이 꼭 필요한 내용이라고 말하기도 쉽지 않다. 그러나 아무리 시대가 달라져도 변하지 않는 부모 역할이 있다. 그리하여 이 책은 초보 부모로서 알아 두면 그 역할 수행에 조금이라도 도움이 될 수 있는 내용을 담아 집필하고자 하였다.

초보 부모로서 부모 역할을 수행하는 데 필요한 책이 있으면 좋겠다고 생각한 것은 '예비부모교육'이라는 다소 생소한 명칭으로 교양 교과목을 개설하면서였다. '예비부모교육'이라는 이름의 교양 교과목은 매 학기 수강생이 200명을 넘길 정도로 인기가 많았고, 학생들로부터 미래 부모가 되면 큰 도움이 될 것 같다는 강의평가를 받으면서 대학생뿐만 아니라 일반인을 위해 이런 내용의 책이 있으면 좋겠다는 생각을 하였다. 그리하여 2001년에 미래 부모가 될 대학생과 초보 부모를 위해 『예비 부모를 위한 부모됨의 교육』(동인문화사)이라는 당시로서는 다소 생소한 제목의 책을 출간하였다. 이후 내용을 대폭 수정하여 2006년에 『예비 부모교육』(학지사)이라는 제목으로 재출간하였다. 그런데 최근 아동학대 문제가 매스컴에서 불거지면서 노학자로서, 그리고 두 아이의 엄마로서, 부모가 되기 전에 부모 역할이 무엇인지, 부모가 되기 전에 무엇을 알아 두면 도움이 될지에 대해 다시 생각하게 되었다. 그래서 한동안 개설하지 않았던 '예비부모교육'의 교양 교과목을 2020년부터 사이버 강의로 재개설하였는데 학생들로부터 좋은 반응을 받았기에 이전에 출판한 책을 전면 수정하여 재집필해야겠다는 생각을 하게 되면서 이 책을 출판하게 되었다.

이 책은 초보 부모로서 알아 두면 도움이 되겠다고 생각한 내용을 중심으로 4부의 10장으로 구성하였다. 특히 초보 부모와 자녀에게 생후 1년이라는 기간이 가장 중요한 시기임을 고려하여 생후 1년 동안의 과정에 초점을 두어 내용을 집필하였다. 제1부는 현대 가족에서의 부모 역할에 대한 '현대 가족과 부모 역할', 제2부는 임신과 관련한 태교와 태내 발달 및 출산에 대한 '임신과 출산', 제3부는 신생아와 영아의 발달 과정과 수유 및 이유식, 그리고 영아의 안전한 생활에 대한 '발달 과정과 수유 및 영아의 안전생활', 제4부는 부모 양육태도와 맞벌이 가족에서의 부모 역할에 대한 '부모 양육태도와 맞벌이 가족의 부모 역할'이다. 이 책은 단순히 대학교의 예비부모교육을 위한 강의교재로서만이 아니라 초보 부모에게도 도움이 되기를 바라는 마음으로 집필하였다. 이 책에는 과거 집필하였던 저서의 일부분을 수정하여 재집필한 부분이 있음을 밝힌다.

과거와 달리 최근의 젊은 부모들은 자녀와 함께 적극적으로 다양한 활동을 함으로써 친구 같은 아버지와 어머니가 되기를 원하면서 자녀들에게 뭔가를 직접 주기보다는 자녀 스스로 자신의 진로를 선택하여 자족하는 삶을 살 수 있는 기초를 마련해 주고자 한다. 부모는 더 이상 자녀의 입에 뭔가를 직접 넣어 주는 존재가 아니라 자녀 스스로 터득할 수 있도록 안내해 주는 사람이다. 그렇게 하는 것이 4차 산업혁명 시대를 살아가는 초보 부모의 역할일 수 있을 것이다.

우리 아이들에게 줄 수 있는 가장 큰 선물은
우리가 가진 귀중한 것을 아이들과 함께 나누는 것만이 아니라
자기들이 얼마나 값진 것을 가졌는지 스스로 알게 해 주는 것이다.

-스와힐리 격언-

자식을 불행하게 하는 가장 확실한 방법은
언제나 무엇이든지 손에 넣을 수 있게 해 주는 일이다.

-루소-

　　최대한 최신 자료를 통해 초보 부모가 알아야 할 내용을 담고자 지난 1년간 최선을 다했으나 막상 책의 출판을 앞두고 보니 아쉬운 부분이 많음은 어쩔 수 없는 것 같다. 이 책을 출판하면서 이제는 성인으로서 자신의 삶을 꾸리고 있는 아들 지원이와 딸 지선이의 얼굴이 가장 먼저 스친다. 늘 부족한, 그러면서 바쁘기만 했던 엄마로서 아이들에게 충분한 엄마 역할을 해 주지 못한 것이 늘 마음 한편에 아쉬움으로 남아 있는데, 이 책을 통해 그동안의 미안한 마음을 조만간 부모가 될 내 아이들과 미래의 초보 부모에게 주는 정보로 대신하면서 조금이라도 덜 수 있기를 바라본다. 마지막으로 기꺼운 마음으로 이 책을 출판해 주신 학지사의 김진환 사장님과 수많은 교정과 편집을 위해 수고를 아끼지 않았던 편집부 직원분들께도 깊은 감사의 마음을 전한다. 지난 1년간 주말도 없이 연구실에서 컴퓨터와 씨름하면서 보낸 시간이 주마등처럼 스쳐 지나간다.

2021년 10월
천안 안서동 연구실에서
저자

차 례

제2부 임신과 출산

제3부 발달 과정과 수유 및 영아의 안전생활

제4부 부모 양육태도와 맞벌이 가족의 부모 역할

제1부

현대 가족과
부모 역할

현대 가족의 이해

가족은 시대에 따라 다양하게 정의되고 유지되는데 대개 결혼이라는 사회적 제도를 통해 이루어지지만 동거나 공동체 생활 혹은 법적인 관계를 통해서도 형성된다. 과거에 비해 동성혼을 합법화한 국가도 많고, 공동체 가족을 하나의 가족으로 인정하기도 한다. 그러나 여전히 다수의 국가나 사회에서는 결혼이라는 사회적 제도를 통해 남녀가 부부관계를 형성하여 새로운 가족을 만들고 자녀를 출산하여 부모가 되고, 부모-자녀 관계를 통해 부모 역할을 수행한다. 부모가 되는 것은 생각만큼 쉬운 일이 아니어서 많은 인내와 기술뿐만 아니라 상당한 비용과 시간도 필요하다. 또한 맞벌이 가족도 해마다 증가하고 있어 자녀 양육 시 부부 공동의 노력이 필요하다. 따라서 이 장에서는 현대 가족의 특징과 기능, 결혼에 따른 가족생활주기에 대해 살펴보고자 한다.

1. 현대 가족의 특징과 기능

가족은 문화와 사회의 변화에 따라 영향을 받으면서 인류 역사상 끊임없이 지속된 기본적인 사회제도며, 인간이 태어나서 처음 경험하는 사회의 기본 단위다. 대개 가족은 부모와 자녀의 2세대로 구성된 핵가족이 기본인데 단순히 한 냉장고를 같이 사용하면 식구라는 생각을 할 정도로 가족에 대한 생각과 그에 따른 특징과 기능은 매우 폭넓고 다양하게 변화하고 있다.

사회가 변함에 따라 가족이 변화하는 것은 어찌 보면 당연한 현상이다. 부부 중심의 혈연이나 법적 관계에 의한 전통적 의미의 핵가족에 대한 개념이나 구조도 변화하면서 우리나라에서도 호주제가 폐지되었고, 「민법」상 가족의 범위도 배우자, 직계혈족, 형제자매, 직계혈족의 배우자, 생계를 같이하는 배우자의 직계혈족 및 배우자의 형제자매로 보다 포괄적으로 정의하게 되었다(제779조). 가족의 정의와 인식이 변화하면서 1인 가구(single household)의 증가, 무자녀 가족(family with no children), 혹은 무자녀 맞벌이 가족(Dual Income No Kids: DINK)도 지속적으로 증가하면서 사회적 문제가 되고 있다. 즉, 1인 가구와 무자녀 가족은 우리나라의 저출산 문제를 야기하여 2020년 우리나라의 합계출산율이 0.84명으로 세계 최저 수준을 나타내면서 미래 국가 차원의 인구 감소라는 심각한 사회적 문제로 이어지고 있다(〈참고 1〉, 〈표 1-1〉 참조). 또한 이혼의 증가로 인한 한부모 가족의 자녀 양육 문제, 초혼 연령의 상승으로 인한 출산 연령의 동반 상승 등 다양한 문제가 발생하고 있다.

가족원 수의 변화뿐만 아니라 현대 가족은 이혼이나 사별, 별거나 유기 등으로 인한 한부모 가족, 조부모가 손자녀를 양육하는 조손 가족, 한 가족 내에 다양한 문화가 공존하는 다문화 가족, 부부가 떨어져 사는 분거 가족, 부부가 공동으로 경제생활을 영위하는 맞벌이 가족 등 다양한 가족의 출현과 증가도 현대 가족의 특징이다(〈참고 2〉 참조). 다양한 가족의 출현은 과거부터 이어져 온 부모-자녀 관계에서의 가족의 고유한 기능을 변화시키고 있다. 예를 들면, 분거 가족은 부모 중 한쪽과 떨어져 지내는 동안 부모로서 수행해야 할 모든 역할을 한 사람이 해야 하고, 조손 가족은 조부모가 부모 역할을 대신함으로써 그에 대한 과중한 부담을 지닌다. 또한 맞벌이 가족은 자녀 양육을 어린이집이나 유치원에서 담당하게 되고, 때로 전통적인 부부 역할의 변화로 남편이 가사를 전담하고, 부인은 직장에 나가 일을 하기도 한다. 이러한 가족 유형과 구성원의 역할 변화에도 불구하고 시대가 변해도 가족이 공통적으로 수행하는 기능이 있다(조성연 외, 2017, pp. 26-28).

첫째, 가족은 성적 욕구의 충족과 통제의 기능이 있다. 인간은 일정한 연령에 도

[그림 1-1] 출생아 수에 따른 합계출산율 현황

출처: 통계청(2021. 2. 24.). 2020년 인구동향조사 출생·사망통계 잠정 결과, p. 1.

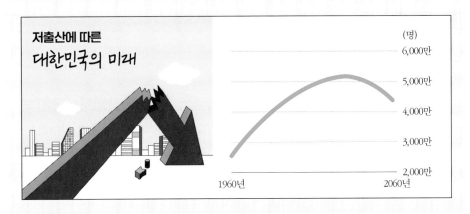

[그림 1-2] 미래 인구 추이

출처: 중앙일보(2014. 11. 7.). 텅빈동네·사라진 아이들… 2750년 '인구 0명' 한국은 없다. 2021. 1. 2. 인출.

표 1-1 OECD 회원국의 합계출산율(2018)과 첫째아 출산 연령(2017)

(단위: 가임 여성 1명당 명, 세)

국가	합계 출산율	첫째아 출산 연령	국가	합계 출산율	첫째아 출산 연령	국가	합계 출산율	첫째아 출산 연령
이스라엘	3.09	27.6	영국	1.68	28.9	헝가리	1.49	28.0
멕시코	2.13	-	에스토니아	1.67	27.7	오스트리아	1.48	29.3
터키	1.99	-	칠레	1.65	-	폴란드	1.44	27.3
프랑스	1.84	28.7	리투아니아	1.63	27.5	일본	1.42	30.7
콜롬비아	1.81	-	벨기에	1.61	29.0	핀란드	1.41	29.1
아일랜드	1.75	30.3	슬로베니아	1.61	28.8	포르투갈	1.41	29.6
스웨덴	1.75	29.3	라트비아	1.60	26.9	룩셈부르크	1.38	30.8
호주	1.74	-	네덜란드	1.59	29.9	그리스	1.35	30.4
뉴질랜드	1.74	-	독일	1.57	29.6	이탈리아	1.29	31.1
덴마크	1.73	29.4	노르웨이	1.56	29.3	스페인	1.26	30.9
미국	1.73	26.8	슬로바키아	1.54	27.1	한국	0.98	31.6
체코	1.71	28.2	스위스	1.52	30.7	('20년)	(0.84)	(32.3)
아이슬란드	1.71	27.9	캐나다	1.50	29.2			

OECD 평균: 합계출산율 1.63, 첫째아 출산 연령 29.1

출처: 통계청(2021. 2. 24.). 2020년 인구동향조사 출생·사망통계 잠정 결과, p. 10.

달하면 이성과 성적으로 결합하고자 하는 본능적인 충동과 욕구를 나타낸다. 사회마다 성적 욕구를 충족하는 방법과 통제의 정도는 다르지만, 대부분 혼인이라는 제도를 통해 부부 이외의 성관계에 대해서는 통제하고 배우자의 선택 범위도 한정하는 경향이 있다.

둘째, 가족은 자녀의 출산과 관련한 재생산 기능이 있다. 가족은 자녀를 출산하고 양육함으로써 사회 구성원을 충원하는 기능을 수행한다. 극히 소수의 사람이 결혼은 하지 않으면서 인공수정을 통해 자녀를 출산하는 경우도 있어 사회적 이슈가 되기도 하지만, 가족의 자녀 출산으로 인한 재생산 기능은 사회 구성원을 지속적으로 충원해 준다.

셋째, 가족은 자녀의 양육과 보호 및 사회화 기능을 수행한다. 가족은 출산 후 자

참고 ❷

한부모 가족

배우자와의 사별 또는 이혼으로 배우자 없이 자녀와 함께 살거나 법률적으로 미혼인 사람이 자녀를 낳아 자녀와 함께 사는 가족

재혼 가족

결혼하여 가정을 이루었던 남녀가 배우자와 사별하거나 이혼한 후 다시 새 배우자와 결혼하여 이룬 가족

입양 가족

부부가 혈연관계가 없는 사람을 법적으로 자녀로 받아들여 이룬 가족

무자녀 가족

자녀를 가지지 않고 부부만으로 이루어진 가족

조손 가족

부모 없이 조부모와 손자녀만으로 이루어진 가족

노인 가족

노인 부부만으로 이루어진 가족

분거 가족(기러기 가족)

가족 구성원들이 직장이나 학업 등을 위하여 서로 떨어져 사는 가족

다문화 가족

국제결혼, 입양 등으로 한 가족 내에 다양한 문화가 공존하는 가족

독신 가족(1인 가구)

미혼, 이혼, 사별 등으로 혼자 생활하는 형태

[그림 1-3] 다양한 가족 유형

출처: 에듀넷. 2021. 4. 18. 인출.

녀가 스스로 독립할 수 있을 때까지 자녀를 양육하고 돌봄으로써 보호해 준다. 그에 따라 자녀는 가족 내에서 인간의 기본적 인성 형성과 사회생활에 필요한 여러 가지 지식과 기능을 익히고, 그 사회에서 통용되는 문화에 적응할 수 있도록 훈련하는 사회화 과정을 거친다.

넷째, 가족은 경제적 기능을 수행한다. 가족은 생산과 소비의 최소단위로서 가족생활의 기본이 되는 의식주에 필요한 재화와 용역을 공동으로 구입하고 소비한다. 현대 사회에서는 주로 가족 외에서 경제활동이 이루어짐으로써 가족 구성원 각자가 생산활동에 참여하고 공동으로 소비한다. 특히 맞벌이 가족이 증가함에 따라 과거 남성 중심의 1인 생계부양자에서 부부 중심의 2인 생계부양자가 생산과 소비를 공유하는 가족 기능으로 변화하고 있다.

다섯째, 가족은 사회적 지위를 부여하는 기능이 있다. 개인은 출생과 더불어 가족으로부터 혈통, 인종, 재산, 계급 등을 물려받는다. 현대 사회에서는 계급이나 재산 등에 따라 사회적 지위를 부여하지는 않지만 여전히 개인의 사회경제적 지위와 삶의 기회는 자신이 태어난 가족에 의해 영향을 받는다.

여섯째, 가족은 정서적 기능을 수행한다. 가족은 사회생활의 긴장과 스트레스, 피로를 풀어 주고, 사랑을 바탕으로 친밀하고 영속적인 관계를 유지함으로써 가족 구성원에게 정서적 안정과 심리적 만족감을 제공해 준다. 특히 인간관계가 복잡하고 직장생활에서의 정신적 부담이 큰 현대 사회에서는 휴식과 정서적 안정을 제공하는 가족의 기능이 더욱 중요시되면서 가족은 감정적 욕구를 표현하는 개인의 피난처와 같은 기능을 수행한다.

2. 결혼

결혼은 사회적으로 인정된 파트너 관계로 정의(Williams, Sawyer, & Wahlstrom, 2006; 정현숙, 2019, p. 16 재인용)되는데, 일반적으로 남성과 여성의 결합을 의미하며 이를 통해 가족이 형성된다. 우리나라에서는 한 명의 남성과 한 명의 여성으로 구성된 일부일처제의 법적인 관계만을 결혼으로 인정한다.

결혼은 시대와 사회의 변화에 따라 지속적으로 변화하는 사회제도다. 이는 결혼 당사자 간의 사랑이나 친밀감 등의 정서적 요인, 일정한 절차에 따른 의식이 있는 의례적 요인, 결혼에 대한 법적인 연령 제한이나 부부관계에 대한 법적 규제 요인, 남녀의 성적 배타성 요인, 자녀 출산을 통한 부모 역할과 자녀의 사회화 등에 대한 부모 역할 수행 요인이 영향을 미치며(정현숙, 2019, p. 17), 그 유형도 다양하다. 즉, 결혼은 파트너에 대한 다양한 사회적 규정에 따른 법적 결혼과 동거(혹은 비혼 동거)로, 배우자의 수에 따른 단혼제와 복혼제가 있다. 단혼제는 한 명의 남성과 한 명의 여성이 결혼하는 일부일처제(monogamy)며, 복혼제는 한 명의 남성과 여러 명의 여성이 결혼하는 일부다처제(polygyny)와 한 명의 여성과 여러 명의 남성이 결혼하는 일처다부제(polyandry)가 있다.

우리나라의 경우, 여성의 사회진출 기회가 많아지고, 취업 등의 어려움으로 청년의 결혼이 늦어지는 경향이 두드러지면서 초혼 연령이 점차 높아지고 있을 뿐만 아니라, 결혼할 의사 없이 함께 사는 것(동거)도 괜찮다고 생각하는 사람의 비율도 증가하고 있다. 초혼 연령은 이미 남녀 모두 30세를 넘었고, 이는 모의 출산 연령을 높이는 결과를 초래하였다([그림 1-4] 참조). 이와 함께 결혼에 대한 생각도 점차 부정적으로 변하고 있어 청년세대 중 절반 가량이 결혼할 의향이 없고, 출산에 대해서도 의향이 없다([그림 1-5] 참조). 뿐만 아니라, 비혼이나 혼자 사는 것에 대해서도 긍정적이고, 결혼하지 않고 1명과 동거하며 부양·협조하며 생활하는 생활동반자법 도입과 동성 간 결혼을 법적으로 인정하는 동성혼에 대해서도 찬성하는 경우가 많으며, 결혼하지 않더라도 상대방과 사랑하는 사이라면 결혼 전 성관계도 괜찮다는 경우가 많다(동아일보, 2019. 12. 4; 통계청, 여성가족부, 2019. 7. 1.). 반면, 결혼하지 않고도 자녀를 가질 수 있다는 생각과 결혼생활은 당사자보다 가족 간의 관계가 우선되어야 한다는 것에 대해서도 비교적 보수적이어서 우리 사회에서의 결혼은 여전히 가족관계를 중요하게 생각하는 경향이 있다.

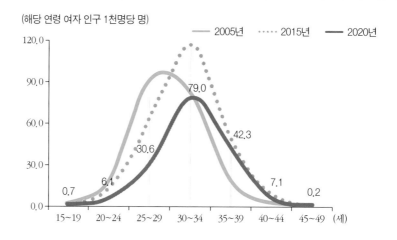

[그림 1-4] 어머니의 연령별 출산율

출처: 통계청(2021. 2. 24.). 2020년 인구동향조사 출생ㆍ사망통계 잠정 결과, p. 4.

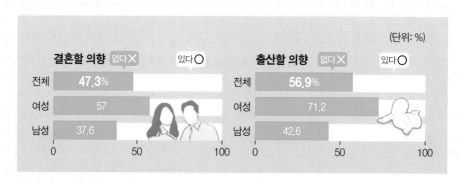

[그림 1-5] 청년세대의 결혼과 출산에 대한 생각

출처: 동아일보(2019. 12. 4.). 20대 미혼 남녀 47% "결혼할 생각 없어"…10명 중 6명 "출산 NO". 2021. 4. 18. 인출.

3. 가족생활주기

인간은 태어나서 살다가 사망하는 일련의 과정을 거치는데, 가족도 가족 구성원의 출생과 사망에 따른 일련의 과정을 거친다. 이를 가족생활주기(family life cycle)라고 하는데, 이는 가족생활이 지속되고 변화하면서 연속된다는 것을 의미한다. 가족생활주기는 결혼에 의해 가족을 형성한 후, 자녀를 출산함으로써 확대되었다가 자녀의 독립으로 축소되며, 이후 손자녀의 출생에 따라 가족의 재확대와 1세대의 사망으로 인한 축소 등에 따른 일련의 과정으로 이루어진다(조성연 외, 2017, p. 30). 이러한 가족생활주기는 가족 구성원의 평균 수명, 평균 자녀 수 등에 따라 다양한 양상을 보인다.

오늘날 가족생활주기에서 가장 두드러진 현상은 자녀 수가 적어지면서 가족생활주기의 전반부는 짧아지고 자녀의 독립과 의학 기술의 발달로 부부만이 남게 되는 빈 둥지 단계(empty nest stage)가 길어지고, 성인 자녀의 취업이 어려워지면서 부모세대에 의존하는 비독립 자녀 혹은 캥거루족이 증가함에 따른 비좁은 둥지 단계(crowded nest stage)가 증가하는 것이다. 이러한 가족생활주기는 첫 자녀의 연령을 중심으로 구분한 두볼(E. M. Duvall)의 8단계를 많이 활용한다(조성연 외, 2017, pp. 31-32).

첫째 단계는 신혼부부 가족 단계로서, 부부관계를 새롭게 정립하고 확립하는 무자녀 가족이다. 이 단계에서 부부는 남편과 아내로서의 새로운 역할에 적응하고, 만족스러운 결혼생활을 확립하고자 노력하면서 미래를 계획한다.

둘째 단계는 자녀 출산으로 영아기 자녀가 있는 가족 단계로서, 첫 자녀가 30개월이 될 때까지다. 이 단계에서 부부는 새롭게 부모기로의 전이를 경험한다. 이 단계는 빠르면 둘째 아이를 낳기도 하여 자녀 양육으로 인해 부부의 결혼만족도가 급격하게 감소하는 시기이기도 하다. 특히 이 시기의 초보 부모는 자녀를 어떻게 돌봐주어야 하고 어떤 자극을 주어야 하는지에 대해 매우 혼란스러워 한다. 이 단계에서 부모는 자녀의 양육자며 보호자로서 자녀와 기본적인 신뢰감과 안정적인 애착관계를 형성하는 데 초점을 둔다.

셋째 단계는 유아기 자녀 혹은 학령전기 자녀 가족 단계로서, 첫 자녀가 30개월이 지나 6세가 될 때까지다. 이 단계는 부모-자녀 관계가 자녀의 성격 형성과 사회화에 중요한 영향을 미치기 때문에 부모는 자녀와 많은 시간을 보내는 것이 중요하다. 부모는 자녀에게 다양한 자극을 제공해 주고 자녀의 생리적 욕구를 충족시켜 주며, 자녀 스스로 자신의 일을 할 수 있는 자조(self-help) 기술을 발달시켜 줌으로써 자율성이 발달될 수 있도록 도와준다.

넷째 단계는 학령기 자녀 가족 단계로서, 첫 자녀가 6~12세가 되어 초등학교에 다니는 때다. 이 단계의 부모는 자녀의 학업성취에 관심이 많으므로 자녀의 능력과 적성에 맞는 활동을 제공해 주고, 변화하는 발달적 요구에 효과적으로 대응하고 격려해 줌으로써 자녀가 긍정적인 자아개념을 형성할 수 있도록 도와준다. 특히 이 시기에 자녀는 2차 성징이 나타나는 경우도 많으므로 부모는 이에 대해서도 준비해야 한다. 한편, 부부는 수년간의 결혼생활에 따른 권태기와 갈등으로 이혼의 위기도 경험할 수 있어 이를 극복하기 위해 부부 공동의 취미생활이나 여행 등의 다양한 방법을 모색한다.

다섯째 단계는 청년기 자녀 가족 단계로서, 첫 자녀가 13~20세에 달하는 시기다. 이 시기에 자녀는 부모와 대등한 입장에서 상호작용하려 하고, 부모는 독립적이고 자율적으로 행동하려는 자녀에 대해 때로 당황하여 갈등을 경험하기도 한다. 그러므로 부모는 자녀와 충분한 의사소통을 통해 자녀가 올바른 정체감을 형성할 수 있도록 도와주고 부모-자녀 갈등을 최소화하도록 노력한다.

여섯째 단계는 성인 자녀 혹은 독립기 자녀 가족 단계로서, 첫 자녀가 독립할 때부터 막내 자녀가 독립할 때까지다. 이 단계는 첫째아가 취업, 군입대, 대학원 진학, 결혼 등으로 자신만의 새로운 삶을 시작하기 위하여 원가족(family of origin)에서 독립하는 시기다. 그러므로 부모는 자녀와 정서적 이유(離乳)를 함으로써 성인 자녀를 떠나보내기 위한 준비를 하고, 떠나보냄에 대해서도 적응해야 한다. 또한 이 시기는 자녀의 출가나 결혼으로 다시 부부만이 남게 되므로 부모는 가정의 물리적 설비와 자원을 재배치하고, 독립하려는 자녀에게 필요한 생활비용을 충족시켜 주고, 자녀가 가정을 떠날 때 책임을 재할당하며, 부부관계와 부모로서의 정체감을 새롭게 재정의해야 한다. 특히 자녀의 결혼으로 인해 경제적 어려움에 직면할 수도 있으므로 부모는 이에 대해서도 준비해야 한다.

일곱째 단계는 중년기 가족 단계로서, 가족에 부부만 남게 되는 때부터 부부가 직장에서 은퇴하는 때까지의 기간이다. 이 단계에서는 자녀가 둘 이상이라면 마지막 자녀까지 집을 떠나고 부모도 직장에서 은퇴하여 온전히 부부만이 남게 된다. 과거에 비해 자녀의 대학원 진학 등으로 교육 기간이 길어지고, 초혼 연령의 상승으로 부부만이 남는 기간이 다시 짧아지는 추세를 보인다. 특히 중년기 부부는 평균 수명의 연장으로 노부모 봉양에 대한 책임 수행으로 이중의 어려움을 나타내기도 하여 샌드위치 세대로 불리기도 한다. 이 시기에 부부는 자녀의 독립과 자신의 은퇴에 적응하고, 쇠퇴하는 신체적·정신적 능력에 대처하며, 조부모로서의 생활과 노부모를 돌보는 것에 적응하면서 부부관계를 계속 재조정하도록 노력하며, 자신의 노후에 대해서도 준비해야 한다. 특히 20년 이상 결혼관계를 유지했던 부부가 이혼하는 황혼이혼이 증가하고 있으므로 이 시기의 부부 간 역할의 재조정도 필요하다.

여덟째 단계는 노년기 가족 단계로서, 부부의 직장 은퇴에서부터 배우자 중 한 명이 사망하는 시기다. 부부는 배우자의 죽음과 계속되는 노화 과정에 적응해야 하며, 자녀에 대한 의존과 약화된 경제적 능력의 변화에 적응하고, 죽음에 대처하는 마음의 자세도 필요하다. 특히 평균 수명이 늘어나 부부가 함께 생활할 수 있는 기간이 길어짐에 따라 부부가 함께 있는 시간이 익숙하지 않은 부부는 이혼뿐만 아니라 졸혼(卒婚) 등의 새로운 갈등도 경험할 수 있다. 그러므로 이 단계에서 부부는 노년기 가족의 결혼만족도를 향상시키기 위해 공동의 취미생활을 개발하는 것이 필요하다.

부모 역할의 이해

　오늘날 결혼은 감소하고 있지만 여전히 다수의 사람은 결혼이라는 사회적 제도를 통해 부부가 되고, 그에 따라 특별한 문제나 이유가 없는 한 한 번쯤은 자녀를 출산하여 부모 역할을 수행한다. 과거에는 자연스럽게 가족 내에서 부모 역할을 배울 수 있었지만, 가족 내의 인간관계가 축소되면서 부모 역할을 배울 수 있는 기회도 줄어들었다. 그에 따라 부모가 될 성인이 부모가 되는 것에 대한 인식이나 준비 없이 부모가 되어 그 역할을 수행함으로써 부모가 된 이후에 부모와 자녀 간에 크고 작은 문제의 원인이 되기도 한다. 르매스터스(E. E. LeMasters, 1957)는 많은 부부가 부모가 되는 것에 대해 매우 낭만적인 생각을 갖고 있다고 지적함으로써 준비 없이 부모가 되는 것을 우려하였다. 따라서 이 장에서는 미래 부모가 되기 위한 준비로서 부모교육의 필요성과 중요성에 대해 생각해 보면서 부모가 되는 동기와 부모기로의 전이에 따른 부모 역할의 이해와 함께 부모와 자녀의 권리와 의무에 대해 생각해 보고자 한다.

1. 부모교육의 필요성과 중요성

부모 역할을 원만하게 수행하고자 한다면 무엇보다 부모가 될 사람으로서 부모는 어떤 존재고, 부모가 된 이후의 부모-자녀 관계 형성, 부모 역할 수행, 부모로서의 신념이나 철학 등에 대해 알 필요가 있다. 부모 역할을 잘 수행하려면 부모가 먼저 자신의 욕구를 충족한 후에 자녀의 욕구에 효과적이고 긍정적으로 반응할 수 있어야 하고, 자녀 양육이나 부모-자녀 관계에서 경험할 수 있는 어려움에 대해 적절하게 대처할 수 있는 지식과 기술을 알아 둘 필요가 있다. 부모교육은 미래 국가 인력을 충원하기 위한 노력의 일환으로서 훌륭한 인적 자원을 길러 내기 위해 개인적·국가적 차원 모두에서 필요하고 중요하다.

부모는 자녀에게 필요한 행동이나 기술을 알려 줄 수 있는 각자의 독특한 양육방식을 가지고 있다. 부모는 자녀가 자라면서 습득해야 할 지식, 도덕관, 행동 등에 대한 기준을 가지고 자녀가 이러한 기준에 도달하도록 부모 나름의 전략에 따라 자녀를 양육한다. 부모는 자녀의 올바른 행동을 강화해 주기도 하고, 벌을 주기도 하며, 스스로 모델이 되어 자녀가 바람직한 행동을 모방할 수 있게 하며, 때로 자신의 신념과 기대를 자녀에게 알려주기도 하므로 이와 관련한 부모교육은 중요하다. 그러나 아쉽게도 많은 부모는 부모가 되기 이전에 부모 역할을 수행하는 데 필요한 정보와 기술을 배울 수 있는 기회가 부족하다.

일반적으로 부모교육은 부모의 건전한 가치관과 인격 형성을 도모하면서 자녀 양육을 위한 지식과 기술을 습득하여 자녀의 전인 발달과 부모로서의 양육 철학이나 신념을 형성할 수 있도록 도와주는 교육이다. 특히 자녀의 연령이 어릴수록 영유아의 생존과 안전, 기본적인 욕구 충족을 통한 전인적 발달을 위해 부모 역할은 더 중요하다. 헤크만(J. J. Heckman)은 인적 자원의 투자 대비 회수 비율에 대해 영유아기의 투자가 이후의 학교 급에 대한 투자보다 회수 비율이 현저하게 높다는 연구 결과를 보고하였다([그림 2-1] 참조). 이러한 결과는 부모교육을 통해 영유아의 전인 발달을 위한 기초를 마련해 주고, 부모에게 양육 방법을 알려 준다면 자녀 양육에 대한 투자의 효율성을 극대화할 수 있다는 것을 시사하므로 부모교육의 중요성과 필요성을 인식하게 해 준다.

부모교육은 가정에서 부모가 이상적인 교육실행자 역할을 수행하면서 부모로서의 가치관을 형성하여 부모 자신의 자아존중감을 향상시키고 자녀 양육을 위한 다

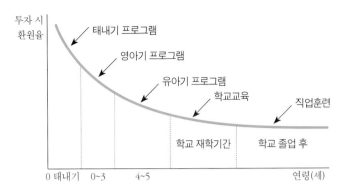

[그림 2-1] 조기 투자의 효율성

출처: Heckman, J. J. (2008). Schools, skills, and synapses. *Economic Inquiry, 46*(3), p.311.

양한 정보를 제공하여 효율적인 자녀 양육을 할 수 있도록 도와준다. 그러므로 다음과 같은 몇 가지 이유로 부모교육이 필요하다(Hamner & Turner, 1985; 조성연, 2006, pp. 33-34 재인용).

- 대부분의 사람은 현재 부모거나 미래 부모가 된다.
- 가정에서 부모기에 대한 교육을 거의 하지 않을 뿐만 아니라 대부분의 교육 체계에서도 제공하지 않는다.
- 부모기를 성공적으로 수행하기 위한 지침이 충분하지 않아 부모를 혼란스럽게 한다.
- 생의 초기에 효과적인 부모 역할이 중요하고 이는 자녀에게 평생 영향을 미친다.
- 부모 역할이 어려워 자녀 양육 시 상당한 스트레스가 따르고 부모는 자녀가 원하는 만큼 자녀에게 해 줄 수 없으므로 이에 대처하기 위한 지식이 필요하고 도움을 받고 싶어 한다.
- 급속한 사회 변화가 가정생활을 침해할 수 있어 부모는 이에 대처하기 위한 정보와 도움이 필요하다.
- 부모가 자녀를 돌보는 시간이 줄어들어 양질의 부모-자녀 상호작용에 대한 도움이 필요하고, 과거에 비해 아버지가 자녀 양육에 좀 더 적극적으로 참여할 필

요가 있다.
- 부모기는 자연스럽게 지나갈 것이라는 잘못된 생각을 근절할 필요가 있다.

맞벌이 가족이 증가하면서 과거에 비해 아버지의 자녀 양육 참여가 늘어나고 있고, 그 중요성도 강조되고 있다. 아버지의 자녀 양육 참여는 자녀에게 어머니와 다른 긍정적 영향을 줄 수 있어 자녀의 성장 발달에 중요한 영향을 미쳐 일명 '아버지 효과(father effect)'가 나타날 수 있다. '아버지 효과'는 아버지의 육아 참여가 높을수록 자녀의 학업성취도뿐만 아니라 사회성, 인성, 성취 욕구 등에서 긍정적 효과가 나타나고, 특히 자아존중감과 정서 발달에 긍정적 효과를 보이는 것이다(이현아, 2014). 오늘날 가정적인 아버지, 친구 같은 아버지를 의미하는 '홈대디(home daddy)' '프렌디(friendy)', 북유럽형의 아버지인 '스칸디대디(Scandi daddy)'(<참고 1> 참조) 등이 등장하면서 아버지 역할에 대한 패러다임이 변화하고 있다. 아버지가 자녀 양육에 일찍 참여할수록 자녀의 전인 발달과 행복한 삶에 긍정적 영향을 미칠 수 있다. 그러므로 자녀를 위한 바람직한 양육환경을 조성하기 위해 가능한 한 빠른 시기에 어머니와 아버지가 될 사람을 대상으로 한 부모교육이 필수적으로 실시되어야 한다.

한국의 부성코드로 떠오른 스칸디대디

과거의 아버지는 헛기침 하나로 집안을 다스렸다. 하지만 근엄하고 권위적인 아버지는 소통의 부재를 불러왔고 그 때문에 가정에서 소외당하는 오히려 외로운 존재였다. 그러한 아버지를 보고 자란 자녀는 인간적이고 다정한 아버지, 권위가 해체된 아버지의 모습을 원하기 시작했다. 결국, 자녀와 소통하고 많은 시간을 함께 보내는 친구 같은 아버지인 '프렌디'*가 '스칸디대디'**와 함께 시대의 아버지상으로 부상하게 되었다. 한 조사에 따르면 한국인의 62.4%가 '친구 같은 아버지'를 더 이상적인 아버지상으로 여긴다고 했다. 푸근한 어머니처럼 아버지도 다정다감한 존재이기를 원하는 열망이 부성코드라는 사회적 분위기로 이어진 것이다. 이렇듯 변화된 시대의 흐름에 맞취 대중문화뿐만 아니라 현실의 아버지도 달라졌다. 고용노동부에 따르면 2012년 육아휴직을 신청한 남성근로자는 1,790명으로 2011년에 비해 27.6%가 늘었다. 게다가 학교선생님과의 상담부터 급식도우미와 교통도우미까지 자녀의 학교생활 전반에서 아버지의 참여가 늘고 있다. 남성육아전문블로거의 등장은 자연스럽기까지 하다. 이들은 자녀의 이유식 식단 변천사부터 시작해 상표별 기저귀의 특징을 구분하고 분유의 성분을 비교하는 등 어머니 못지않은 섬세함까지 갖춰 눈길을 끈다.

> "어제 ○○이의 손톱을 자르다 사고쳤어요.ㅠㅠ 얌전하게 잘 있었는데 아차 하는 순간 넘 깊게 잘
> 라서ㅜㅜ 꼬마밴드 붙여 줬어요. 고사리 같은 손에 몹쓸 짓을 했어요ㅠㅠ ○○아 미안해~"
>
> – 남성육아파워블로그 '육아빠'의 육아일지 중 –

자녀와 함께 '문센'(문화센터)에 다니는 아버지도 늘고 있다. … (중략) … 예전 같으면 자녀와 함께 '문센'에 등장한 아버지를 두고 "저 아빠 백수야?"라는 곱지 않은 시선을 보냈을 텐데, 이제는 "아빠랑 같이 왔네. 좋겠다!"라는 '부러운 시선'을 보내는 쪽으로 사회적 인식이 변화하고 있다.

* 프렌디: 프렌디는 friend와 daddy의 합성어로 '친구 같은 아버지'를 뜻하는 말로서 육아와 자녀교육에 관심이 많은 아버지를 말한다. 아버지와의 놀이나 상호작용이 이성적인 좌뇌를 발달시킨다는 아버지 효과에 대한 기대가 커지면서 육아와 자녀교육에 적극적으로 참여하는 '프렌디'족이 늘고 있다.
** 스칸디대디: 스칸디대디는 북유럽 국가의 양육방식으로 자녀를 양육하는 아버지로서 자녀와 보내는 시간을 늘려 자녀와 정서적 교감과 소통을 나누려 노력하고 자녀의 인성에 중점을 두어 양육하고자 한다.

출처: 김난도, 전미영, 이향은 외(2013). **트렌드 코리아 2014**, pp. 62-64에서 발췌; 조성연 외(2018). **부모교육**, p. 83 재인용.

2. 부모됨의 동기

불임이나 의도적으로 무자녀를 선택하는 등의 몇 가지 이유를 제외하면 과거에 비해 그 수는 줄었지만 여전히 많은 부부가 자녀를 출산하여 부모가 된다. 부모 역

할은 힘들고 어려운 일이지만 동시에 기쁨과 즐거움을 주므로 많은 사람이 부모됨을 선택한다. 일반적으로 부모됨(parenthood)은 부모가 되기 이전에 부모가 될 것인지를 결정하는 심리적 동기로서 획득되고 선택되는 것이다. 부모됨이란 자녀를 출산하여 부모가 되는 상태 혹은 결혼과 출산 경험을 통해 부부 중심의 삶에서 부모-자녀 중심의 삶으로 변화하는 과정이다. 부모됨을 통해 부모 역할을 수행하게 되는데, 이는 연습이 없고 일생 지속되는 것으로서 끊임없는 변화와 다양한 기술을 필요로 한다. 한국인의 부모됨 인식과 자녀 양육관에 대한 연구(문무경, 조숙인, 김정민, 2016)에 의하면, 많은 부모는 자녀가 꼭 있어야 한다고 보고 자녀를 갖는 것이 인생에서 가치 있고 부부관계를 더 군건히 해 주기 때문에 부모됨은 행복하고 기대되는 일이라고 보았다. 그러나 부모됨은 경제적·심리정서적 준비가 필요하고 그에 따른 자녀 양육은 부모 모두가 참여해야 한다. 일반적으로 부모됨의 동기는 다음과 같다.

- 운명이다.
- 자녀를 통해 부모 자신의 존재가 연장되고 지속되므로 부모는 자신의 분신을 두어 대를 잇고 싶어 한다.
- 자녀를 낳고 기르는 것이 즐겁고 보람 있을 뿐만 아니라 자신도 성인의 대열에 속했다는 성취감과 사회적 지위를 얻고자 한다.
- 늙고 병들었을 때 자녀로부터 부양을 받고자 한다.
- 자녀가 부부간의 불화를 방지해 줄 수 있다고 생각한다.
- 아기를 낳을 수 있는 건강한 성인임을 증명하고자 한다.
- 자녀를 지도하고 통솔함으로써 권위의 욕구를 충족하고자 한다.
- 자신이 믿는 종교적 계율에 순종하고자 한다.
- 자녀를 통해 자신이 못다 이룬 소망을 이루고자 한다.
- 부모가 되고자 하는 기본적인 욕구를 충족하고자 한다.
- 심리적 안정과 애정 욕구의 충족과 행복감을 얻고자 한다.
- 보다 성숙해지고자 한다.
- 자신의 부모에게 만족감을 주고자 한다.

부모됨에 대한 생각은 끊임없이 변화하고 있다. 오늘날 '알파맘(alpha mom)' '헬리콥터맘(helicopter mom)' '타이거 맘(tiger mom)' '베타맘(beta mom)' '홈대디' '스칸디대디' '프렌디' 등의 부모 역할과 관련된 다양한 개념이 등장하면서 부모됨에 대한 긍정적·부정적 인식이 혼재하고 있다. 그럼에도 불구하고 시대가 변해도 부모는 부모됨을 통해 성취감을 느끼고 삶을 보다 의미 있게 만들며 즐거움을 경험할 수 있다.

3. 부모기로의 전이

부모 역할은 가족 체계 속에서 부모라는 지위에 있는 사람에게 맡겨진 행동 규준임과 동시에 그 지위에 있는 사람에게 주어지는 권리와 의무다. 부모가 되려는 사람은 부모가 되기 전에 부모로서 갖추어야 할 기본적인 자질을 함양하고 철학을 정립하여 부모기로의 전이를 보다 안정적으로 맞이하기 위해 노력해야 한다.

부모기로의 전이는 시간 경과에 따라 변화하는 역동적인 현상으로서 부부는 자녀를 임신하는 그 순간부터 이원적 관계에서 부부와 자녀의 삼원적 관계로 변화하면서 부모기로의 전이를 경험한다. 부모기로의 전이 동안 부모는 새로운 책임과 과업에 직면하게 되면서 다양한 적응을 해야 한다. 부모기로의 전이는 자녀 출산 전후의 결혼 적응 정도, 자녀 양육 준비도, 부모 역할에 대한 인지도와 만족도 등이 복합적으로 작용하여 영향을 미칠 수 있다. 또한 부모기로의 전이 동안 부부는 이제 막 부모가 되었기 때문에 부모 역할이 무엇이고, 부부가 역할을 어떻게 공유해야 하는지 혼란스러울 때가 많아 상당 기간 동안 긴장감이 지속될 수도 있다. 그러므로 부모기로의 전이 동안 부부는 효과적인 부모 역할 방법을 모색하여 부모기로의 전이를 쉽게 극복할 수 있도록 함께 노력해야 한다.

부모됨은 임신과 출산 이전에 이미 시작된 것이므로 자녀가 태어나기 전에 부모 역할에 필요한 지식이나 기능을 배워 부모기로의 전이를 쉽게 경험할 수 있도록 준비한다. 이를 위해 부모로서 준비해야 할 것이 있다(조성연, 2006, pp. 51-52).

- 임신에 대한 계획을 세워 경제적 · 정서적으로 안정된 상태에서 자녀를 출산한다. 계획된 임신에 의한 자녀의 출산은 성공적인 자녀 발달과 효과적인 부모 역할로 이어진다.
- 부모가 되기 전에 부모교육을 통해 부모로서 갖추어야 할 자질이나 지식 등에 대해 익숙해야 한다.
- 부부는 자녀를 출산하기 전에 가사 분담에 대한 계획을 세워 가사로 인한 역할 갈등을 최소화하고, 가사와 부모 역할하기의 균형을 이룰 수 있도록 한다. 부모기로의 전이 동안 부부는 자녀 양육보다 가사 분담으로 인한 어려움이 더 많을 수 있으므로 이를 효과적으로 극복할 수 있는 방법을 모색한다.
- 맞벌이 가족인 경우에 자녀를 출산한 후 공동으로 자녀 양육을 하도록 계획한다. 예를 들면, 자녀를 어린이집이나 베이비시터에게 맡기고 찾아오는 일은 누가 할 것인지, 밤중에 수유하기, 기저귀 갈기 등과 같은 일상적인 자녀 양육 행동은 어떻게 분담할 것인지 등에 대해 미리 생각한다.
- 가정 내의 모든 일에 대해 개방된 마음으로 의사소통하여 상대방의 입장을 공감하고 이해함으로써 자녀 양육으로 인해 발생할 수 있는 부부간 갈등을 최소화하고 빠른 시간 안에 해결할 수 있도록 노력한다.

4. 부모 역할의 이해

부모 역할은 부모가 자녀의 전인적 발달을 돕기 위해 행하는 모든 행위와 상호작용으로서 단순하지 않고 극히 사소한 일에서부터 매우 중요한 일까지 양적 · 질적으로 매우 다양하다. 더욱이 현대 사회와 같이 정보의 홍수와 급속한 사회 변화 속에서의 부모 역할은 매우 복잡하고 쉽지 않다. 이렇게 복잡하고 다양한 사회일수록 부모만의 일관된 철학과 신념을 가지고 자녀 양육을 하는 것이 중요하다.

1) 부모 역할의 특징

부모가 된다는 것은 즐거움과 보상을 받는 것이기도 하지만, 한편으로는 경제적·정신적으로 많은 대가를 치러야 하는 어려운 일이기도 하다. 부모 역할에 대한 어려움은 부모됨의 선택의 어려움, 여성의 역할 변화로 인한 어려움, 사회의 기대에 대한 부담감, 사회정책의 부재로 인한 어려움, 새로운 역할 모델에 대한 요구와 가족 구조의 다양성으로 인한 어려움 등이 있다(정현숙, 유계숙, 어주경, 전혜정, 박주희, 2002, pp. 29-34). 또한 부모는 사회의 급속한 변화에 따른 다양한 정보에 빠르게 대처해야만 하는 상황에서의 어려움 등으로 인한 부모-자녀 간의 갈등 상황도 부모 역할 수행 시의 어려움이 된다.

부모가 된다는 것은 많은 경제적·정서적 비용을 수반하므로 부모가 되기 전에 부모 역할에 대한 이해와 이를 위한 부부간의 합의가 필요하다. 때로 부모 역할에 대해 잘못된 생각을 갖고 부모 역할을 수행하는 경우도 있는데 주로 수도권의 아파트에 살면서 한둘의 자녀를 둔 20대 후반에서 30대 전반의 맞벌이 부부인 '딕스(Dual Employed with Kids: DEWKs)'를 예로 들 수 있다. 이들은 자녀를 보살피는 시간이 모자라는 것을 대신하여 돈을 들여서라도 남다르게 키우려 하거나 부모 부재를 물질로 보상하려는 태도를 지님으로써 상대적으로 사교육비에 과다한 지출을 하기도 한다. 부모 역할은 경제적 지출만으로 할 수 있는 것이 아니다.

누구나 자녀를 훌륭히 기르는 능력 있는 부모가 되고 싶어 하지만, 유감스럽게도 좋은 부모 역할을 수행할 수 있는 특별한 방법은 없다. 부모 역할은 사회문화적 제도의 영향을 받는 사회적 산물이기에 시대마다, 문화마다 다양하다. 부모 역할을 훌륭하게 수행하기 위해 부모는 자녀의 기질과 욕구에 맞춰 상호작용할 수 있어야 하고, 자녀의 발달에 적합한 양육 방식을 사용해야 하며, 자녀에 대해 배우려는 자세를 갖는 것이 중요하다. 그러나 부모는 이러한 역할 수행을 위한 준비나 훈련이 부족하여 일관된 양육방식을 유지하기 어렵고, 도중에 그 역할을 그만둘 수도 없어 오랫동안 그 역할을 수행해야 하고, 실수해서도 안 되며, 자녀의 성장에 대해 거의 총체적 책임을 져야 한다.

2) 부모 역할에 영향을 주는 요인

⑴ 부모

부모가 되기 이전의 경험과 생활 과정, 부모의 성격과 부모가 되기 이전의 원가족에서의 긍정적 경험, 부모의 신념과 태도 등이 부모 역할에 영향을 미친다. 또한 부모 자신이 자녀로부터 받은 긍정적 반응, 기대, 감정 등도 부모 역할 수행에 대한 자신감과 부모 자신의 자아존중감을 높여 자녀와의 상호작용에 긍정적으로 영향을 미친다(<참고 2> 참조).

자녀에 의해 영향을 받는 부모 생활 영역

1. 건강
- 임신은 어머니의 신체에 다양한 변화(예: 체중의 변화, 당뇨 등)를 야기한다.
- 영유아기 자녀를 양육하는 어머니는 다양한 종류의 신체적 문제를 경험한다.
- 빈곤 가족의 어머니는 자녀의 기본적 욕구를 충족시키기 위해 식사를 거르는 일이 잦고, 이것이 자신의 건강에 부정적 영향을 미친다.
- 장애아를 양육하는 것은 어머니의 정신건강에 부정적 영향을 미칠 수 있다.

2. 장소, 공간, 활동
- 자녀에게 최적의 주거와 교육환경을 제공해 주고자 첫 자녀 출생 후 거주지를 옮긴다.
- 자녀로 인해 이사를 하면, 사회활동이나 여가활동에 변화가 생긴다.
- 영유아기 자녀가 있는 경우 자녀의 안전을 위해 집 안에 안전장치를 해야 한다.
- 자녀의 욕구를 충족시키기 위해 부모의 스케줄과 활동을 변경하기도 한다(예: 이동의 자유에 대한 제약, 자녀 양육을 위해 어머니의 직장 그만두기 등).
- 자녀가 생긴 후 가족의 경제적 필요를 충족시키기 위해 더 많은 양의 일을 한다.

3. 취업
- 첫 자녀의 출생과 함께 어머니의 취업은 중단될 가능성이 높다.

- 취업한 어머니는 여러 가지 역할 수행 과정에서 높은 수준의 스트레스를 경험한다.
- 아버지의 경우에는 첫 자녀 출생에 따른 직업의 변화가 비교적 적다.

4. 재정적 · 경제적 측면
- 자녀 양육은 부모에게 상당한 경제적 책임을 부여한다.
- 자녀 양육은 가족 체계에 장기간의 경제적 비용을 부과한다.
- 예기치 못한 10대 부모의 임신이나 이혼 후 어머니가 자녀 양육권을 가지게 되는 경우 등과 같은 특수한 상황에서는 자녀가 가족 경제에 미치는 영향이 크다.

5. 가족관계
- 어머니는 아버지에 비해 자녀 양육 기간 동안 부부관계에서 더 많은 스트레스를 경험한다.
- 자녀의 존재는 부부의 성적 자발성을 감소시킨다.
- 청년기 부부의 자녀 양육은 부부 갈등을 가장 빈번히 야기하는 원인이 된다.
- 자녀는 부부가 확대가족 관계망으로 통합되도록 촉진하는 역할을 한다.

6. 부모-자녀 간 상호작용
- 자녀는 부모의 정서적 경험 폭을 넓혀 주고, 언어유형에 영향을 미친다.
- 자녀는 부모와 동반자적 관계를 형성하여 부모에게 만족감이나 좌절감을 느끼게 함으로써 부모 자신의 사회화 과정에 기여한다.

7. 지역사회
- 자녀가 있는 부부는 지역사회의 활동이나 행사에 더 자주 참여한다.
- 자녀가 있는 가족은 다른 체계와 보다 빈번하게 정보를 교환한다.

8. 성격
- 발달적으로 문제가 있는 자녀는 부모의 성격에 독특한 영향을 미친다.
- 부모로서의 책임은 보다 성숙한 수준의 성격을 발달시킨다.
- 자녀가 있는 경우에 부모의 자존감은 그렇지 않은 경우와 차이가 있다.

9. 태도, 가치, 신념

- 부모가 되고 나면 이전과는 다른 방식의 새로운 관점에서 인생을 보게 된다.
- 부모와 다른 가치관을 가진 자녀를 키우는 것은 부모 자신의 가치관을 변화시키는 촉매작용을 한다.
- 부모가 된 후에는 보다 전통적인 성역할 행동을 택하는 경향이 있다.

10. 인생계획

- 부모가 된 사람은 자신의 미래를 예측하고 계획하는 것이 더 어렵다.
- 자녀는 부모의 인생계획을 지연시키거나 완전히 바꾸어 놓을 수 있다.

11. 삶에 대한 통제감

- 자녀의 삶에 대한 예측불가능성은 부모의 인생을 불안정하고 불확실하게 만들 수 있다.

출처: 정현숙 외(2002). 부모학, pp. 92-93.

(2) 자녀

부모-자녀 관계는 양방향적이므로 부모 역할은 자녀의 기질, 성, 연령 등의 개별적 특성의 영향을 받는다. 예를 들어, 부모는 자녀가 까다롭거나 느린 기질을 가지고 있다면 부모도 그에 맞춰 자녀를 양육할 수 있어야 하고, 자녀의 연령에 따라 발달 수준과 특징이 다르므로 그에 적합한 부모 역할을 수행해야 한다.

(3) 맥락

부모 역할은 사회적 맥락 안에서 수행하는 것이므로 그들을 둘러싼 환경의 영향을 받는다. 부모가 속한 문화적 관습이나 태도, 부부관계, 부모의 사회관계망과 사회경제적 지위, 행동규범 등이 부모 역할 수행에 영향을 미친다. 즉, 부모 역할은 원만한 부부관계 여부, 자녀 양육 시 주변 환경으로부터 받는 사회적·경제적 지원, 부모의 교육 수준, 직업, 수입에 따른 사회경제적 지위 등이 영향을 미칠 수 있다.

5. 부모와 자녀의 권리와 의무

1) 부모의 권리와 의무

부모는 자녀를 출산하거나 입양하여 부모-자녀 관계를 형성함으로써 법적 차원에서 친권을 갖게 된다. 우리나라 「민법」은 자(慈)에 근거한 부모의 자녀에 대한 친권을 규정하고 있다(제909조). 친권은 자녀의 양육권이 일차적으로 부모에게 있으므로 자녀의 복지를 위하여 그 양육 책임을 원만하게 실현할 수 있도록 부모에게 인정된 권리다. 부모는 미성년 자녀의 법정 대리인으로서의 친권자이기도 한데, 자녀가 19세 이상으로 성년에 달한 경우에는 자녀가 친권에 복종하지 않아도 된다(「민법」 부칙 제20조). 이러한 법적 차원의 친권은 보호, 교양의 권리와 의무, 거소지정권, 징계권, 자녀가 자기 명의로 취득한 재산(자녀의 특유재산)과 그 관리, 제삼자가 무상으로 자녀에게 수여한 재산의 관리 등에서 부모가 효력을 갖는다(「민법」 제913~923조). 그러나 부모가 친권을 남용하여 자녀의 복지를 현저히 해치거나 해칠 우려가 있어 자녀를 충분히 보호할 수 없는 경우에는 친권이 상실된다(「민법」 제924~927조). 법적인 차원 외에도 부모는 자녀에 대해 몇 가지 권리를 가진다.

- 부모는 자녀 출산을 선택할 권리가 있어 부모됨을 선택하고, 인격적인 출산 방법을 선택할 권리가 있다.
- 부모는 자녀가 최상의 이익을 얻을 수 있도록 자녀의 행동 기준과 생활방식을 결정할 권리가 있다.
- 부모는 효(孝)에 근거하여 자녀로부터 부양을 받을 권리가 있다.

부모는 자녀에게 최적의 발달을 위한 적절한 물리적·정서적 가정환경을 제공해 줌으로써 자녀가 사회에 필요한 올바른 인간으로 성장할 수 있도록 자녀를 양육할 의무가 있으며, 자녀의 행동에 대해서도 책임질 의무가 있다.

2) 자녀의 권리와 의무

자녀의 권리에 대해 유엔은 모든 아동에 대한 기본 권리를 보장하고, 이를 위해 지켜야 할 원칙을 유엔아동권리협약에 제시하고 있다. 이 협약에 따르면 아동은 생존권, 보호권, 발달권, 참여권의 기본권(〈참고 3〉 참조)과 성인으로서의 권리(예를 들면, 「민법」 제807조에 따라 "만 18세가 된 사람은 혼인할 수 있다." 등), 시민권과 자유에 대한 권리, 가정환경과 대리보호에 대한 권리, 기초보건과 복지에 대한 권리, 교육·여가와 문화적 활동에 대한 권리, 특별보호조치에 대한 권리가 있다. 또한 이 협약에 따르면 자녀는 생존에 필요한 인적·물적 자원을 제공받고 사용할 수 있는 권리, 열악하고 유해한 환경으로부터 보호받아야 하며 이를 향유할 권리, 자유롭게 의사결정을 하고 자신의 삶을 결정하는 데 간섭을 받지 않고 참여할 수 있는 권리와 함께 부모에 대한 자기결정권도 있다. 아동에 대한 이러한 권리를 보장하기 위해 유엔아동권리협약에서는 무차별의 원칙, 아동 이익 최우선의 원칙, 아동의 생명존중과 발달보장의 원칙, 아동 의사존중의 원칙을 제시하고 있으므로 그에 따라 부모는 자녀의 권리를 보장해 주어야 한다. 한편, 자녀는 부모 부양의 의무가 있다.

참고 ❸

[그림 2-2] 유엔아동권리협약에 따른 아동의 권리

출처: Pinterest. 유엔아동권리협약 인포그래픽. 2021. 4. 18. 인출.

제2부

임신과 출산

임신과 태교

부모가 되기 위해서는 준비하고 결정해야 할 것이 많다. 무엇보다 먼저 부부는 언제 아기를 가질 것인지를 결정하여 건강한 아기의 임신과 출산을 준비해야 한다. 이를 위해 부부는 건강해야 하고, 경제적·심리적 준비를 통해 부모 역할 수행을 위한 기초를 마련해야 한다. 임신 시 우리나라뿐만 아니라 많은 나라에서는 오래 전부터 태교를 실시해 왔다. 한때 태교를 비과학적이라고 생각했던 적도 있었지만 태생학의 발달로 태교에 대한 내용이 과학적으로 하나씩 검증되면서 태교가 중요하게 인식되고 있다. 따라서 이 장에서는 부모가 되기 전에 부부가 함께 결정하고 준비해야 할 것은 무엇인지, 임신과 관련한 다양한 징후나 검사, 주의할 사항, 임신 시의 태교 등에 대해 살펴보고자 한다

1. 임신 전 준비

1) 첫 아기 갖기

가장 먼저 부모가 되기 위해 부부는 언제 아기를 가질지에 대해 결정해야 한다. 부모가 되기로 결심하기까지 직업, 안정적인 부부관계, 육아 등 다양한 요인이 작용

하기 때문에 자녀를 낳아 기르는 최적의 시기를 말하는 것은 쉽지 않다. 그럼에도 많은 부부가 출산을 계획하여 부모가 된다. 대개의 경우, 여성은 40대 이전에 임신하여 출산한다.

최적의 출산 연령은 언제일까? 최근 초혼 연령의 상승으로 여성의 출산 연령도 상대적으로 높아지고 있다. 영국 셰필드 대학교의 앨런 파시(A. Pacey) 박사팀이 출산 가능 자녀 수와 여성의 나이에 따른 여성의 생식력을 분석한 데이터를 통해 생식력을 계산할 수 있는 자료를 발표한 바 있다(중앙일보, 2015. 8. 1.). 생식력 계산기(The fertility calculator)에 의하면, 여성이 자녀 1명을 낳을 계획이라면 32세의 나이에도 90%의 성공률을 보인다. 임신이 어려워 시험관 아기 시술을 시도하는 부부가 늘어나는 추세지만, 이마저도 성공률이 2~3년 정도로 제한되고 지속적인 성공률이 보장되지는 않는다([그림 3-1] 참조). 여성의 늦은 나이의 출산은 미숙아나 염색체 이상의 아기를 출산할 가능성과 연결되므로 출산 연령을 늦추는 것은 바람직하지 않다.

부부가 아기를 낳아 사회 구성원으로 키우는 데는 많은 시간과 노력, 경제력이 필요하다. 무엇보다 부부가 아기를 낳을 마음의 자세가 되어 있고 키울 능력이 있을 때 부부가 서로 합의하여 임신하고 출산하는 것이 바람직하다. 부부가 자녀를 출산

여성 연령에 따른 출산 성공율			
자연임신율	1명	2명	3명
90%	32세	27세	23세
75%	37세	34세	31세
50%	41세	38세	35세
시험관 아기 시술(IVF)			
90%	35세	31세	28세
75%	39세	35세	33세
50%	42세	39세	36세

[그림 3-1] 여성 생식력 계산기

출처: ezday(2015. 8. 1.). 만혼시대… 여성 생식력 계산기 나와. 2021. 4. 22. 인출.

하는 데 적합한 경우는 다음과 같다.

- 부부가 부모가 될 마음의 준비가 되어 있고 아기를 원해야 한다.
- 부부가 건강하고 스트레스가 없어야 한다.
- 부부의 경제적인 상황에 어려움이 없어야 한다.
- 부부의 연령이 너무 많지 않아야 한다. 여성의 경우 20대와 30대 초반에 임신 가능성이 가장 높고 기형 없이 출산할 수 있으며 연령이 많으면 불임이 될 가능성도 높다. 의학적으로 불임이란 1년간 정상적인 부부관계를 했음에도 임신이 되지 않는 경우로서 통계적으로 특별한 피임 없이 3개월 안에 57%, 6개월 안에 72%만이 임신되며, 각 배란 주기당 임신 기회는 약 25%에 불과하다(대한산부인과학회 홈페이지, 2021. 4. 22. 인출).

2) 건강한 자녀의 탄생을 위한 준비

요즘은 자녀를 한두 명만 낳고 단산하는 경우가 많으므로 부부가 건강한 아기를 임신하고 출산하는 데 필요한 교육을 받는 것은 매우 중요하고 필요하다. 이를 위해 부부가 함께 임신 전과 임신 동안, 부부가 자녀를 갖기 위해 언제 임신할 것인지에 대해서 그리고 아기가 태어난 후를 위하여 임신을 계획하는 것은 중요하다. 계획된 임신은 원하는 시기에 원하는 아기를 갖는 것으로 각 가정의 경제적 · 물리적 상황이나 부부의 연령, 건강 상태, 자녀 간의 터울 등을 고려하여 임신하는 것이다. 뜻하지 않게 임신하게 되면 대부분의 여성은 당황하고, 그로 인해 임신 자체를 부담스럽게 여길 수 있으며, 임신을 모르고 술이나 각종 약물, 혹은 유해한 성분이 들어 있는 음식물을 섭취하여 태아에게 부정적 영향을 미칠 수도 있으므로 임신을 계획하는 것은 매우 중요하다.

임신을 계획하면 부부가 함께 몸가짐을 조심하여 신체적 · 정신적 건강을 유지하기 위해 노력하고, 유해한 외부 환경을 피하고 좋은 식습관과 생활 습관을 실천함으로써 건강한 아기의 탄생을 위해 노력할 수 있다. 또한 부부가 함께 아기의 태내 발달에 대한 정보를 획득하고, 임신 전의 기본적인 검사를 통해 여러 가지 감염성 질환을 미리 확인할 수도 있다. 건강한 아기의 임신과 출산을 위해 부부는 임신 전에 필수적으로 몇 가지 검사를 받아야 하고(<표 3-1> 참조), 임신 시도 전에 예방주사도 맞아야 한다(<표 3-2> 참조).

표 3-1   임신 전 필수검사

여성	남성
• 혈액검사 • 소변검사 • 매독혈청 검사와 AIDS 검사 • B형, C형 간염과 간기능 검사 • 부인과 검진(질, 자궁경부, 자궁, 난소 진찰) • TORCH 검사(임신 중 태아에게 선천성 감염을 일으키는 톡소플라즈마, 풍진, 거대세포바이러스, 헤르페스바이러스)	• 혈액검사 • 소변검사 • 매독혈청 검사와 AIDS 검사 • B형, C형 간염과 간기능 검사 • 임균 검사/헤르페스 검사(요도염의 병력이 있거나 부적절한 관계가 있었던 경우) • 정액과 고환 검사(임신 가능성 확인)

출처: 임신육아종합포털 아이사랑. 2021. 1. 3. 인출.

표 3-2   임신 시도 전 맞아야 할 예방주사

여성	남성
• 성인용 Td 백신(파상풍, 디프테리아): 매 10년 • MMR 백신(홍역, 볼거리, 풍진) • 자궁경부암 백신(HPV 백신) • 수두 백신 • A형 간염 백신 • B형 간염 백신 • 인플루엔자 백신 • 폐렴구균 백신	• 이하선염 백신 • 홍역 백신 • 풍진 백신 • 수두 백신 • 파상풍 • A형 간염 백신 • B형 간염 백신

출처: 임신육아종합포털 아이사랑. 2021. 1. 3. 인출.

2. 임신

임신은 난자와 정자의 결합에 의한 수정란이 자궁에 착상하여 태아로 성장하는 과정으로, 수정부터 착상까지 약 7~10일이 걸린다. 수정란은 23쌍의 46개 염색체를 지니며, 염색체의 결합이 XX면 여성, XY면 남성으로 성장한다. 수정란이 착상하는 곳인 자궁은 태아와 태반 및 양수를 담을 수 있는 근육 주머니로서 임신 기간 동안 성장하는 태아를 보호하고 기르는 곳이다. 이는 임신 전보다 몇 배로 늘어 임신 14주 이후가 되면 외관상으로도 알 수 있을 정도로 커진다. 피임하지 않는 정상적인 부부관계를 하는 부부라면 결혼 후 1년 이내에 85~90% 정도가 임신이 되고, 이후 6개월~1년 정도 지나도 임신율은 5% 정도만 증가하며, 임신하여 출산할 확률은 22~38%에 불과하다. 자연유산의 80%는 임신 12주 이내에 발생한다.

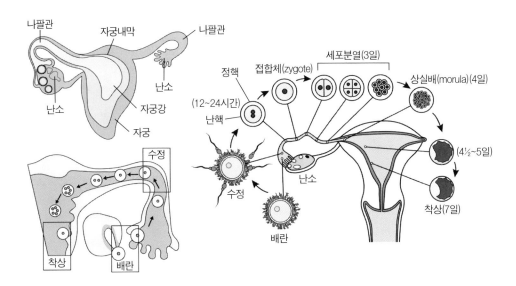

[그림 3-2] 수정란 형성과 착상 과정

출처: 1) 임신육아종합포털 아이사랑. 2021. 4. 23. 인출.
　　　2) 임신육아종합포털 아이사랑. 2021. 1. 3. 인출.
　　　3) 조성연 외(2014). 영아발달, p. 199 재인용.

1) 임신을 의심할 만한 증상

임신하면 다양한 신체적 증상이 나타나므로 다음과 같은 증상이 있다면 임신을 의심해 볼 수 있다(임신육아종합포털 아이사랑, 2020. 12. 28. 인출).

- 매월 규칙적으로 있었던 월경이 7~10일이 지나도 소식이 없는 경우다. 이는 때로 신체적 피로나 정신적 스트레스를 받은 경우에도 나타날 수 있는 증상이므로 100% 임신을 확신할 수는 없다.
- 감기에 걸린 것처럼 열이 나는 경우다. 기초 체온을 측정했을 때 3주 이상 고온 상태라면 임신 가능성이 높다.
- 요의를 자주 느끼는 경우다. 임신하면 혈액이 골반 주위로 몰리면서 방광을 자극하기 때문에 요의를 느껴 소변을 자주 보게 된다.
- 평소보다 가슴이 커지고 유두나 유륜의 색이 진해지는 경우다. 임신하면 난소에서 황체호르몬이 분비되어 이 호르몬이 유선에 작용하여 유방이 커지고 유륜도 부풀게 된다.
- 속이 메스껍고 소화가 잘 안 되며, 바로 피곤함을 느끼는 경우다.

2) 임신 초기 징후

임신하면 몇 가지 특징적인 신체적 변화가 나타나므로 임신부는 건강한 태아의 출산을 위해 주의를 기울여야 한다.

첫째, 매월 나타나던 월경이 중지된다.

둘째, 입덧(morning sickness)과 구토 증상이 나타난다(〈참고 1〉 참조). 입덧은 특정 음식 등에 대해 속이 메스껍거나 소화가 안 되는 듯한 경험을 하는 것으로서 임신 초기에 나타나는 매우 보편적 현상이다. 이는 임신한 여성의 약 70~80%에서 나타나며, 오후보다 아침에 더 빈번하고, 대개 임신 3개월 말경 사라진다. 입덧은 남편에게서도 나타나는 경향이 있는데 이를 쿠바드 증후군(Couvard syndrome)이라고 한다(〈참고 2〉 참조).

셋째, 태아, 태반, 양수, 모체의 지방조직 등이 증가함에 따라 체중이 증가한다. 일반적으로 임신 시 체중은 약 10~15kg 증가한다. 미국 존스홉킨스 대학교병원 조사에 따르면, 체중이 1kg 늘어날 때마다 제왕절개 비율이 4%씩 증가하고, 16kg을 넘었을 때는 4.5kg 이상 과체중아 출산이 급증했다(중앙일보, 2004. 11. 28.). 또한 임신부의 체중 증가는 태아의 질병 발생률과 사망률을 증가시킬 수 있고, 임신부의 임신중독증도 유발할 수 있으므로 임신부는 체중 증가량과 체중 증가 속도에도 주의를 기울여야 한다. 비만 여성은 체중 증가를 7~8kg으로 낮춰야 한다. 임신 시 체중은 초기(1~3개월)에는 0.5~2kg 증가, 중기·후기에는 주당 0.5kg 증가가 적절하다. 임신 전 체중에 따라 임신 기간 동안 권장하는 체중 증가량은 다음과 같다.

표 3-3 임신 전 체중에 따른 임신기 동안의 권장 체중 증가량

임신 전 체질량지수(BMI)	권장체중 증가량(kg)	주별 체중 증가량(kg/week)
18.5 미만	12.7~18.1	0.5
18.5~24.9	11.3~15.9	0.5
25~29.9	6.8~11.3	0.3
30 이상	5.0~9.1	0.2

*체질량지수(BMI)=체중(kg)÷키(㎡)

출처: 식품의약품안전청(2011). 건강한 예비맘을 위한 영양·식생활·가이드, p. 5.

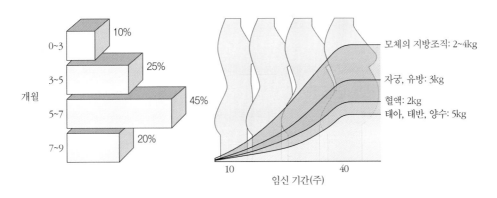

[그림 3-3] 임신 중 개월별 체중 증가(%)와 체중 증가 요인

출처: Stoppard, M. (2002). *New pregnancy and birth back*, p. 110; 임현숙(2011). 산전산후 영양관리를 위한 건강한 식생활정보. 2021. 1. 3. 인출.

넷째, 유방이 커지고, 쉽게 피로해지며, 자궁이 방광을 자극하게 되면서 빈뇨 현상이 나타나며, 장의 움직임이 둔화되면서 변비 현상도 나타난다.

다섯째, 멜라노트로핀(melanotropin)이라는 호르몬에 의해 피부가 착색되는 현상이 나타나는데, 이 현상은 출산 때까지 지속되며 출산 후 점차 사라진다.

여섯째, 혈액량이 임신 이전보다 30% 정도 증가하여 심장에 부담을 주게 된다. 이러한 증상이 나타나 임신이 의심될 경우에는 키트를 이용하거나 병원을 방문하여 임신을 확인해야 한다.

참고 ❶

입덧

1. 입덧의 목적과 원인
입덧은 태아를 보호하기 위한 자연의 섭리라고 할 수 있는데 프로페트(M. Profet)는 인류 종의 생존을 증진시키려는 목적을 가지고 본능적으로 해로운 기제를 피하려는 것이며, 유해한 환경에 대해 매우 예민하게 반응하는 생물학적인 레이더로서 수 세대에 걸친 진화의 결과라고 언급하기도 하였다. 이는 위궤양을 일으키는 헬리코박터, 파일로리 박테리아가 원인이 되어 나타나는 현상이기도 하며, 심한 경우에는 구토 현상을 수반하기도 한다.

2. 입덧을 줄이는 방법
① 메스꺼운 요인을 피하라: 임신 전에 좋아했던 음식이라도 자극적이거나 향이 강한 음식은 임신부의 위를 자극할 수 있다. 메스꺼운 요인을 제거하려고 노력한다.
② 조금씩 자주 먹어라: 많은 양을 한꺼번에 먹게 되면 위 활동이 활발해져 입덧이 심해질 수 있다. 식욕이 날 때는 언제든지 조금씩 오래 씹어서 먹는다.
③ 간식을 자주 먹어라: 크래커나 부드러운 음식은 메스꺼움이 느껴질 때 먹으면 좋다. 편안하게 간식을 먹는 동안에는 직장일에 너무 신경 쓰지 않는 것이 좋다. 따뜻한 보리차나 결명자차, 레몬차, 오미자차, 생강차 등을 마시는 것이 도움이 된다.
④ 물을 많이 마셔라: 물을 먹지 않는다면 입덧이 더 심해질 수 있다. 주위에 물병을 두

고 수시로 마시는 것이 도움이 된다.

⑤ 천천히 움직여라: 잠자리에서 일어날 때 충분한 시간을 갖도록 하고, 일을 하기 위해 준비할 때도 충분한 시간을 갖는다. 빠르게 움직이게 되면 입덧을 더 자극할 수 있다.

⑥ 음식을 먹고 싶지 않더라도 식사를 거르지 말라: 신체의 영양분을 유지하는 것이 중요하고, 위에 약간의 음식이 있는 것이 속을 편안하게 하는 데 도움이 된다. 또한 음식과 음료를 차게 해서 먹으면 음식에서 나는 냄새를 줄일 수 있고, 장운동을 도와주기 때문에 속이 좀 더 편해질 수 있다.

3. 입덧 예방 방법

① 잠자기 전에 약간의 소금기가 있는 크래커를 머리맡에 두어 잠자리에서 일어나기 전에 누운 채로 가능한 한 빨리 한 개를 먹은 후, 몇 분이 지난 뒤에 일어난다. 이는 크래커가 밤 동안에 위 속에 쌓여 있던 위산을 흡수시켜 주기 때문이다.

② 흰 빵, 씨리얼(곡류), 국수, 쌀, 플레인 요거트 등과 같은 음식과 닭가슴살과 같은 흰 살코기, 치즈, 배나 귤, 구운 감자와 바나나 등을 섭취한다.

③ 위에 뭔가 있으면 오심이 줄어들므로 음식을 소량으로 여러 번에 나누어 먹는다.

④ 스트레스가 심하면 오심도 심해지므로 충분한 휴식을 취한다.

⑤ 너무 누워 있는 것보다는 일어나서 움직이는 것이 좋다.

⑥ 허리가 죄는 옷은 입덧을 유발할 수 있으므로 편안한 옷을 입는다.

⑦ 요리를 해야 한다면, 전자레인지를 이용하거나 음식을 찌거나 끓이는 방법을 택한다. 이것은 음식의 타는 냄새로 인한 메스꺼움을 줄여 주는 효과가 있다.

⑧ 메스꺼움을 줄이기 위해 하루에 1~2회 Vit. B6 50mg을 섭취하거나, 음식에 레몬을 몇 방울 떨어뜨린 후 섭취하는 것도 도움이 될 수 있다.

출처: 식품의약품안전청(2011). 건강한 예비맘을 위한 영양·식생활가이드, p. 20.

참고 ❷

쿠바드 증후군

쿠바드 증후군은 아내의 임신에 대해 남편이 임신부인 아내에게서 나타나는 입덧, 식욕 상실, 메스꺼움, 구토, 요통, 체중 증가, 성욕 상실, 피로감, 무기력증, 불안감, 불면증 등의 육체적·심리적 증상을 유사하게 경험하는 현상이다. 임신부 남편의 1/3이 경험하는 것으로 이는 프랑스어로 '알을 품다, 부화하다'를 의미하는 'couver'에서 유래하였다. 심한 경우 남편이 출산의 진통이나 산후우울증과 같은 증상을 겪는 경우도 있다. 이러한 증상은 임신 3개월경에 가장 심했다가 점차 약해지고 임신 후기에 다시 심해진다(장휘숙, 1997, pp. 128-129).

쿠바드 증후군은 아내의 임신에 대한 남편의 무의식적인 반응으로서 아내의 임신이 남편에게도 심리적 긴장을 유발시킨다는 것을 의미하는데 이에 대한 명확한 원인은 밝혀지지 않았지만 다음의 두 가지가 있다. 첫째, 남편이 아이가 생긴다는 것에 대한 심리적 변화, 아버지가 된다는 것에 대한 두려움, 임신한 아내에 대한 감정이입, 가정에 대한 책임감 등으로 변화가 생기는 것이다. 쿠바드 증후군은 가부장적인 문화가 강한 사회보다는 모계사회에서 흔히 나타난다. 이는 남편이 아내와 아내의 혈족 안에서 아이의 아버지가 자신이라는 것을 인정받으려는 욕구, 아내의 양육권 독점을 막으려는 의도 등이 극단적으로 나타난 것으로 본다. 둘째, 임신한 아내의 페로몬에 의한 남편의 신경 화학물질의 변화로 임신한 아내가 분비하는 페로몬이 남편의 뇌에 구조적인 변화를 가져올 수 있다는 것이다. 실제로 아내가 임신하면 남성호르몬인 테스토스테론의 수치가 1/3로 떨어지면서 잦은 피로감을 느끼고 우울 증세를 보인다. 스트레스 호르몬인 코르티솔의 수치는 올라가는데 이로 인해 혈압이 높아져 감정 기복이 심해지기도 한다.

■ 쿠바드 증후군 자가진단 리스트
- 임신한 것처럼 배가 불러오고 체중이 증가한다.
- 식욕이 늘어 평소보다 먹는 양이 늘어난다.
- 입덧과 유사한 메스꺼움, 울렁거림, 구토 등의 증상이 나타난다.
- 매사에 쉽게 피로해지고 무기력해진다.

- 요통, 불안, 불면증 등의 증상이 나타난다.
- 성욕이 떨어진다.

3개 이상의 증상이 일치한다면 쿠바드 증후군을 의심해 볼 수 있다. 입증된 치료법
이 없어 임신부에게 적용되는 일반적인 방법으로 심리적 안정을 찾는 것이 중요하다.

출처: momQ(유한킴벌리) 홈페이지. 육아정보. 2021. 5. 15. 인출.

3) 분만예정일 계산법

분만예정일을 정확하게 추정하는 것은 어렵지만 분만예정일을 추정할 수 있는 방
법으로 '네겔레 법칙(Naegele's rule)'이 있다. 이것은 마지막 월경 시작일을 기준으로
분만예정일을 산출하는 방법이다. 마지막 월경을 시작한 달이 1~3월인 경우에는
월에 +9, 일에 +7을 하며, 4월 이후인 경우에는 월에 −3, 일에 +7을 하여 계산한다.
예를 들면, 마지막 월경 시작일이 3월 16일이면 같은 해 12월 23일이 분만예정일이
된다. 즉, 3월에 +9를 하고, 16일에 +7을 하면 12월 23일이 되는 것이다(〈표 3-4〉
참조). 또한 마지막 월경 시작일이 7월 28일이면 다음 해 5월 5일이 분만예정일이 된
다. 즉, 7월에 −3을, 28일에 +7을 하면 4월 35일이 된다. 그러나 4월은 30일까지 있
으므로 35일에서 30일을 빼면 5일이 되고 여기서 1개월이 늘어났으므로 5월이 되어
분만예정일은 5월 5일이 되는 것이다. 이렇게 추정된 날짜를 전후로 하여 대개 7일
이내에 분만한다.

표 3-4 네겔레 법칙에 의한 분만예정일

월경 시작일

12월				1	2	3	4
3월	1	2	3	4	5	6	
5	6	7	8	9	10	11	
7	8	9	10	11	12	13	
5	5	5	5	5	5	5	
14	15	⑯	17	18	19	20	
19	20	21	22	㉓	24	25	
21	22	23	24	25	26	27	
26	27	28	29	30	31		
28	29	30				분만예정일	

4) 임신 중 건강검진

임신부는 건강한 아기를 출산하기 위해 태어날 아기에 대해 관심을 갖고 산전 진단을 받아야 한다. 산전 진단을 통해 임신부는 태아에게 발생할 수 있는 위험 요인을 조기에 발견하여 치료할 수 있고, 지속적이고 정기적인 관리를 통해 건강한 아기의 출산을 준비할 수 있다. 임신 중 정기 건강검진은 임신 개월 수에 따라 임신 초에서 7개월(28주)까지는 월 1회, 8~9개월(29~36주)은 월 2회(2주 1회)고, 마지막 10개월(36주 이후)에는 월 4회(주 1회)를 받아야 한다.

임신 중에는 태아의 정상성 여부나 모체의 건강과 안전한 분만을 위하여 여러 가지 검사를 받아야 한다. 임신 중에는 임신 기간별로 검사를 받아야 하는데 기본적으로 소변검사, 혈액검사, 체중과 혈압 측정 등을 실시한다(<표 3-5> 참조). 선천성 기형과 염색체 이상 등을 알아보기 위해 임신 중기에 산모의 혈청을 이용하여 태아의 다운증후군, 무뇌아, 척추이분증 등의 신경관 결손을 선별하는 검사를 받을 수 있는데, 이때 양성으로 판정되면 양수검사(amniocentesis), 융모막생검(Chorionic Villus Sampling: CVS) 등의 정밀검사를 통해 실제 이상 유무를 판정한다(<참고 3> 참조).

표 3-5 임신 시기별 일반검사와 특수검사

시기	일반검사	특수검사
임신 전기 (1~3개월)	기본검사*, 혈액검사, 진찰, 풍진검사, 초음파검사	–
임신 중기 (4~7개월)	기본검사, 복부진찰, 태아심음확인, 트리플검사(모체혈청기형아검사), 임신성당뇨병, 초음파검사	융모막생검, 제대혈액채취검사, 양수검사, 정밀초음파검사
임신 말기 (8~10개월)	기본검사, 복부진찰, 내진, 빈혈검사, 흉부X-선, 초음파검사, 태아심박동검사	–

* 기본검사: 소변검사, 체중/혈압 측정
출처: 삼성서울병원 홈페이지. 2021. 4. 25. 인출.

참고 ❸

선천성 기형과 염색체 이상 검사

1. 양수검사

마취 없이 초음파 유도하에 미세 침을 이용하여 자궁 내에서 20cc 정도의 양수를 채취하여 염색체 이상 유무를 확인하는 검사로서 임신 16~20주 사이에 실시하며, 그 결과는 2주 정도 소요된다. 이 검사가 필요한 경우는 임신부의 나이가 35세 이상인 경우, 산전 기형아 선별검사에서 고위험군인 경우, 자녀, 산모나 남편 혹은 가까운 친척 중에 염색체 이상이 있는 경우, 자녀, 산모나 남편 중에 신경관 결손이 있는 경우, 산전 태아 당단백 검사상 비정상적인 수치를 나타내는 경우, 초음파상 태아의 이상 소견이 관찰되는 경우, 가족 내에 염색체를 통해 유전되는 질환을 가지고 있는 경우 등이다.

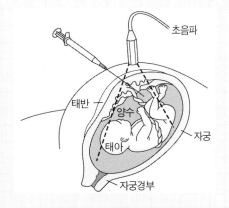

[그림 3-4] 양수검사

출처: 삼성서울병원 홈페이지. 2020. 12. 14. 인출.

2. 융모막검사

검사 시행 전 반복 초음파검사로 태아의 심
박동 유무, 임신낭의 수, 크기, 성장이 적절한
지 등과 융모막의 위치 등을 확인 후 초음파
를 이용하여 부분마취 후 산모의 자궁경관을
통해 가느다란 관(catheter)을 삽입하여 태반
의 조직 중 일부를 떼어 내거나, 산모의 복벽
을 통해 주사침을 삽입하여 태반조직을 흡입
해 내는 검사다. 이 검사는 30분~1시간 소요
되며, 임신 10~12주에 시행할 수 있고, 검사
결과는 약 10~14일이 소요되어 양수검사보
다 결과를 더 빨리 알 수 있다.

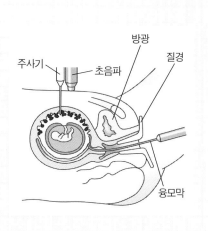

[그림 3-5] 융모막검사

출처: 제일여성병원 홈페이지. 2020. 12. 14. 인출.

5) 고령임신

최근 초혼 연령이 상승함에 따라 출산 연령도 높아지면서 고령임신이 늘어나고
있다. 고령임신은 산모 연령이 35세 이상인 경우의 임신으로서 임신 중에 유산이
나 조산 등의 정상 임신과 출산에 어려움이 있는 위험성이 높은 임신으로 구분한다.
우리나라 임신부의 평균 출산 연령은 33.0세인데 이 중 고령 산모 비중은 33.4%(통
계청 보도자료, 2020. 8. 26., p. 7)로 매년 증가하고 있다. 고령임신은 다음과 같은 여
러 가지 어려움을 동반하므로 특별한 주의가 필요하다(임신육아종합포털 아이사랑,
2021. 1. 3. 인출).

• 다운증후군(Down syndrome)과 같은 태아 염색체 이상을 나타낼 확률이 높다.
  다운증후군은 20대의 경우 1,000명당 1명 이하로 발생하지만, 산모의 연령이
  35세 이상인 경우에는 300명당 1명꼴로 발생한다.

- 임신으로 인해 사회생활을 중단해야 하거나 향후 육아 등과 관련한 스트레스가 더 높을 수 있고, 그로 인해 우울증 등의 문제를 유발할 수도 있다.
- 생식 능력이 감소하고 유산의 위험이 높아 임신에 성공하기 어렵다. 30~34세의 임신율이 1,000명당 400건이지만, 40~45세는 1,000명당 100건 전후의 임신율을 보이고, 자연유산율도 20대는 10%에 불과하던 것이 45세는 90%에 이른다.
- 젊은 임신부보다 임신 중 고혈압성 질환의 발생 가능성이 2~4배 더 높아 임신 중독증으로 이어질 수 있다. 임신성 고혈압은 조기에 예방할 수 있는 확실한 방법이 없어 고위험군이라고 생각되면 혈압과 단백뇨를 자주 측정하고, 불필요한 체중 증가가 없도록 해야 한다.
- 만성 고혈압, 임신중독증, 자궁 근종, 조기 진통과 조산, 임신성 당뇨, 저체중아, 조기 태반 박리, 태아 위치 이상, 태아 가사, 유도 분만과 제왕절개율의 증가, 자궁 내 태아 사망 등의 주산기 합병증이 더 많다.

6) 임신 중의 생활

임신부는 평상시와 다르게 행동하게 되는데, 다음과 같은 점에 주의하면서 정서적으로나 신체적으로 편안한 마음을 가짐으로써 태아에게 좋은 태내 환경을 마련해 주도록 노력한다.

- 태아에 대해 관심을 갖는다. 태아는 듣고 이해하고 느낄 수 있으며 스스로의 느낌을 표현할 줄 아는 능력 있는 존재이므로 하나의 독립된 인격체로 생각한다. 뱃속에서부터 어머니와 아버지와의 관계를 친숙하게 해 두는 것이 출산 후 애착을 형성하는 데 도움이 된다.
- 충분한 영양 섭취가 필요하다. 태아의 뇌 발달과 신체 발달을 위하여 균형 있고 영양소가 골고루 들어 있는 음식물을 충분히 섭취한다. 그러나 가능한 한 맵거나 짠 음식은 피한다.
- 충분한 산소 공급이 필요하다. 임신 중에는 가능한 한 맑은 공기를 충분히 마실

수 있도록 자연을 많이 접하고, 자주 가벼운 심호흡을 해서 태아에게 산소가 충분히 공급될 수 있도록 한다. 이와 함께 적당한 운동을 한다. 적당한 운동은 편안한 휴식을 제공해 주고 변비를 예방해 주며, 호흡 작용을 도와주고, 혈액순환을 용이하게 해 주며, 근육과 피부의 탄력성을 유지해 준다. 또한 운동은 숙면을 도와주며, 임신으로 인한 근육, 관절, 인대에 늘어나는 긴장을 견딜 수 있도록 해 주고, 체중을 적당하게 조절해 주며, 긴장을 풀어 주고, 산후 체력을 증가시켜 주며, 스트레스에 대처하는 것을 도와준다.

• 임신부나 태아 모두에게 정서적 안정감을 주고 편안한 마음을 가질 수 있도록 태아와 자주 이야기하고, 용기, 희망, 행복, 애정이 담긴 책을 읽고, 밝고 조용한 음악을 듣는다. 그러나 너무 오랜 시간 책을 읽게 되면 눈이 피로해지므로 쉬어 가면서 읽는다.

• 몸을 조이지 않도록 여유 있는 편안한 의복을 입고, 신발도 신체의 균형을 잘 잡아줄 수 있도록 낮은 굽의 편안한 것을 택한다.

• 임신 초기에는 가능한 한 장거리 여행이나 외출을 삼가는 것이 좋고, 필요한 여행도 5~6개월째까지 연기한다. 부득이 여행을 해야 할 경우에는 안전하고 흔들림이 없는 대중교통을 이용하고, 멀미약은 삼간다. 장거리 여행은 유산과 조산의 원인이 될 수 있으므로 가능한 한 하지 않도록 한다. 오래 앉아 있으면 하체의 혈액순환이 나빠지므로 여행 중에는 최소한 2시간마다 휴식을 취하고 가끔 걷는 것도 좋다. 만일 여행 중 불안감, 메스꺼움, 구토나 어지러움을 느낀다면 즉시 여행을 그만두는 것이 좋다. 차량 승차는 하루 6시간 이내로 제한하고, 비행기를 타는 것은 대부분 괜찮으나 임신 말기에는 삼간다(〈참고 4〉 참조). 장시간의 외출은 피하는 것이 좋고, 여름철 냉방이 완비된 백화점이나 영화관 등은 오히려 몸을 차갑게 해서 감기에 걸릴 우려가 있으므로 주의한다.

• 유산이나 조산의 문제가 없는 정상적인 임신으로서 특별한 이유가 없는 한 임신의 전체 기간 동안 부부간의 성관계는 해도 큰 문제는 없다. 임신 초기(임신 후 1개월)에는 유산의 위험이 높으므로 자제하는 것이 좋고, 임신 중기가 되면 유산의 위험이 감소하고 입덧이 사라지면서 몸과 마음이 편안해지므로 비교적 안전

하다. 그러나 임신 9개월 이후에는 조산의 위험이 있으므로 주의하고, 임신 막달에는 조기 파수나 감염, 조산의 원인이 될 수 있으므로 특별히 주의하면서 부부관계를 갖지 않는 것이 원칙이다. 임신 중 부부관계를 할 경우에는 여성의 질점막이 민감해져 각종 세균에 감염되기 쉬우므로 콘돔을 사용하는 것이 안전하다(임산부약물정보센터 한국마더세이프전문상담센터, 2020. 12. 19. 인출).

• 목욕 시에는 물의 온도가 너무 뜨겁거나 차가우면 임신부의 혈압에 영향을 줄 수 있으므로 물의 온도를 적당하게 유지하고, 임신 후반기에는 욕탕 목욕보다는 샤워가 더 적합하다. 체중 증가와 더불어 땀의 분비도 증가하고 질내 분비물도 많아지므로 샤워를 자주 하게 되면 피부 건강을 도모해 주고 동시에 기분도 상쾌해질 수 있다.

• 충분한 휴식과 수면이 필요하다. 임신하면 피곤하고, 잠도 제대로 못 자며 수면장애를 경험하는 때가 많다. 수면 중 소변을 보기 위하여 잠을 깨기도 하고, 호르몬의 부조화로 잠을 깊이 자지 못하거나 토막잠을 자기도 하며, 임신이 진행되면서부터 배가 점점 불러와 호흡이 곤란해지면서 편안한 수면 자세를 취하기

참고 ④

비행기 여행

만삭의 임신부는 장거리 비행 시 비행기에 탑승할 수 없는 경우도 있다. 특히 한나절 이상 비행기를 타는 장거리 해외여행일 경우에는 비행기 안에서 출혈 등의 문제가 발생할 수도 있기 때문에 위험하다. 따라서 비행기 여행을 할 때는 미리 자신의 임신 주기에 항공 여행이 허락되는지 여행사나 항공사에 확인해야 한다. 항공사에서 정상임신이고 현재 별 문제가 없다는 진단서를 요구하는 경우도 있으므로 미리 준비해야 한다. 비행기 안에서는 너무 오랫동안 앉아 있지 말고 1~2시간에 한 번씩은 일어나서 몸을 움직인다.

출처: 임신육아종합포털 아이사랑. 2021. 12. 28. 인출.

어렵고, 출산을 앞두고는 여러 가지 걱정으로 잠을 제대로 못 자는 경우도 있다. 그러므로 가능한 한 일찍 잠자리에 들고, 따뜻한 우유와 같은 편안한 음료를 마시거나 철분과 단백질이 풍부한 음식을 섭취하거나, 마사지를 받거나 낮에 산책 또는 적당한 신체활동을 함으로써 편안한 잠을 잘 수 있도록 한다.

- 가사노동은 문제가 없으나 신체적으로 무리하거나 피로할 때까지 일을 하지 말고 자주 휴식을 취한다. 최대한 복부를 압박하는 자세의 일, 무거운 물건을 드는 일, 사다리나 계단을 오르내리는 일, 위험한 곳에서 하는 일, 발판을 사용하는 일, 무거운 것을 높이 올리거나 높은 데서 내리는 일 등은 피한다. 임신부가 물건을 들어 올릴 때는 허리를 구부리지 말고 무릎을 구부리면서 체중이 발바닥 전체에 실리도록 한다.

- 임신에 해로운 일이 아니라면 직장 업무를 계속해도 상관없지만, 작업환경이나 노동조건이 열악하면 태아에게 부정적 영향을 미칠 수 있으므로 직장을 그만두는 것이 좋다. 특히 직장에서 하는 일이 방사선, 유기용제, 중금속 등의 특수 약품이나 인체에 해로운 물질을 취급하는 일, 진동이나 소음이 심한 일, 먼지가 많이 나거나 온도 차가 심한 일, 오래 서 있거나 앉아 있거나 혹은 계단을 오르내리거나 무거운 것을 운반하는 일, 신체 균형을 유지해야 하는 일, 야간에 해야 하는 일 등인 경우에는 피하거나 주의한다.

7) 임신 중의 영양

임신부의 영양 섭취는 태아의 건강과 신체 발달, 성격 형성, 신생아의 생명에 영향을 미친다. 임신부의 영양 상태가 나쁘면 사산이나 신생아의 죽음, 기형이나 조산아와 저체중아 출생으로 이어질 수 있다. 임신부의 충분한 영양 공급은 태아의 건강한 성장 · 발달뿐만 아니라 태반의 성장, 정상적인 임신과 출산, 분만 후의 소모된 체력의 회복, 충분한 유즙 분비를 위해서도 필요하다.

임신부는 4군 식품이 고루 포함되어 있으며 칼슘, 철분, 인 등의 무기질과 비타민의 섭취량이 부족하지 않는 식사를 해야 한다(<표 3-6> 참조). 그러므로 임신부는 과일, 야채, 콩, 곡물류, 생선과 기름기가 적은 육류, 우유와 다른 낙농제품을 매일 섭취하는 것이 좋고, 하루 필요 열량에서 곡류와 감자군의 비중이 65~70%를 넘지 않도록 하며, 불필요한 지방과 염분 섭취는 줄이고, 매일 엽산을 복용하는 것이 좋다(〈참고 5〉, 〈참고 6〉 참조).

표 3-6 임신부에게 필요한 1일 영양소

영양소	성인여자		임신 초기	임신 중기	임신 후기
열량(kcal)	19~29세	2,100	0	+340	+450
	30~49세	1,900			
단백질(g)	19~29세	50	0	+15	+30
	30~49세	45			
비타민A(μgRE)	650		+70	+70	+70
비타민D(μg)	5		+5	+5	+5
비타민E(mg α-TE)	10		0	0	0
비타민K(μg)	65		0	0	0
비타민C(mg)	100		+10	+10	+10
티아민(mg)	1.1		+0.4	+0.4	+0.4
리보플라빈(mg)	1.2		+0.4	+0.4	+0.4
나이아신(mg NE)	14		+4	+4	+4
비타민B6(mg)	1.4		+0.8	+0.8	+0.8
엽산(μg)	400		+200	+200	+200
칼슘(mg)	650		+280	+280	+280
인(mg)	700		0	0	0
철(mg)	14		+10	+10	+10
아연(mg)	8		+2.5	+2.5	+2.5
셀레늄(μg)	55		+4	+4	+4

출처: 식품의약품안전청(2011). 건강한 예비맘을 위한 영양 · 식생활가이드, p. 6.

임신부를 위한 추가 영양필요량과 공급 식품

표 3-7 임신기의 추가 영양필요량

영양소	에너지 (kcal)	비타민A (μgRE)	비타민D (μg)	비타민E (mg α-TE)	비타민C (mg)	비타민B1 (mg)	비타민B2 (mg)
필요량	+0/+340/ +450*	+70	+5	0	+10	+0.4	+0.4

영양소	단백질(g)	나이아신 (mg NE)	비타민B6 (mg)	엽산(μg)	칼슘(mg)	철(mg)	아연(mg)
필요량	+0/+15/ +30*	+4	+0.8	+200	+280	+10	+2.5

* 임신 초기/임신 중기/임신 후기

추가로 소요되는 영양필요량은 철분을 제외하고는 모두 식사를 통해 충족할 수 있다. 에너지나 단백질의 추가 섭취를 위해서는 기본적으로 식사량을 늘려야 하는데 육류 섭취를 늘리면 에너지와 단백질과 철분 등이 증가하고, 우유와 유제품 섭취를 늘리면 에너지와 단백질과 칼슘 등이 공급되며, 비타민이나 무기질을 확보하기 위해 식사를 계획할 때 이들 영양소의 밀도가 높은 식품을 다양하게 선택해야 한다. 비타민D를 위해서는 하루에 30분 정도 햇볕을 쬐는 것이 크게 도움이 된다. 비타민C나 엽산을 확보하기 위해서는 채소와 과일류 또는 도정하지 않은 곡류나 두류 섭취를 증가시켜야 한다. 비타민B12나 아연을 확보하기 위해서는 동물성 식품 섭취를 늘려야 한다. 철분은 식품뿐만 아니라 보충제를 복용해 필요량을 충족해야 한다. 이외에 식이섬유와 수분도 더 필요하므로 관심을 가질 필요가 있다. 임신으로 인해 추가로 소요되는 영양필요량을 식품으로 나타내면 〈표 3-8〉과 같다.

표 3-8 임신 말기의 추가 영양필요량을 공급하는 식품

식품군	식품단위	1단위 무게
우유류	2	200g
어육류	1	60g
채소류	2	70g
과일류	1	100~200g
식물성유/두류/견과류	2	5g/20g/10g

출처: 임현숙(2011). 산전산후 영양관리를 위한 건강한 식생활정보. 2021. 1. 3. 인출.

참고 ⑥

임신부를 위한 균형식사 가이드

임신부의 건강과 태아의 건강한 성장을 위해 임신부는 임신 전보다 많은 칼로리의 섭취가 요구되는데, 어떤 음식을 선택하느냐가 중요합니다. 과다 섭취 시 건강에 도움이 되지 않는 지방이나 당류의 함량이 높은 식품은 줄이고, 단백질, 무기질, 비타민 함량이 높은 음식을 섭취하는 것이 좋습니다.

[임신부 식사구성안 예 (1900kcal)]

아침	점심	저녁	간식
쌀밥, 돼지국 두부부침, 갯잎구이 배추김치	보리밥 청국장찌개, 고등어조림 미역오이초무침, 열무김치	잡곡밥 시금치된장국, 불고기 못고추조림, 상추겉절이	우유 사과 포도

[임신부를 위한 영양간식]

식품			총칼로리
우유 1컵 + 귤(중) 1개			175 kcal
떠먹는 요구르트 1개 + 포도 1/3송이	+		175 kcal
오렌지 주스 1잔 + 식빵 1쪽	+		250 kcal
달걀 1개 + 떠먹는 요구르트 1개	+		225 kcal
아이스크림 1/2컵 + 아몬드 10알	+		175 kcal
찐감자 1개 + 우유 1컵	+		275 kcal
인절미 2쪽(65g) + 우유 1컵	+		275 kcal

곡류
정제된 곡류보다는 섬유질, 무기질이 풍부한 통곡물로 만든 음식의 섭취를 권장합니다.

고기, 생선, 계란, 콩류
우리 몸의 살과 피를 만들어 주며 질병에 걸리지 않도록 도와주는 역할을 합니다. 특히 임신 기간 중 태아의 성장 발달에 매우 중요합니다.

채소
임신 중인 여성은 매일 1회 이상 녹황색 채소를 섭취하는 것이 좋으며, 미역, 다시마, 김 등의 해조류도 자주 섭취하는 것이 좋습니다.

과일
비타민과 무기질, 식이섬유소 등을 포함하고 있습니다. 그러나 채소와 달리 당이 많이 함유되어 있어 과량 섭취 시 칼로리가 높아질 수 있습니다.

수분
체온을 조절해 주고, 영양소를 운반해 줍니다. 몸 속에 있던 찌꺼기를 몸 밖으로 배출해 줍니다.

우유 · 유제품류
칼슘과 단백질 등 필수영양소가 많이 함유되어 있습니다. 특히 태아의 뼈와 이를 만들고 튼튼하게 해 줍니다.

[그림 3-6] 임신부를 위한 균형식사 가이드

출처: 식품의약품안전청(2011). 건강한 예비맘을 위한 영양 · 식생활가이드, pp. 8-9.

한편, 임신부는 대체로 소화가 쉽고 자극성이 적고 열량이 지나치게 높지 않은 음식을 섭취하는 것이 좋다. 그러나 다음과 같은 음식은 피한다.

- 튀김, 초콜릿 등의 고지방과 고칼로리 음식
- 커피, 차, 드링크류 등 카페인이 다량 함유된 음식
- 맵고 딱딱해서 소화가 잘 안 되는 음식
- 염분이 많은 음식
- 베이킹파우더, 베이킹소다, 조미료 등이 많이 들어간 음식
- 당분이 많아서 당뇨병을 일으키기 쉽거나 치아를 상하게 하는 음식
- 민물고기
- 술과 담배 등

8) 임신 중 이상

(1) 임신중독증

임신중독증은 임신 20주 이상의 임신부가 가장 주의해야 하는 질병으로 정식 의학 명칭은 '전자간증(pre-eclampsia)'이며, 임신부 5대 사망 원인 중 하나다. 국내 고위험 임신부가 증가하면서 중증 임신중독증 환자도 연평균 24%의 증가율을 보이고 있다(헬스조선뉴스, 2018. 5. 21.). 임신중독증의 주요 증상으로는 고혈압, 단백뇨, 심한 두통, 부종, 시력장애, 상복부 통증, 급격한 체중 증가 등을 들 수 있다. 발생 원인은 아직 정확하게 파악되지 않았으나 간, 신장 등이 과로하여 제대로 기능하지 못할 경우 혹은 임신이라는 특수한 상태에 대해 몸이 제대로 반응할 필요가 있는데 그 반응 방식이 너무 지나쳤다든지 조화를 이루지 못할 경우, 체중의 변화나 빈혈 등을 들 수 있다.

임신중독증의 고위험군은 난산이나 조산, 미숙아를 출산할 가능성이 높고, 동시에 자연분만도 어려울 수 있다. 이러한 임신중독증의 고위험군은 첫 임신인 경우, 35세 이상의 임산부인 경우, 쌍둥이 다태 임신인 경우, 비만인 경우, 전자간증과 자

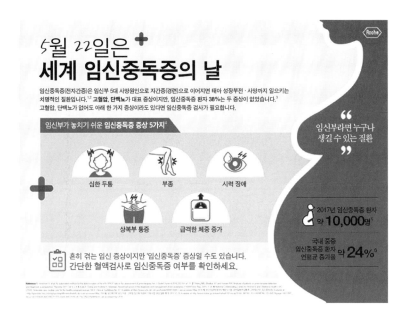

[그림 3-7] 세계임신중독증의 날

출처: 헬스조선뉴스(2018. 5. 21.). 임신부가 주의해야 할 '임신중독증' 5가지 증상은? 2021. 2. 14. 인출.

간증의 가족력이 있는 경우, 과거 전자간증 이력이 있는 경우, 임신 전 당뇨 이력이 있는 경우, 혈관질환, 고혈압, 신장질환자 등이다. 임신중독증은 간단한 혈액검사로 진단이 가능하다. 임신중독증을 예방하기 위해서는 정기 진단을 받고, 안정을 취하면서 염분과 당질을 제한하고, 양질의 단백질을 섭취하며, 과식을 금하고, 힘든 가사나 노동은 피하는 것이 좋다.

(2) 임신오조

임신오조는 3개월 말경에는 끝나야 할 입덧이 사라지지 않고 지속적으로 오심과 구토, 체중 감소, 전해질 불균형을 동반하는 임신 합병증이다. 이는 임신부의 약 0.3 ~2.0%에서 발생하는데, 유산 확률은 낮지만 미숙아 출산의 위험이 높다. 임신오조는 특별한 예방책이 없으므로 심리적인 안정을 취하고 신선한 공기를 마시며, 소화되기 쉬운 음식과 충분한 수분을 섭취한다. 이는 제대로 치료하지 못하면 탈수증,

전해질 불균형과 영양실조가 발생할 수 있으므로 임신부는 수분과 전해질, 비타민
을 충분히 섭취한다.

(3) 전치태반

전치태반은 태반이 태아보다 자궁 입구에 가까이 발육되어 자궁의 아래쪽 부위에
형성되는 것이다. 전치태반의 발생 원인은 아직 정확하지 않으며 대부분 별다른 문
제가 없었던 임신부에게 갑자기 발생한다. 이는 임신부 200명당 1명꼴로 발생하며,
임신부 나이가 35세 이상이면 더 흔히 발생한다. 전치태반은 임신 24주 이후에 발생
하는 질 출혈의 20%를 차지한다. 완전 전치태반인 경우에는 심한 출혈을 야기하여
산모와 태아의 생명을 위협할 수도 있으므로 문제가 없더라도 출혈의 위험 때문에
임신 30주경에는 입원하고, 임신 38주경에는 제왕절개술로 태아를 분만한다(서울대
학교병원 의학백과사전, 2021. 4. 25. 인출).

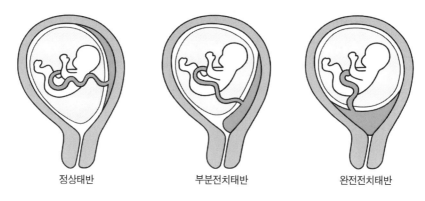

정상태반   부분전치태반   완전전치태반

[그림 3–8] 전치태반의 유형

출처: 고려대학교구로병원. 2020. 12. 24. 인출.

(4) 자궁외임신

자궁외임신은 수정란이 자궁강 내에 정상적으로 착상하지 못하고 자궁 외부에 착
상하는데 난관에 착상하는 경우가 대부분이다. 이의 주원인은 수정란이 난관을 통
과하는 데 장애를 일으키는 부분적 난관협착이나 생식기관의 기형, 나팔관 질환, 이

전의 골반염증성 질환, 이전 자궁외임신, 유산이나 이전 난관결찰(불임시술)과 같은 수술, 현재 자궁 내 피임 장치 사용 등이다. 자궁외임신을 치료하지 않는 경우 임신부에게 치명적일 수 있으므로 발견 즉시 수술해야 한다.

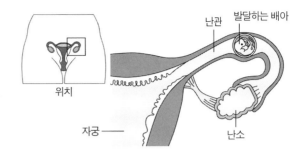

[그림 3-9] 자궁외임신
출처: 서울대학교병원 의학백과사전. 2021. 4. 25. 인출.

(5) 유산

유산은 임신 20주 전에 태아가 사망하는 것인데, 대부분의 유산은 임신 12주 내에 발생한다. 자연유산을 3회 이상 하게 되면 이를 '습관성 유산'이라고 한다. 유산의 원인은 약 80%가 태아와 모체 둘 다에 기인하며, 이중 약 50~60%는 태아 쪽의 원인이고, 약 15~20%는 모체 쪽의 원인이다. 임신 12주 내의 원인은 출생 결함이나 유전질환과 같은 태아 문제, 때로 태아의 중증 결함으로 자궁 내에서 1~2개월 이상 생존할 수 없는 경우에 발생한다. 임신 13~20주에 발생하는 유산의 원인은 약한 자궁경부와 같은 산모 생식기관의 문제, 산모와 태아의 혈액 부적합(Rh혈액형 부적합), 코카인, 알코올 또는 담배, 풍진과 같은 감염, 당뇨병, 갑상선 기능부전, 고혈압과 같은 건강 문제 등이다. 유산을 예방하기 위해서는 무엇보다 임신을 조기에 진단하여 조심하고, 임신 초기에 일상생활에서 무리하지 않도록 하며, 정신적인 긴장, 과로, 스트레스를 피하고 안정을 취한다.

(6) 조산

조산은 임신 20주 이상부터 임신 37주 이전에 태아를 출산하는 경우로서 대부분 태아나 모체의 여러 이상에 기인한다. 때로 조산은 임신중독증과 같은 경우에 치료적 목적으로 정상 분만 이전에 실시하기도 한다(고려대학교 안산병원 산부인과 홈페이지, 2021. 4. 26. 인출). 현재 37주 미만 조산아의 비중은 조금씩 증가하고 있는데(통계청 보도자료, 2020. 8. 26., p. 13) 그 원인은 아직 명확하지 않다. 대체적으로 조산의 원인은 조기 양막 파열, 조기 진통, 산모와 태아 인자인데 실제 원인 불명이 2/3 이상이다(의료그룹차 홈페이지, 2021. 4. 26. 인출). 조산 발생률은 전체 임산부의 10%지만 조산 경험이 있는 산모의 경우 다음 임신에서의 조산 위험이 50%까지 증가해 조산 경험은 조산의 가장 주요한 위험 인자로 꼽힌다. 따라서 조산 재발을 막기 위해 조산 후 최소 1년 이후에 임신을 계획하는 것이 필요하다(헬스조선 뉴스, 2017. 12. 15.).

참고 **7**

건강한 임신을 위한 10가지 도움말

1. **영양**: 임신부는 하루 2,500kcal 정도를 섭취해야 한다. 임신 1개월 전부터 엽산을 섭취하면 태아의 신경관 결함 예방에 도움이 되므로 시금치 등의 푸른 채소로 하루 400㎍의 엽산을 섭취한다(삶은 시금치 반 컵 분량에는 엽산 130㎍이 함유되어 있다). 태아에게 산소가 충분히 공급되도록 붉은 고기나 영양소 첨가 시리얼 등 철분이 풍부한 음식을 섭취하는 것이 좋다. 칼슘은 하루 1,000mg을 섭취한다(무지방 순수 요구르트 한 컵에는 칼슘 450mg이 함유되어 있다).

2. **비타민**: 과용을 삼간다. 일례로 비타민A를 1만IU 이상을 섭취할 경우 선천성 결함이 야기될 수 있다.

3. **술**: 절대 삼간다. 알코올은 태반을 통해 태아에게 흡수되어 성장 저해, 심장 손상, 얼굴 기형까지 유발할 수 있다. 정신지체의 비유전적 원인 중 가장 흔한 것이 알코올이다.

4. **담배**: 끊어야 한다. 흡연 여성은 비흡연 여성에 비해 유산 가능성이 높다. 더욱이 감염성 귓병, 감기, 심장질환, 상기도 감염, 유아 돌연사 증후군에 걸릴 확률이 높은 조산아를 낳을 수도 있다.

5. **체중**: 임신부는 체중이 10~15kg 증가하는 것이 바람직하다. 다만, 저체중 여성은 13~18kg, 체중이 많이 나가는 여성은 7~11kg이 적정하다. 체중이 거의 늘지 않는 임신부는 작은 아기가 태어날 가능성이 높다.

6. **운동**: 복부에 손상을 줄 수 있는 운동은 피한다. 임신 20주 이후 롤러블레이드, 스키, 자전거 등은 배가 불러오면서 쉽게 넘어져 자궁에 손상을 입힐 가능성이 커서 위험

하고, 걷기, 수영이 좋다. 다만, 태아에게 피가 제대로 공급되지 않을 수 있기 때문에 맥박이 분당 140회 이상, 뛰는 시간이 20분을 넘지 않도록 한다.

7. **부부관계**: 초기와 말기를 제외하고는 양수가 완충 역할을 하기 때문에 태아에게 문제는 없다.

8. **약물**: 임신 7~9개월에 진통, 해열제, 이부브로펜을 복용할 경우 임신·진통 기간이 늘어날 수 있으며, 드물지만 신생아에게 '폐성고혈압'을 유발할 수 있다. 여드름 치료제 애큐테인은 구개열, 작은 귀, 두뇌 기형을 유발할 수 있다. 임신 후반기에 항생제 테트라사이클린을 복용하면 아기의 치아가 누렇게 변색될 수 있다.

9. **성병**: 임신 전 에이즈 바이러스(HIV), 매독, 임질 등에 감염되었는지 검사한다. 임질은 출산 시 아기의 눈에 감염되고, 매독은 선천성 기형으로 이어질 수 있다.

10. **안전벨트**: 임신부가 운전할 때 안전벨트를 착용하지 않는 것이 태아 사망의 주된 원인이다.

출처: 뉴스위크 한국판 3. (2000. 9. 23.). 출산서 골다공증까지 여성이 알아야 할 모든 것, p. 18.

3. 태교

동양에서는 오래전부터 인간존중 사상에 뿌리를 두어 임신 중인 태아도 생명을 지닌 독립된 인격체라는 점을 인정하였고, 여성이 임신하게 되면 몸가짐이나 행동을 조심할 것을 강조하였다. 반면, 서양에서는 17, 18세기만 하더라도 태아를 독립된 존재로 인정하지 않았고, 심지어 임신 중 모든 것이 완성된 채로 세상에 태어난다는 전성설(前成說)적인 생각이 지배적이었다. 그 후 의학과 과학의 발달로 태생학이라는 학문이 등장하면서 태아의 발달 과정에 관심을 갖기 시작하였다.

태아에 대한 동양과 서양의 생각은 나이를 계산하는 방법에서도 차이가 있다. 즉, 동양에서는 임신 중인 태아의 열 달을 살아 있는 기간으로 생각하여 아기가 태어나면 바로 1세로 간주하지만, 서양에서는 태어난 날을 기준으로 생후 1년이 지나야 1세가 된다. 태아에 대한 생각이 출발점은 다르지만 현재 동·서양 모두 중요하게 생각하고 있고, 이를 태교라 하여 최근에는 과학적으로 검증하고 있다.

태교(胎敎)란 임신부의 행동이 태아에게 심리적·정서적·신체적으로 영향을 미친다는 것을 근거로 임신 중에 태아에게 좋은 영향을 주기 위해 언행을 삼가며 태아가 자라기 위한 준비를 보다 잘 할 수 있도록 좋은 환경을 만들어 주고자 하는 태중교육이다(위키백과, 2021. 4. 30. 인출). 태교는 임신부만 하는 것이 아니라 주위 사람도 태아를 사랑하고 돌봐 주는 것이다.

1) 전통적 태교

우리나라에서는 여성이 임신하면 모든 면에서 조심스럽게 행동하고 몸을 정결하게 할 것을 권하여 정서적인 면과 섭식뿐만 아니라 질병, 약물 복용 등 태아와 관련된 모든 사항을 태교의 내용으로 삼고 주의를 기울일 것을 권한다. 특히 임신 시 어머니인 아내만이 아니라 아버지가 될 사람인 남편의 역할도 중요하다는 것을 강조하여 남편 스스로 금욕하고 절제하도록 부성태교(父性胎敎)의 중요성을 강조하기도 하였다. 이는 "아내가 임신하면 백정도 쉰다."는 우리나라 속담에서도 잘 드러난다. 이 속담은 아내가 임신하면 직업이 백정인 남편이라 할지라도 생명을 해치거나 상하게 하는 것을 금하고 아내의 정서적 안정을 위해 최선을 다할 것을 권한 것이다.

전통 태교와 관련하여 우리나라에서 비교적 널리 알려진 책으로는 사주당 이씨가 쓴 『태교신기』(한재찬, 1983)가 있다. 『태교신기』에서 사주당 이씨는 공경을 태교에 대한 아내와 남편의 기본적인 정신적 자세로 보고 이를 위해 성인의 도리로서 부모된 자의 인격적 수양을 중요시하였다. 사주당 이씨는 "명의는 병들기 전에 치료하는데 아기를 낳아서 기르는 것도 아기를 낳기 전에 가르쳐야 한다. 그러므로 스승이 10년을 잘 가르쳐도 어머니가 열 달을 뱃속에서 잘 가르침만 못하고, 어머니가 열 달을 뱃속에서 가르침이 아버지가 하루 밤 부부 교합할 때에 올바른 마음으로 하는 것만 못하다(善醫者 治於未病 善敎者 敎於未生 故 師敎十年 未若母十月之育 母育十月 未若父一日之生)."(한재찬, 1983, pp. 19-20)라고 하여 임신하는 순간부터 중요하다는 점을 강조하였다. 또한 사주당 이씨는 아내가 태교를 실행할 때 남편이 깨끗하지 못한 마음을 가지고 아내에게 접근하면 태교의 효과가 감소한다고 함으로써 남편의 책임을 강조하였다. 그러나 태교의 실행은 여성에게 책임이 있으므로 "임신부가 자기의 몸이라도 자기의 몸이라고 생각지 말고, 예가 아닌 것은 보지 말며, 예가 아닌 것은 듣지 말며, 예가 아닌 것은 말하지 말며, 예가 아닌 것은 행동하지 말며, 예가 아닌 것은 생각지 말며, 마음먹는 것과 지식과 온몸까지 다 바르고 순하게 하여 뱃속의 아기를 기름이 어미의 도리다(十月 不敢有其身 非禮勿視 非禮勿聽 非禮勿言 非禮勿動 非禮勿思 使心知百體 皆由順正 以育其子者 母之道也)."(한재찬, 1983, pp. 31-33)라고 하였다. 뿐만 아니라 사주당 이씨는 여성이 임신하면 임신부와 남편뿐만 아니라 주위 사람도 항상 조심하고 삼가야 한다는 점을 강조하였다. 즉, 사주당 이씨는 "임신부가 성낼까 두려워하여 화나는 일을 들려주지 말고, 무서워할까 두려워 흉한 일을 들려주지 않으며, 걱정할까 두려워 어려운 일을 들려주지 않으며, 놀랠까 두려워 급한 일을 들려주지 않는다(養胎者 非惟自身而己也 一家之人 恒洞洞焉 不敢以忿事聞 恐其怒也 不敢以凶事聞 恐其懼也 不敢以難事聞 恐其憂也 不敢以急事聞 恐其驚也)."(한재찬, 1983, pp. 53-55)라고 하였다.

한편, 중국 한나라 유향(劉向)이 쓴 『열녀전(烈女傳)』에도 태교와 관련한 내용이 기술되어 있다. 즉, 유향은 아기를 임신하면 잘 때는 모서리에 눕지 않고, 앉을 때는 기울여 앉지 않고, 설 때는 불완전하게 디디지 않고, 맛이 좋지 않은 음식은 먹지 않고, 고기의 칼로 벤 부분이 바르지 않으면 먹지 않고, 자리가 바르지 않으면 앉지 않고, 눈으로 사특한 빛을 보지 않고, 귀로 음란한 소리를 듣지 않고, 바른 일만 이야기하라고 함으로써 여성의 올바른 몸가짐과 섭식을 강조하였다. 유향은 임신부가 식사, 수면, 행동 등 생활의 모든 면에서 조심하고 절제하며 청결한 마음과 자세를 유지할 것을 강조하면서 임신 중에 지켜야 할 일곱 가지 도리, 즉 칠태도(七胎道)를 강조하였다(<참고 8> 참조). 이 중 중류 이하의 일반 가정은 제1도에서 제3도까지의 삼태도를, 상류 집안은 칠태도를 모두 지킬 것을 권하였다.

칠태도

- 제1도는 임신 중에 해서는 안 되는 다섯 가지 금기 사항으로 아기를 낳을 달에는 머리를 감지 않기, 높은 마루나 바위 또는 제기(祭器) 위에 올라서지 않기, 술을 마시지 않기, 무거운 짐을 들거나 위험한 시냇물을 건너지 않기, 밥을 먹을 때 색다른 맛을 금하기 등이다.
- 제2도는 지나치게 말을 많이 하거나, 웃거나 놀라거나 겁먹거나 곡하거나 울어서는 안 된다고 하였다.
- 제3도는 태살(胎殺), 즉 태아를 해치는 살기가 있는 곳을 피한다고 하여 임신 첫 달은 마루, 둘째 달은 창과 문, 셋째 달은 문턱, 넷째 달은 부뚜막, 다섯째 달은 평상, 여섯째 달은 곳간, 일곱째 달은 확돌(돌로 만든 절구), 여덟째 달은 측간(화장실), 아홉째 달은 문방(서재)에 태살이 있으니 조심해야 한다고 하였다.
- 제4도는 임신부는 조용히 앉아 아름다운 말을 들으며(美言), 성현의 명구를 외며(講書), 시를 읽거나 붓글씨를 쓰며(讀書), 품위 있는 음악을 들어야(禮樂) 한다. 또한 임신 중에 하면 안 되는 세 가지 행실(三不)로 나쁜 말을 듣지 말고, 나쁜 일을 보지 말며, 나쁜 생각을 품지 말아야 한다고 하였다.
- 제5도는 임신부는 가로눕지 말고, 기대지 말며, 한 발로 기우뚱하게 서 있지 말라고 하였다.
- 제6도는 임신 3개월부터 태아의 기품이 형성되므로 기품이 있는 서상(犀象), 난봉(鸞鳳), 주옥(珠玉), 종고(鐘鼓), 명향(名香) 등을 가까이 두거나 몸에 지니라고 하였다. 또한 소나무에 드는 바람소리(風入松)를 듣고자 노력하고, 매화나 난초의 은은한 향(暗香)을 맡으라고 하였다.
- 제7도는 임신 중에 금욕한다고 하였는데, 특히 해산하는 달에 성교를 하면 아기가 병들거나 일찍 죽는다고 하였다.

출처: 한국민족문화대백과사전. 칠태도(七胎道). 2021. 7. 5. 인출

동양의 다른 나라에서도 태교를 실시했다는 기록이 있다. 유태인의 탈무드에는 부부의 성생활을 규정하는 '닛다'가 있다. 닛다는 월경이라는 뜻으로 배란일 전 부부 간 금욕기간을 두어 여성에게는 건강한 자궁 상태를 만들고 남성에게는 활발한 정자를 만들도록 하여, 배란일에 맞춰 부부관계를 가짐으로써 건강한 정자와 난자가 결합하여 훌륭한 아기를 출산할 수 있도록 하는 일종의 타이밍 임신법이다. 또한 인도의 '카마수트라(Kamasutra)' 문헌에도 태교에 관한 금기 조목이 있다(성영혜 외, 1999, p. 117). 즉, 나쁜 빛을 보지 말 것, 악한 말을 하지 말 것, 탐욕을 품지 말 것, 남을 저주하지 말 것, 욕하지 말 것, 피로와 권태를 피할 것, 망령된 말을 하지 말 것, 우울하지 말 것, 마차에 타지 말 것, 높은 곳에 오르지 말 것, 깊은 곳에 내려가지 말 것, 언덕을 내려가지 말 것, 급히 땀을 흘리지 말 것, 떡을 먹지 말 것, 마음을 바르게 하고 항상 경서(經書)의 말을 듣도록 할 것, 날것, 신것, 미끄러운 것, 뜨거운 것을 먹지 말 것을 권하고 있다.

2) 현대적 태교와 과학적 검증

과학과 의학의 발달로 임신 중의 태아에 대한 여러 가지 태교 방법이 과학적으로 입증되고 있어 더 이상 태교는 비과학적이고 구태의연하다고 생각하지 않는다. 임신 초기에 뇌를 비롯한 주요 장기가 형성되므로 이때부터 임신부의 심신에 대한 건강 관리가 중요하고, 임신부의 정서적 안정이 태아의 발달에 결정적 영향을 미친다는 사실이 밝혀지고 있다. 일례로 피츠버그 대학교 합동연구진은 사람의 지능을 결정하는 데 유전자의 역할은 48%에 불과하고 태내 환경이 타고난 유전자만큼 중요하다고 『네이처((Nature)』지에 발표하였다(동아일보, 2009. 9. 26.). 이러한 결과는 충분한 영양 공급과 편안한 마음, 유해 물질 차단 등의 노력이 유전적 요소보다 더 큰 영향을 미칠 수 있음을 시사한다. 또한 리들리(Ridley, 2000, p. 105)도 태내 환경이 지능에 영향을 미치는 정도는 출생 후 부모가 행한 것들을 모두 합친 것의 세 배나 된다고 지적함으로써 태내 환경의 중요성을 강조하였다. 뿐만 아니라 임신 중 스트레스가 심한 여성에게서 태어난 아기는 사회행동과 감정을 담당하는 뇌 부위인 편도체

(amygdala)의 구조와 신경연결망이
정상아와 다르다는 연구 결과도 보
고된 바 있다(동아사이언스, 2020. 11.
27.)

　최근에는 음식태교, 태담태교, 운
동태교, 음악태교 등 다양한 태교 방
법이 개발되어 실행되고 있다(＜참
고 9＞, ＜참고 10＞ 참조). 초음파검

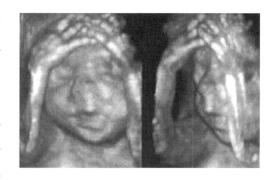

[그림 3-10] 스트레스로 괴로워하는 태아

사 등의 의료 기술의 발달로 태아는 임신 16주부터 250~500Hz의 소리에 청각 반응
을 나타낸다는 연구 결과도 보고된 바 있다(최보현, 2003, p. 12). 또한 태아는 태내에
서 많이 접한 어머니의 심장음이나 목소리에 대해 어머니가 말한 언어나 음성에 대한
정보를 갖고 출생하고, 출생 후에도 어머니가 나타내는 언어 자극에 대해 반응한다
(Anthony, 1996; 최보현, 2003, p. 13 재인용).

참고 ⑨

태교의 종류

1. 전통태교

　전통태교는 임신부가 임신 기간 동안 바른 마음가짐과 음식, 조심해야 할 운동, 부성
태교의 중요성을 담고 있는 종합태교다. 전통태교에 관련된 서적 중『태교신기』는 임
신부가 지켜야 할 덕목이 수록되어 있는데 환경의 중요성, 임신부의 특별한 대우, 잠
자리, 고운 심성과 몸에 좋은 식생활 등을 제시하고 있다.

2. 음악태교

　태교 중 가장 많이 알려진 것이 음악태교다. 음악태교는 음악이 임신부의 마음에 영
향을 미쳐 그 영향이 태아에게 미치도록 하는 것으로 좋은 소리를 많이 들려 주고, 기
분 좋은 자극과 행복한 기억을 많이 갖도록 하는 것이다. 임신부가 듣기 싫어하는 음
악은 듣지 말고, 밝고 차분한 음악을 주로 선택하여 듣는데 클래식, 전통음악, 명상음

악 위주로 듣는 것이 좋다.

3. 음식태교

음식태교는 가장 쉽게 할 수 있는 태교로, 태아와 임신부의 영양을 동시에 충족시키는 음식을 섭취하는 것이다. 특별히 피해야 하는 음식은 없지만 소금이 적게 들어가고, 칼로리가 낮은 음식과 영양가가 높은 음식을 섭취하는 것이 좋다. 좋아하는 음식을 먹기보다는 영양소가 골고루 함유된 음식을 섭취하는 것이 바람직하다.

4. 운동태교

임신 시 적은 운동량과 왕성한 식욕으로 비만이 되기 쉽다. 임신 시 비만이 되면 임신중독증, 고혈압, 부종 등의 질병에 걸릴 수 있으므로 적당한 운동이 중요하다. 임신 시 적당한 운동은 스트레스를 해소하는 데 도움이 된다.

5. 태담태교

태아는 임신 5개월부터 청각과 함께 오감이 발달해 어머니의 감정과 목소리, 외부의 소리를 감지할 수 있다. 어머니나 아버지, 주위 사람이 태아에게 이야기하면 태아는 반응한다. 뱃속에서부터 나누는 어머니와의 대화는 태아의 정서와 지능발달에도 영향을 미친다. 태담을 할 때는 마주 앉아 대화하는 기분으로 작은 사건, 작은 느낌을 전한다. 태아와 편안한 마음으로 대화를 하다 보면 태아도 반응한다.

출처: 조성연 외(2018). 부모교육, p. 109.

태교에 도움이 되는 창작동화와 전래동화

1. 창작동화

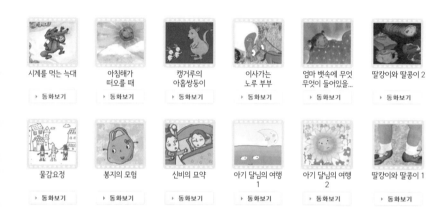

2. 전래동화

출처: 임신육아종합포털 아이사랑. 2020. 12. 5. 인출.

태내 발달

임신하는 순간부터 태내 발달이 이루어지고 이것은 출산을 통해 새로운 시작으로 이어진다. 태내 발달 기간을 태내기라고 하는데 이는 평균 266일, 즉 38주로서 대부분의 태아는 이 기간을 전후하여 34~40주 사이에 태어난다. 태내기 동안 태아의 각 기관과 구조가 형성되며, 이 기간에 태아는 다양한 환경적 자극에 민감하게 반응하며 발달한다. 따라서 이 장에서는 태내 발달 단계의 특징과 태아의 월령별 발달, 태내기 동안 모체가 주의해야 할 요인과 태내 발달이상에 대해 살펴보고자 한다.

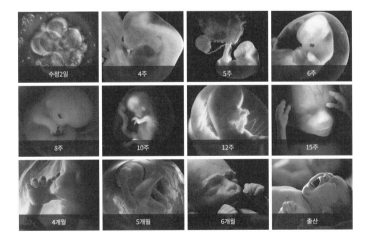

[그림 4-1] 태아의 태내 발달 과정

출처: 프로라이프 홈페이지. 생명의 연속성. 2021. 5. 1. 인출.

1. 태내 발달 단계

태아의 태내 발달은 세 단계로 이루어진다. 즉, 수정 후 2주까지의 '발생기, 발아기, 배란기 혹은 배종기', 3주부터 8주까지의 '배아기 혹은 배자기', 9주부터 태어날 때까지의 '태아기'다. 태내 발달에 대한 결정적 시기는 [그림 4-3]에 제시한 바와 같다.

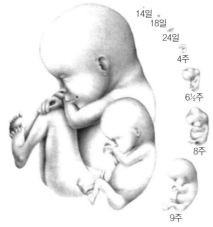

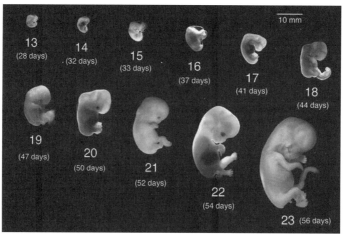

[그림 4-2] 태아의 발달

출처: 조복희(1997). 유아발달, p. 87; 프로라이프 홈페이지. 카네기 발달단계표. 2021. 5. 1. 인출.

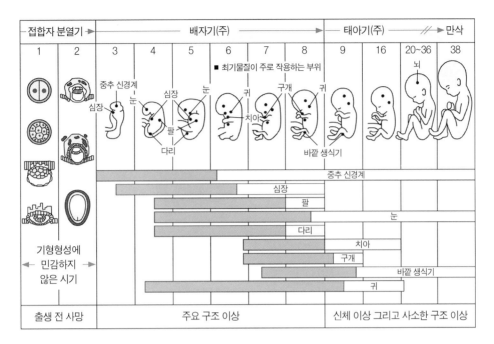

접합자 분열기 →		← 배자기(주) →						← 태아기(주) →//→ 만삭			
1	2	3	4	5	6	7	8	9	16	20~36	38

[그림 4-3] 태내 발달의 결정적 시기

출처: 안전한 출산 인프라 구축 사업단 홈페이지. 2021. 4. 23. 인출.

1) 발생기

발생기(germinal stage)는 난소에서 나온 난자와 질에서 들어온 정자가 나팔관에서 수정된 수정란이 자궁벽에 착상하는 약 2주 혹은 15일간의 기간이다([그림 4-4] 참조). 이 기간에 모체는 이런 과정을 인지하지 못하며, 수정란 중 상당수는 착상하지 못하고 자연유산되어 약 31%만이 신생아로 태어난다. 발생기 동안 태아를 보호하고 영양을 공급해 주는 태반, 탯줄, 양막, 양수 등이 발달하기 시작한다.

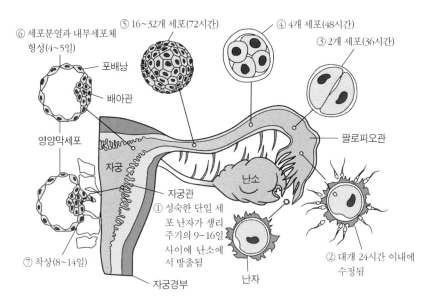

⑥ 세포분열과 내부세포체
형성(4~5일)

포배낭

배아관

⑤ 16~32개 세포(72시간)

④ 4개 세포(48시간)

③ 2개 세포(36시간)

영양막세포

자궁

난소

팔로피오관

자궁관

① 성숙한 단일 세
포 난자가 생리
주기의 9~16일
사이에 난소에
서 방출됨

② 대개 24시간 이내에
수정됨

⑦ 착상(8~14일)

자궁경부

난자

[그림 4-4] 수정과 착상

출처: Shaffer, D. R. (1999). *Developmental psychology*, p. 112.

2) 배아기

배아기 혹은 배자기(embryonic stage)는 수정란이 자궁벽에 착상한 후 약 3주에서 8주 사이로 인간의 성장 과정 중 성장률이 가장 빠른 시기다. 이 기간에 소변검사 등을 통해 임신 사실을 확인할 수 있다. 배아기에 분화되는 유기체를 '배아(embryo)'라고 하는데, 배아는 머리 부분이 먼저 발달하여 전체 배아 길이의 반을 차지한다. 배아는 임신 3주경 심장박동을 시작하여 임신 4주경 소화기관과 중추신경계가 형성되고, 임신 5주경 중뇌, 소뇌, 연수의 분화가 시작되며, 임신 6주경 내부 생식기, 눈, 귀, 사지가 형성되고, 임신 8주경 혈액을 순환시키기 시작하고 뇌, 간, 신장이 형성된다([그림 4-5] 참조). 배아기 동안 신체의 모든 주요 기관과 조직이 형성되어 배아기 말에는 사람의 형체를 갖추게 되면서 태아는 얼굴 특징이 분명하게 나타난다. 이 기간에 심각한 유전적 이상을 갖는 배아는 자연유산되며, 그렇지 않은 배아는 이 기간에 약 1.5인치(3~4cm), 체중은 약 14g 성장한다.

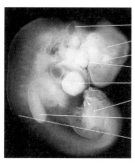
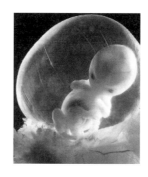

귀
뇌
눈
턱
심장
다리
팔
근육과 등뼈

[그림 4-5] 태내 4주의 배아(좌)와 태내 7주의 배아(우)

출처: Berk, L. E. (2008). *Infants and children* (6th ed.), p. 105.

3) 태아기

태아기(fetal stage)는 임신 3개월부터 출생 때까지의 기간으로, 이때의 유기체를 '태아(fetus)'라고 한다. 태아는 외형적으로 완전한 인간의 모습을 갖추며 이 기간에 인간으로서 필요한 모든 체계와 기능을 발달시킨다. 태아기가 진행되는 과정에서 약 210일을 '생존 가능 연령'이라고 하는데, 이때는 모체에서 분리되어도 미숙아 보육기(incubator)에서 생존할 수 있다. 태아는 모체가 느끼는 공포, 불안, 슬픔과 같은 감정도 느낄 수 있다.

2. 임신 개월별 발달*

1) 임신 초기

(1) 임신 1개월

태아는 머리와 몸체를 구분하기 어렵다. 배아는 그 길이가 약 4mm며, 척추, 뇌,

* 이 부분은 조성연(2006). 예비부모교육, pp. 116-123의 내용을 수정 · 보완하여 제시함.

눈, 코, 귀, 소화기관, 심장, 간, 내장의 각 기관이 생겨나고 심장박동도 시작된다. 모체는 수정란이 자궁 내에 착상함으로써 변화가 생기지만 이를 거의 느끼지 못하며, 월경이 사라진다.

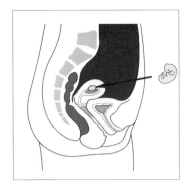

[그림 4-6] 임신 1개월

(2) 임신 2개월

태아의 길이는 2.5~3.5cm, 체중은 약 2.2g이다. 태아는 머리와 몸체의 형태가 확실해지면서 머리가 몸길이의 반을 차지하며, 팔, 다리, 눈, 귀, 입을 겨우 구별할 수 있고, 신경계가 발달하기 시작한다. 태아의 주요 장기는 이 시기에 발생이 끝난다. 이 시기에 모체는 쉽게 피로해지며 잠이 많이 오고, 평소보다 질의 분비물이 많아지며, 때로 헛구역질, 구토, 음식 맛의 변화, 소화가 잘 안 되는 듯한 경험을 한다.

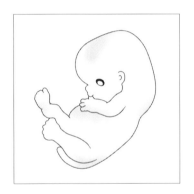

[그림 4-7] 임신 2개월

(3) 임신 3개월

태아의 길이는 6.5~7.5cm, 체중은 약 18~28g이며 사람 모습이 나타난다. 태아는 모발이 나기 시작하고, 손가락과 발가락의 구별이 가능하며, 머리가 몸길이의 1/3이 된다. 생식기가 생겨 남녀의 성 구별이 가능하며, 태아가 조금씩 움직이기 시작하지만 모체는 느끼지 못한다. 모체는 자궁이 커지면서 소변을 보는 횟수가 증가하며, 3개월 말경 입덧도 차차 가라앉고 다시 식욕이 생긴다.

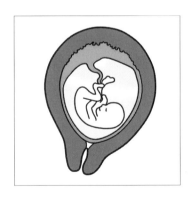

[그림 4-8] 임신 3개월

(4) 임신 초기에 주의해야 할 사항

- 배란일 후에는 항상 임신할 수 있다고 생각하여 함부로 약을 먹거나 술, 담배 등을 가까이하지 않는다.
- 월경 예정일이 2주 이상 늦어지면 임신 여부를 확인한다.
- 태반과 태아가 아직 완전하지 않으므로 유산에 주의한다.
- 유행성 감기, 풍진에 걸리지 않도록 하고, 질병에 대한 감염을 예방하기 위해 많은 사람이 모이는 곳에 가지 않는다.
- 입덧이 있으므로 음식을 소량으로 여러 번 나누어 먹는다.

2) 임신 중기

(1) 임신 4개월

태아의 길이가 13~17cm고, 체중은 약 100~135g이다. 태아는 머리가 몸길이의 1/4이 되면서 출생 시까지 이 비율을 유지한다. 태아는 피부에 솜털이 생기고, 순환 조직과 배뇨조직이 작동하고, 성별을 구별할 수 있으며, 사지 운동이 시작되고, 눈썹과 속눈썹이 자라기 시작하고, 손톱과 발톱이 형성되고, 소리에 반응하기 시작한다. 모체는 배가 점점 불러 오면서 자궁이 커진 것을 느끼며, 숨이 참, 나른함, 졸음, 식욕 등이 회복되고, 가끔 불안감이 생기고, 초조, 공포 등의 감정 변화가 생길 수 있지만 일은 정상적으로 할 수 있다.

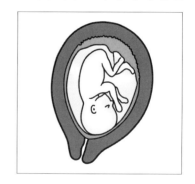

[그림 4-9] 임신 4개월

(2) 임신 5개월

태아의 길이가 18~23cm고, 체중은 약 250~340g이며, 청진기로 태아의 심장 소리를 들을 수 있다. 태아는 눈동자를 움직일 수 있고, 근육은 더 강해진다. 태아는 피부의 투명도가 줄어들고 머리카락이 자란다. 모체는 자궁 내 태아의 움직임, 즉

태동을 느낄 수 있고, 가슴이 계속 커지고, 가벼운 두통과 현기증을 느끼거나 불안감, 변덕(기쁨, 우려감) 등의 감정 변화가 생기기도 한다.

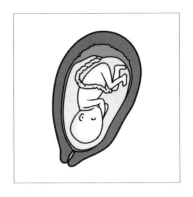

[그림 4-10] 임신 5개월

(3) 임신 6개월

태아의 길이가 28~34cm며, 체중은 약 600~700g이다. 태아는 몸의 균형이 잡히고, 청각이 발달하여 어머니의 심장 소리를 들을 수 있고, 양수를 삼키기도 하고, 딸꾹질과 하품을 하며, 손가락을 빨기도 하고, 혈관이 투명하게 보이고, 눈썹과 속눈썹을 알아볼 수 있고, 눈을 감고 뜨기도 한다. 태아의 피부에 지선(oil glands)이 형성되어 피지샘의 분비가 왕성해지며, 태지(胎脂)가 붙기 시작한다. 모체는 태동을 확실히 느낄 수 있고, 유방이 커지고 젖꼭지가 민감해지며, 자궁이 커지면서 허리와 등이 아프기도 하고, 피부 착색 현상이 나타나며, 식욕이 늘어난다.

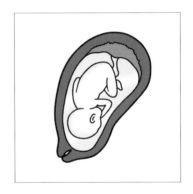

[그림 4-11] 임신 6개월

(4) 임신 7개월

태아의 길이가 35~38cm고, 체중은 약 900~1,200g이다. 태아는 대뇌가 빠르게 발달하고, 균형감각을 지니게 되며, 주름살이 많아지고, 피부는 붉은색을 띠며 태지로 덮이고, 피하지방이 생기면서 피부에서 혈관은 거의 보이지 않는다. 태아의 모발이 잘 보이며, 미각이 형성되고, 호흡과 삼키기를 통제할 수 있을 정도로 신경계가 성숙하며, 감각 운동과 운동 기능을 위한 조직이 형성되고,

[그림 4-12] 임신 7개월

촉 자극이 발달하면서 통증을 느낄 수 있고, 반사 유형도 완전하게 발달한다. 폐가 성숙해지면서 이 시기에 태어나도 80% 정도 생존할 수 있다. 모체는 자궁이 훨씬 커져 방광을 압박하여 소변 횟수가 많아지며, 복부가 가렵고, 가슴이 커지며, 잠잘 때 반듯하게 누우면 등과 허리에 통증을 느끼기도 하고, 감정 변화는 적어지지만 약간의 건망증과 출산에 대한 두려움이 생긴다.

(5) 임신 중기에 주의해야 할 사항

- 태아의 성장이 활발하므로 영양소가 골고루 들어 있는 음식을 섭취한다.
- 변비와 치질에 걸리지 않도록 섬유질이 풍부한 음식을 섭취한다.
- 배와 유방이 커지므로 마사지를 해 준다.
- 출산에 대비하여 아기용품의 준비나 집 안 정리를 계획한다.

3) 임신 말기

(1) 임신 8개월

태아의 신장이 40~42cm며, 체중은 약 1,500~1,800g이다. 태아는 청각이 발달하여 소리를 들을 수 있어 바깥소리에 대해 반응할 수 있고, 하루에 약 20g씩 살이 찌므로 근육이 발달하고 움직임도 매우 활발해져서 자궁벽을 힘차게 걷어차기도 하며, 딸꾹질을 하고, 울기도 하며, 피부는 붉고 주름이 많고, 체온 조절을 위한 피하지방층이 형성되며, 외부 자극에 대해 고통을 느낀다. 태아는 폐가 성숙해져 숨쉬기 운동을 연습하기 시작하며, 머리는 점점 아래로 향한다. 모체는 자궁이 커지면서 위를 압박하여 속이 거북한 느낌을 받으며, 횡격막 압박으로 호흡이 곤란하고, 불면증이 생기기도 하며, 젖꼭지 주위의 색이 검어지고, 분비물이 증가하며, 복부 임신선이 나타난다.

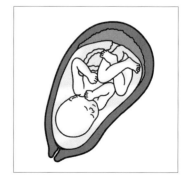

[그림 4-13] 임신 8개월

(2) 임신 9개월

태아의 신장이 46cm고, 체중은 약 2,000~2,500g인데 증가 속도는 이전보다 느리다. 태아는 내장 기관이 모두 만들어지고, 폐의 기능도 완성되며, 머리카락이 2.5~5cm 자라 있고, 근육에 자극이 오면 놀라기도 하고, 피하지방의 발육도 양호해져 살이 찌고 덜 붉게 되며, 주름이 적어지고, 태지가 사라지기 시작하며, 손톱·발톱이 완전히 자라고, 질병에 대한 항체도 형성된다. 태아가 활발하고 힘차게 움직이고, 분만을 위해 머리가 모체의 자궁경부 방향으로 향하면서 위치가 일정하게 정해진다. 모체는 심장이나 폐가 압박을 받아 숨이 차고, 자궁이 커져 행동이 부자연스러워지며, 등과 허리에 통증이 있을 수 있고, 위에 압박감을 느끼기도 하며, 자궁이 간헐적으로 수축하기 시작한다. 분만일이 가까워지면서 모체는 출산에 대한 압박, 태아 건강, 직업, 가사에 대한 걱정, 임신으로 인한 권태, 건망증이 생기기도 한다.

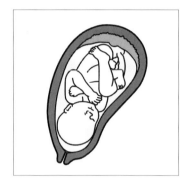

[그림 4-14] 임신 9개월

(3) 임신 10개월

태아의 신장이 약 50cm고, 체중은 약 3,000~3,500g이다. 태아의 피부는 담홍색이 되고, 피하지방의 발육으로 탄력성을 띠면서 주름이 없어지고, 태지는 몸의 일부에만 남아 있으며, 솜털도 어깨나 팔 등에만 약간 남게 된다. 분만이 가까워지면서 태아는 신생아의 특징적인 모습을 갖추고, 움직임도 차츰 줄어들며, 병에 대한 저항력이 증가한다. 모체는 태아가 하강함에 따라 위나 가슴의 압박이 줄어들고, 호흡도 편안해지며, 질 분비물이 많아져 태아가 산도를 통과하기 좋은 상태가 되고, 자궁 수축이 일어나 분만 준비를 하게 된다.

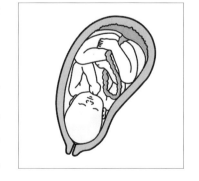

[그림 4-15] 임신 10개월

(4) 임신 후기에 주의해야 할 사항

• 일상적인 일은 계속하지만 무리한 동작이나 자세, 운동 등은 피하고 부부관계를 조심한다.
• 충분한 영양 섭취와 편안한 마음을 갖고, 분비물이 많아지므로 목욕을 자주 하여 몸을 청결하게 한다.
• 분만을 위해 태아의 위치를 확인한다.
• 출산과 입원 준비를 한다.

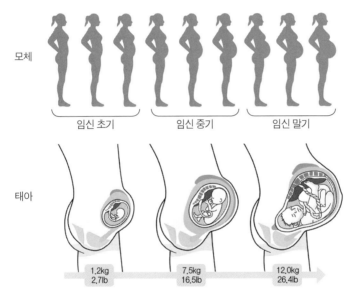

[그림 4-16] 임신 기간 동안의 모체 변화와 태아의 체중 증가

출처: 프로라이프. 임신과 태아발달과정 도표. 2021. 5. 1. 인출.

3. 태내 발달 요인

최근 결혼과 임신을 미루면서 35세 이상 고령임신 비율이 지속적으로 증가하고 있으며(의학신문, 2021. 2. 2.), 각종 화학제품 사용도 증가하면서 생활 주변의 환경호르몬에 의한 기형아 출산도 늘고 있다. 그 결과, 2009년 인구 1만 명당 372.9명이던 기형아 출산율이 2014년 563.6명으로 증가하였다(세계일보, 2018. 5. 23.). 이와 같은 외부 환경적 요인뿐만 아니라 유전적 원인에 의한 기형아 출산은 가족관계에 부정적 영향을 미칠 수 있으므로 임신 중에는 다양한 태내 발달 요인을 고려하여 건강한 아기가 태어날 수 있도록 주의한다.

1) 연령

여성의 가임 기간은 약 35~40년으로 첫 월경 시작의 1~1.5년 이후부터 폐경기까지다. 일반적으로 최적의 임신 연령은 23~28세라고 보지만 근래에는 초산 연령의 상승으로 30~34세의 임신부에게서 태어난 아기도 최적의 발달을 보인다(중앙일보, 2017. 5. 17.). 세계보건기구(WHO)에서는 분만 예정일 기준으로 35세 이상을 '고령임신' 혹은 '노산'으로 지칭한다. 고령 임신은 의학적으로 배란되는 난자의 질이 좋지 못하고, 정자와의 수정이 원활하지 않거나 기형적인 수정란을 생성해 임신율이 떨어지고 초기 유산율, 조산율을 높일 수 있다. 무엇보다 고령임신은 다운증후군의 아기를 낳을 가능성이 크며, 분만 시 진통 시간도 더 길다(<표 4-1> 참조).

모체의 연령은 임신할 수 있는 기회와도 관계가 깊어 여성의 연령이 많아짐에 따라 결혼 1년 이내에 임신할 수 있는 기회가 줄어든다. 즉, 20대 여성은 75%, 31~35세

표 4-1 모체의 연령에 따른 다운증후군과 다른 염색체 이상의 위험 확률

모체의 연령	다운증후군 확률	다운증후군 아기 출생 이후	출산 시 염색체 이상 확률
29세 이하	1,000명당 1명 이하	100명당 1명	450명당 1명
30~34세	700명당 1명	100명당 1명	350명당 1명
35~39세	220명당 1명	100명당 1명	125명당 1명
40~44세	65명당 1명	25명당 1명	40명당 1명
45~49세	25명당 1명	15명당 1명	12명당 1명

출처: Shaffer, D. R. (1999). *Developmental psychology*, p. 85.

의 여성은 62%, 35세 이상의 여성은 54%만이 임신할 수 있다(Santrock, 2008). 또한 30~40대의 고령 임신부는 20대 임신부에 비해 상대적으로 미숙아, 저체중아, 선천성 이상아 등 고위험 신생아를 출산할 위험이 높고, 임신 출산 관련 합병증 이환율과 제왕절개 시술률, 자연유산과 사산 등의 임신소모율도 높다. 그래서 고령 임신부는 적절한 검사와 진료를 받지 않을 경우에 임신부 본인과 태아 혹은 태어난 신생아의 생명도 위협받을 확률이 높다(김동식, 2011, p. 144).

모체의 연령이 어린 경우에도 문제가 된다. 이 경우에는 생식기관이 아직 충분히 발달하지 않았기 때문에 미숙아를 낳을 확률이 높고, 진통 시간도 더 길며, 모체와 아기 모두의 사망률도 높다. 특히 10대 초반의 임신은 대부분 경제적 어려움으로 병원에 자주 가지 않으며, 임신을 두려워하고, 스트레스를 더 많이 받고, 영양 상태도 나빠 건강상의 문제도 함께 발생한다. 이처럼 모체의 연령이 너무 많거나 적은 경우, 즉 모체의 연령이 20세 미만인 경우에 태아사망률이 가장 높고, 40세 이상인 경우에도 태아사망률이 높아 모체의 연령은 임신에 영향을 미치는 주요인이 된다([그림 4-17] 참조).

모체의 연령과 함께 아버지의 연령이 많을 때도 태아가 변이된 유전자를 가지고 태어날 확률이 높다([그림 4-18] 참조). 2012년『네이처(Nature)』지에 실린 논문에 따르면, 아버지의 나이가 많을수록 태아에게 신생 유전자변이가 일어날 확률이 높다. 또한 조현병(정신분열증)과 자폐증, 얼굴 골격 기형과 성장 지연 등의 증상이 일어나

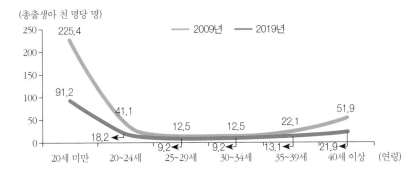

[그림 4-17] 모의 연령별 태아사망률

출처: 통계청(2020). 2019 영아사망 · 모성사망 · 출생전후기사망 통계, p. 39.

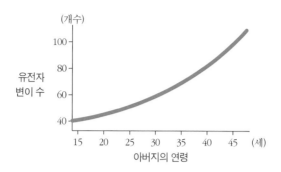

[그림 4-18] 아버지 연령에 따른 유전자 변이 수

출처: 비온뒤(2017. 1. 19.). 고령 출산, 제대로 알고 준비하자. 2021. 5. 1. 인출.

는 가부키증후군 같은 질환을 일으키는 변이가 많고, 태아의 양쪽 심장에 구멍이 생기는 심방중격 결손증을 유발하기도 한다(비온뒤, 2017. 1. 19.). 뿐만 아니라, 아버지의 연령이 많은 경우에는 다운증후군과 난쟁이병을 일으키는 아콘드로플라시아(achondroplasia)의 아기를 낳을 가능성이 크고, 염색체의 결함이 빈번하게 나타나 20~34세까지는 2~3%, 35~44세는 7%, 45세 이상은 14%의 유전적 결함이 있다(정옥분, 2002, p. 201).

2) 영양

태아는 성장에 필요한 모든 영양분의 공급을 전적으로 모체에 의존하기 때문에 모체의 부적절한 영양은 태아의 성장에 부정적 영향을 미치고, 모체의 질병에 대한 저항력도 감소시킨다. 이와 관련하여 미국 듀크 대학교의 랜디 저틀(R. Jirtle)은 어미 쥐가 먹은 음식이 새끼 쥐에게 어떤 영향을 주는지 알아보는 실험을 통해 모체의 영양이 새끼에게 미치는 결과를 제시하였다(동아사이언스, 2003. 8. 11.). 그는 쥐의 털을 노란색으로 만드는 기능을 하는 아구티(agouti)라는 유전자를 가진 임신 중인 쥐를 이용하여 실험집단에는 비타민 B12, 엽산, 비테인, 콜린의 4종 영양제를 섞여 먹였고, 통제집단은 보통의 음식을 먹여 실험하였다. 그 결과, 영양제를 먹인 쥐는 아

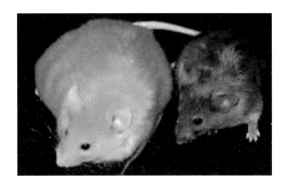

[그림 4-19] 아구티 유전자 발현 쥐와 미발현 쥐

출처: 동아사이언스(2003. 8. 11.). '산모의 음식이 아이 건강 좌우'. 2021. 5. 1. 인출.

구티 유전자가 억제되어 갈색 털의 쥐를 낳았고, 보통의 음식을 먹인 쥐는 그대로 노란색 털을 가진 쥐를 낳았는데([그림 4-19] 참조), 노란색 털을 가진 쥐는 갈색 털을 가진 쥐보다 비만과 당뇨, 암에 걸릴 확률이 더 높았다. 이 결과는 한번 정해진 유전 정보가 고정되는 것이 아니라 환경에 따라 바뀔 수도 있다는 것을 증명한 것이다.

　모체의 영양 상태가 나쁘면 유산과 사산의 가능성이 높고, 출생 시 저체중과 심각한 중추신경계의 장애를 일으키며, 신체 기형이 될 확률도 증가한다(Korones, 1981; Pillitteri, 1981). 또한 인간의 뇌는 태내기에 가장 급속하게 발달하므로 모체의 불충

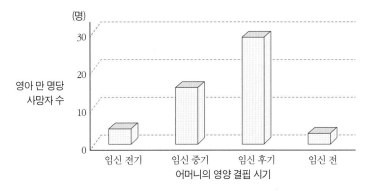

[그림 4-20] 제2차 세계대전 동안 기근을 경험했던 네덜란드 어머니의 생후 12개월 이내의 영아 사망률

출처: Shaffer, D. R. (1999). *Developmental psychology*, p. 127.

분한 영양 섭취는 태아의 뇌 발달에도 부정적 영향을 미쳐 임신 초기의 극심한 영양 결핍으로 사산된 태아 뇌의 무게는 정상아의 1/3에 불과하며, 신체기관의 크기도 6~25% 수준이었다(송명자, 1997, p. 61). 특히 임신 후반기의 영양 결핍은 임신 전기나 중기에 비해 더 심각한 영향을 미친다([그림 4-20] 참조). 그러나 출생 후 충분한 영양 공급이 이루어진다면 임신 중의 영양 결핍은 회복될 수 있다(Vasta, Haith, & Miller, 1992).

전체적인 영양뿐만 아니라 특정 영양소의 결핍도 태아의 성장에 영향을 미친다. 임신 중 단백질 부족은 태아의 골격이나 장기 발육을 저해하며, 지능을 저하시키고, 태어난 후 학습 수행에도 결손을 가져온다. 또한 임신 중 비타민 결핍은 신체 기형의 원인이 되며, 철분 결핍은 자율신경계의 손상을 가져오고(송명자, 1997, p. 61), 엽산 부족은 선천성 기형 척추이분증의 원인이 된다(중앙일보, 2019. 4. 3.).

3) 약물

모체가 복용하는 모든 약물은 거의 예외 없이 태반을 통해 태아에게 전달되어 치명적인 영향을 미칠 수 있다. 특히 임신 중 태아가 장기를 형성하는 시기인 임신 4~10주에 복용하는 약물은 기형아의 발생률을 높인다. 1960년대 초 유럽과 캐나다, 북미 지역에서 임신 초기의 입덧 증상을 완화시키기 위해 임신 후 4~6주 사이에 탈리도마이드(thalidomide) 성분이 들어 있는 안정제를 복용하였던 임신부로부터 팔과 다리의 심각한 기형이나 아예 없는 아기, 청력 결함이 있는 아기가 태어났으며, 이들은 자라면서 지능 수준도 평균 이하로 떨어졌다([그림 4-21] 참조). 이 약으로 인해 전 세계에 약 1만 2,000명의 환자가 발생했다.

1940년대 중반과 1965년 사이에 합성 여성호르몬의 하나인 디에틸스틸베스트롤(diethylstilbestrol: DES)이 임신 시의 문제가 있는 여성에게 유산을 예방하기 위하여 널리 사용되었는데, 이것을 사용한 임산부의 딸이 사춘기가 되었을 때 자궁암과 자궁의 기형률이 높았고(Papalia, 1999, p. 128), 이후 이들은 유산과 저체중아, 미숙아를 더 많이 출산하였다. 또한 그 호르몬을 사용한 임산부의 아들도 태내기 때 영향

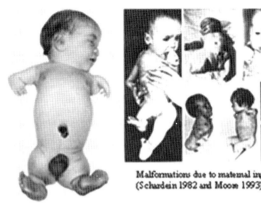

Malformations due to maternal ingestion of thalidomide
(Schardein 1982 and Moore 1993).

[그림 4-21] 탈리도마이드 성분이 있는 약을 복용한 임신부의 아기

출처: 최예용(2013. 2. 12.). 반세기 넘도록 계속된 고통, 탈리도마이드 피해자를 만나다. 2021. 2. 16. 인출.

을 받아 성기가 비정상이고, 고환암에 더 많이 걸렸다(Shaffer, 1999, p. 122). 특히 태아의 뇌와 면역계에 평생 나쁜 영향을 미쳤다(Berk, 1999, p. 114). 또한 흔한 약물로 임신 중 아스피린을 복용한 여성은 복용하지 않은 여성에 비해 전신 뇌성마비 아기의 출산 위험이 2.5배 더 높은 것으로 나타났다(연합뉴스, 2017. 11. 27.). 하루 800mg 이상의 카페인 섭취도 저체중아, 자연유산, 조산아, 태아 사망 등이 많고, 영아 돌연사가 2배 이상 많은 것으로 알려져 있으며, 하루 500mg 이상 카페인을 섭취한 임산부에게서 태어난 아기는 심장박동이 더 빠르고, 떨림, 호흡 수가 증가하며, 출산 후에 더 많은 돌봄을 필요로 한다(임산부약물정보센터 한국마더세이프 전문상담센터 홈페이지, 2021. 5. 1. 인출; Stoppard, 2002, p. 119). 식품의약품안전청은 임신부의 하루 카페인 섭취를 300mg 이내로 섭취할 것을 권장하고 있다.

　한편, 아버지가 약물 사용자인 경우에도 저체중아를 낳을 가능성이 높다. 이는 아버지가 복용한 약물이 살아 있는 정자에 영향을 미쳐 수정 순간부터 태내 발달에 부정적 영향을 미친다고 볼 수 있다(Shaffer, 1999, p. 123).

참고 ①

저체중아

저체중아(low-birth-weight infant)는 출생 당시의 체중이 2.5kg 이하인 아기로서, 1.5kg 미만일 때는 극소저체중아, 1kg 미만일 때는 초극소저체중아라고 하고, 미숙아 는 마지막 정상 생리 시작일부터 출산까지의 기간인 재태기간(gestational age)이 37 주 미만까지를 말한다. 저체중아는 정상체중을 가지고 태어난 아기보다 사망률이 높 다. 그 원인은 태아의 염색체 이상, 선천성 기형, 모체의 태반이 약한 경우, 모체의 영양

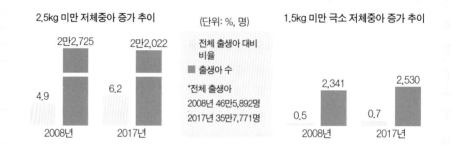

[그림 4-22] 저체중아의 증가 추이

출처: 국민일보(2019. 4. 9.). 1% 생존 확률 극복하고 쑥쑥 크는 '302g 사랑이'. 2021. 2. 15. 인출.

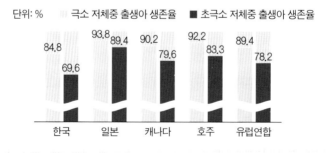

[그림 4-23] 국가별 저체중아 생존율 비교

출처: 머니투데이(2017. 12. 18.). 이대목동병원뿐일까…韓 미숙아 생존율 최대 20%p 낮아. 2021. 2. 15. 인출.

상태가 나쁜 경우 등이다. 우리나라에서는 매년 저체중아가 증가하고 있으나 출생 전
후기와 태내 사망률은 감소하고 있는데, OECD 평균에 비해서는 생존율이 낮다. 현재
244g의 미숙아로 임신 23주만에 태어난 미국의 여아가 5개월간 병원에서 지낸 후 정상
적인 상태로 퇴원하였다는 기록이 있다(부산일보, 2019. 5. 30.).

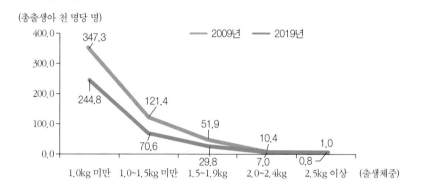

[그림 4-24] 출생 체중별 출생 전후기 사망률

출처: 통계청(2020). 2019 영아사망 · 모성사망 · 출생전후기사망 통계, p. 31.

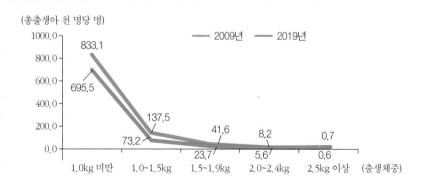

[그림 4-25] 출생 체중별 태아사망률

출처: 통계청(2020). 2019 영아사망 · 모성사망 · 출생전후기사망 통계, p. 40.

4) 흡연

흡연은 담배의 주성분인 니코틴으로 인해 문제가 발생한다. 임신부가 흡연을 하게 되면 자연유산, 조산, 전치태반, 태반조기박리, 신생아 사망, 구순열, 구개열, 저체중아 같은 문제가 초래되며, 태어난 후에도 정신장애, 행동장애가 유발되고, 영아 돌연사 증후군(<참고 2> 참조)의 위험도 높아질 뿐만 아니라, 신생아의 골밀도도 저하되고, 만성 태아저산소증으로 뇌 중추신경계의 발달에 장애를 유발한다(임산부약물정보센터 한국마더세이프 전문상담센터, 2021. 5. 3. 인출; [그림 4-26] 참조). 또한 미국 컬럼비아대학교 의대 앨런 브라운(A. Brown) 연구팀이 주의력결핍 과잉행동장애(ADHD) 진단을 받은 아이와 정상 아이를 출산한 여성의 임신 초기 혈액검사 자료를 비교 분석한 결과에서 임신 중 흡연 여성이 출산한 자녀에게서 ADHD가 나타날 가능성이 크다는 사실을 확인하였다(연합뉴스, 2019. 2. 26.).

모체의 흡연은 영양실조와도 관계된다. 흡연을 하는 임신부는 임신 중에 적절한 영양 섭취를 하지 못하는 경향이 있어 태아에게 부적절한 영양 상태를 유발한다. 임신 중 흡연하여 태어난 아기는 만성 귀질환, 천식 등의 호흡기질환, 하루 몇 차례씩 심하게 우는 복통(colic) 증세를 보일 가능성, 다른 선천성 질환을 가질 가능성, 암을 유발하고 비만이 될 확률이 높고, 흥분을 잘 하고, 고집도 더 세고, 손이 더 많이 가는 경향이 있다. 그리고 이들은 비행 청소년과 사춘기 때의 문제아가 될 가능성, 후에 흡연할 가능성, 자폐증의 위험성, 사회적 부적응, 낮은 지능지수와 낮은 학업성적을 나타내기도 하며, 저체중으로 인해 아동기 동안 건강과 발달상의 문제와 인지·행동장애를 유발할 가능성도 높은데 이는 학령기 이후까지 장기적으로 영향을 미친다.

임신부의 간접흡연도 태아에게 여러 가지 나쁜 영향을 미친다. 이는 담배 연기 속에 있는 니코틴이 태반 혈관을 수축시켜 태아의 발육에 필요한 산소 공급을 제한하고, 담배 연기 속에 있는 일산화탄소(CO)가 혈액 내 헤모글로빈과 결합해 저산소 상태를 악화시켜 연기 속의 여러 화학물질이 태아에게 전달되어 발육에 지장을 초래할 수 있기 때문이다. 그 결과, 분만 후 신생아의 체중이 40~80g 정도 감소하고, 영아의 호흡기 감염과 천식 증가, 뼈나 심장, 혈관 발육의 저하, 소아암 발생률의 증가를 초

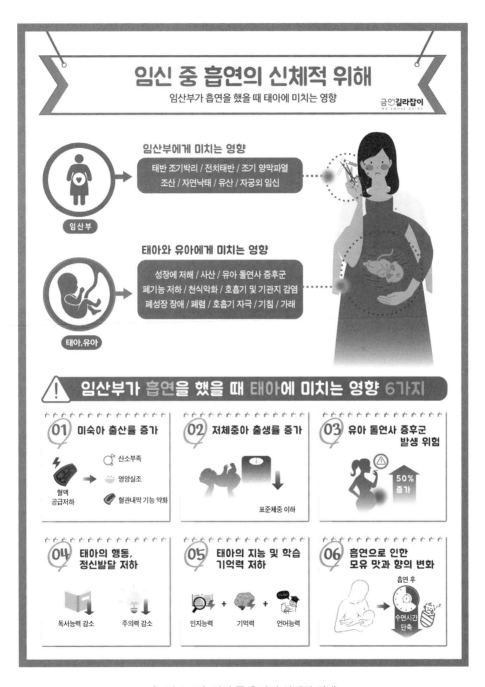

[그림 4-26] 임신 중 흡연의 신체적 위해

출처: 금연길라잡이. 임신과 흡연. 2021. 5. 3. 인출.

래할 수 있다. 2004년 미국 하버드대학교 보건대학원과 중국 베이징대학교 의과대
학 연구팀에 의하면, 간접흡연에 노출된 임신부는 비노출 임신부에 비해 유산확률이
1.67배 더 높은 것으로 나타났다. 그러므로 임신부는 자신과 태아의 건강 보호를 위
해 배우자의 실내 흡연을 허용해서는 안 되며, 임신부가 있는 가정에서는 극미량의
담배 성분이라도 건강에 좋지 않은 영향을 미치므로 임신부의 간접흡연 방지를 위해
각별히 주의를 기울여야 한다(이데일리, 2013. 7. 11.). 또한 흡연하는 남성은 비흡연
남성보다 정자 수가 20% 정도, 태아의 체중도 120g 정도 감소하고, 흡연 남성의 자녀
는 비흡연 남성의 자녀에 비해 뇌수종, 안면마비 등의 결함이 생길 확률이 배로 증가
하고, 뇌암, 임파종, 백혈병에 걸릴 확률도 20%나 증가하였다(정옥분, 2002, p. 200).

참고 ❷

영아 돌연사(급사) 증후군 혹은 요람사

1. 정의 · 발생률

영아 돌연사 증후군(Sudden Infant Death Syndrome: SIDS) 혹은 요람사(crib
death)는 1980년대 들어 발견된 것으로 특별한 원인 없이 영아가 잠을 자다가 갑자기
죽는 것이다. 이는 생후 1개월에서 1세 사이의 영아에게서 많이 발생한다. 특히 생후
4주~4개월의 영아에게서 가장 많이 발생하는데 이 중 95%가 6개월 이하에서 발생하
고, 90~95%가 잠자는 동안에, 75%는 밤에 발생한다. 세계적으로 영아 1,000명당 1~
3명이 사망하는데 국내에서는 2018년 기준 영아 사망률 3위에 해당한다(HiDoc 뉴스/
칼럼, 2020. 6. 19.). SIDS의 위험은 직장여성이 출산 휴가가 끝나고 직장에 다시 나가
게 되는 2~5개월 사이에 가장 높다. 이의 원인은 아직 뚜렷하지 않아 발병 원인을 추
측하고 있을 뿐이다.

2. 발생 원인

① 아기를 엎드려 재울 때가 반듯이 재울 때보다 그 확률이 훨씬 더 높다. 그 이유는 아
   기를 엎드려 재우면 아기가 심장과 호흡을 조절하는 것이 어려워 잠에서 깨는 능력
   이 떨어지기 때문이다.

② 집에서는 반듯이 재웠는데 기관에서는 엎드려 재워 잠자는 방법을 바꿀 경우에도 발생률이 높다. 그 이유는 집에서 엎드려 재웠다면 아기는 주위를 둘러보기 위해 머리나 팔을 올려야 하므로 상체의 힘이 발달되어 있어 문제가 덜 되지만, 항상 똑바로 자던 아기가 기관에서 엎드려 자게 되면 그런 능력이 발달되어 있지 않기 때문이다.

③ 미숙아, 뇌의 호흡조절 기능에 이상이 있는 일부 아기의 경우에도 발생률이 높다.

④ 푹신한 요나 침대에 엎어 재울 경우, 물침대, 소파, 기타 부드러운 표면 위에서 아기를 재울 경우에도 발생률이 높다. 그 이유는 푹신하거나 부드러운 표면에 얼굴을 두게 되면 호흡이 어렵고, 잦은 호흡을 일으켜 질식의 위험이 있기 때문이다.

⑤ 아기의 침대에 베개나 봉제완구, 기타 부드러운 재질의 물건을 두면 반듯하게 눕혀 재웠다 해도 부드러운 재질의 물건이 아기의 머리를 덮어 호흡을 어렵게 할 수 있다. 또한 아기를 푹신한 솜이불이나 포대기에 꽁꽁 싸거나 옷을 많이 입혀 너무 덥게 할 경우에도 위험하다.

⑥ 임신부가 흡연하거나 태어난 후 아기 주변에서 누군가가 흡연하는 경우에도 발생률이 높다.

⑦ 조산아, 미숙아, 쌍생아, 저체중아, 20세 이하의 산모, 임신 중 약물복용, 산전 진료가 부족한 경우, 가족력이 있는 경우, 겨울이나 추운 계절, 여아보다 남아 등에서 위험성이 더 높다.

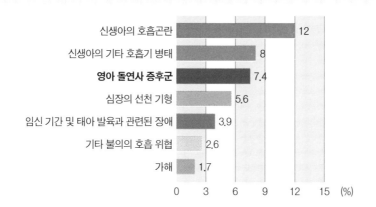

[그림 4-27] 2017년 영아 사망 원인 구성비

출처: 테이터숨(2020. 7. 3.). 경사진 요람에서의 재운 아기, 질식사고 우려. 2021. 5. 1. 인출.

3. 예방

① 아기의 기도가 막히지 않도록 아기를 똑바로 뉘어 재운다. UNICEF와 함께 '아기 똑바로 눕혀 재우기(Back to Sleep)' 캠페인 실시 후 많이 감소하였다. 또한 아기를 재울 때 부모가 아기와 담요 등을 따로 쓰고, 부모와의 거리는 한 팔 간격(50cm 이상)을 유지하고, 음주나 감기약 복용 후에 아기 옆에서 자지 않으며, 너무 폭신한 이부자리는 피한다. 이불을 겨드랑이에 끼워 주면 이불이 올라가 아기의 얼굴을 덮는 것을 방지할 수 있다.

② 모유는 영아의 호흡기계 질환에 대한 면역력을 강화해 주므로 모유를 먹인다.

③ 어머니와 아기가 함께 잔다. 어머니와 아기가 이불과 요를 별도로 사용하면서 함께 자면 아기가 어머니의 숨소리를 따라 숨을 쉴 수 있고, 아기에게 무슨 일이 있으면 어머니가 즉시 아기에게 도움을 줄 수 있다. 부모와 함께 잘 때는 실수로 팔이나 다리로 아기의 신체를 누를 수 있으므로 별도의 아기 침대를 사용한다.

④ 아기 주변에서 흡연하지 않는다. 흡연은 아기의 호흡을 어렵게 하고, 임신부의 흡연은 태아에게 산소공급을 부족하게 하며, 유해한 물질을 공급한다.

⑤ 아기의 요나 침대를 조금 딱딱하다 싶은 것을 택하고, 침대 주변에는 아기의 호흡을 곤란하게 할 수 있는 장난감이나 기타 물건을 두지 않는다.

⑥ 영아의 수면 환경에 주의를 기울인다. 실내 온도는 23~25℃를 유지하고, 12개월이 될 때까지 공갈 젖꼭지(노리개)를 물리면 심폐 기관이 미숙한 아기의 기도 확보에 도움이 된다(HiDoc 뉴스/칼럼, 2020. 6. 19.).

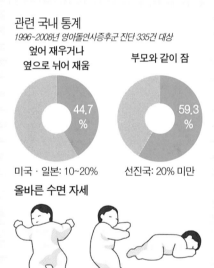

관련 국내 통계
1996~2008년 영아돌연사증후군 진단 335건 대상

엎어 재우거나 옆으로 뉘어 재움 44.7%
미국·일본: 10~20%

부모와 같이 잠 59.3%
선진국: 20% 미만

올바른 수면 자세

○ 천정을 바라보도록 똑바로 뉘어 재움
✕ 옆으로 뉘거나 엎드려 재우지 않음

[그림 4-28] 영아 돌연사 증후군 예방

출처: 경상매일신문(2013. 3. 20.). '영아 돌연사' 부모와 함께 자는 게 '화근'. 2021. 5. 1. 인출.

5) 음주

　임신 중에 섭취한 알코올은 신생아의 선천적 결함을 일으키는 가장 중요한 원인이다. 이는 아기에게 뇌, 심장, 뼈, 척추, 신장 등과 수학, 언어 발달 등의 특정 학습 영역, 시각과 공간 인지 능력, 기억력 등에도 평생 부정적 영향을 미칠 수 있으므로 임신 중에는 한 모금의 술도 마시지 말 것을 미국소아과학회와 텍사스대학교 공동 연구팀이 경고하였다(헬스조선 뉴스, 2015. 10. 20.). 특히 음주는 임신 6~12주 사이 태아의 중요한 발달 시기 동안 가장 해로우며(Stoppard, 2002, p. 118), 음주량에 따라 태아에게 미치는 영향의 정도도 다르고, 임신부가 술을 마시면 유산 가능성도 높다(동아일보, 2001. 5. 6.). 우리나라에서 여성 알코올사용장애(알코올중독) 환자가 매년 증가하고 있는데, 이는 임신한 여성의 알코올 섭취도 증가시켜 태아알코올증후군(Fetal Alcohol Syndrome: FAS)에 대한 위험을 높인다(<참고 3> 참조). 알코올에 중독된 임신부에게서 태어난 아기 중 약 1/3이 태아알코올증후군에 걸려 있다(Field, 1997). 매일 맥주를 3, 4병 마시거나 포도주를 컵으로 몇 잔 마시면 태아알코올증후군에서 나타나는 장애가 한 가지 이상 발생하고, 포도주를 1,800cc 이상 마시면 태아알코올증후군에 관련되는 모든 기형이 높은 확률로 발생한다(Barney, 1987, pp. 80-89). 임신 중 술을 마신 여성 13명 중 1명은 태아알코올증후군을 가진 자녀를 출산한다(태아알코올증후군 예방연구소, 2021. 5. 3. 인출). 태아알코올증후군은 임신 중에 술을 한 모금도 마시지 않으면 100% 예방할 수 있다.

참고 ❸

태아알코올증후군

1. 정의 · 유병률

　태아알코올증후군은 임신부가 임신 중 음주를 함으로써 태아에게 신체적 기형과 정신적 장애를 유발하는 선천성 증후군이다. 2019년 현재 매년 전 세계 63만 명의 신생아에게서 태아알코올증후군이 발생하고 있는데(헬스조선 뉴스, 2020. 11. 22.), 세계보건기구(WHO)는 아시아, 서태평양 지역 여성의 8.6%가 임신 중 알코올을 섭취하고 1만 명의 신생아당 12.7명이 태아알코올증후군이 있는 것으로 예상한다(태아알코올증후군 예방연구소 홈페이지, 2021. 5. 3. 인출).

표 4-2 전 세계 임신 중 알코올 섭취와 태아알코올증후군 유병률

지역	임신 중 알코올 섭취(%)	FAS 유병률(명: 1만 명당)
아프리카	10.0(8.5~11.8)	14.8(8.9~21.5)
남북아메리카	11.2(9.4~12.6)	16.6(11.0~24.0)
중동	0.2(0.1~0.9)	0.2(0.2~0.9)
유럽	25.2(21.6~29.6)	37.4(24.7~54.2)
동남아시아	1.8(0.9~5.1)	2.7(1.3~8.1)
서태평양	8.6(4.5~11.6)	12.7(7.7~19.4)
세계 평균	**9.8(8.9~11.1)**	**14.6(9.4~23.3)**

출처: 태아알코올증후군 예방연구소 홈페이지. 2021. 5. 3. 인출.

2. 증후군의 특징과 얼굴 특징

• 주의 집중의 이상, 행동장애, 과잉 행동성, 충동성, 지각 이상, IQ 70 이하
• 소뇌증과 심장, 척추, 두개 안면기형 등 다양한 신체적 기형
• 불충분한 영양 공급으로 저체중과 성장 지체, 팔·다리 관절 이상
• 짧은 안검열, 코 밑 인중이 없고, 윗입술이 아랫입술에 비해 현저하게 가늘며, 미간이 짧으면서 작은 눈

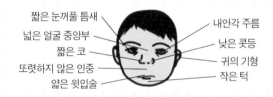

[그림 4-29] 태아알코올증후군의 얼굴 특징

출처: 태아알코올증후군 예방연구소 홈페이지. 2021. 5. 3. 인출.

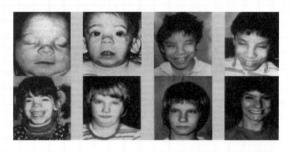

[그림 4-30] 태아알코올증후군의 아기와 성장 후의 모습

출처: 위시바디라인 블로그. 임신 음주/임신 중 음주는 태아알코올증후군 위험 높다. 2021. 2. 16. 인출.

모체의 음주뿐만 아니라 아버지의 무절제한 음주도 태아알코올증후군을 야기할 수 있어 알코올로 인한 태아 기형은 부모 모두가 원인이 될 수 있다. 덴마크의 연구 결과, 임신 가능성이 높은 월경 후 14~21일에 배우자가 술을 마신 경우에도 유산 위험이 2~5배 높았고, 유산을 경험한 부부가 마신 술의 양은 1주일에 남녀 각각 1~9잔이었고, 유산 위험이 매우 높은 경우는 1주일에 10잔 이상의 술을 마셨다(시사저널, 2004. 10. 12.). 또한 알코올을 섭취한 직후 남성의 정액 내에 알코올 성분이 존재하고, 이렇게 술기운이 있는 정액으로 만들어진 수정란은 자궁에서 안정적으로 자리를 잡는 데 실패할 가능성이 있다. 이는 정자가 변형되었기 때문이라고 연구팀은 설명하기도 하였다. 뿐만 아니라 음주 후 남성의 정자 수와 그 운동성은 현저하게 떨어져 정자의 운동성은 음주 전보다 40%나 감소하였다는 실험 결과도 보고된 바가 있다.

태아알코올증후군을 유발하는 것보다 더 적은 양의 알코올을 마신 경우에는 태아알코올영향(Fetal Alcohol Effects: FAE)이 나타난다. 태아알코올영향은 외형상 기형은 없으나 모체가 술을 마신 시기와 지속 기간에 따라 행동장애와 정신장애를 수반하며, 학습 능력도 떨어진다. 즉, 태아알코올영향 아동은 충동적·강박적·공격적 성향을 나타내고, 행동에 대한 책임감이 없으며, 사회화와 추상적 사고가 어렵고,

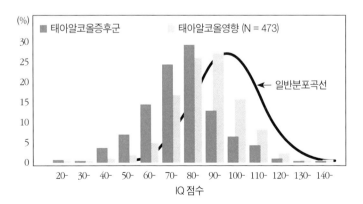

[그림 4-31] 태아알코올증후군과 태아알코올영향의 IQ 분포

출처: 태아알코올증후군 예방연구소 홈페이지. 2021. 5. 3. 인출.

수학 능력, 주의집중력, 기억력, 판단력 등이 떨어진다. 태아알코올증후군과 태아알코올영향 모두 지능 수준이 낮다.

6) 내분비계 장애물질(환경호르몬)

20세기 중후반 들어 세계 곳곳의 생태계에서 수컷의 생식 기능 이상, 새끼의 원인 모를 죽음, 개체 수의 급격한 감소, 행동이상, 남성의 여성화, 남성의 정자 수 감소 등 과학적으로 설명하기 힘든 현상이 하나둘씩 보고되기 시작하였다. 이런 현상은 급속한 산업화에 따라 공업화가 많이 이루어진 곳에서 더 빈번하게 나타났다. 이러한 것은 내분비 기능에 변화를 일으켜 생체 또는 그 자손의 건강에 유해한 영향을 미치는 외인성 물질로 정의하고(이창주, 윤용달, 2001), 우리나라에서는 공식적으로 '내분비계 장애물질[(Endocrine Disrupting Chemicals: EDC) 또는 (Endocrine Disrupter: ED)]'이란 용어로 사용한다.

내분비계 장애물질은 '환경호르몬'으로 소개된 것으로서 환경 중의 화학물질이 사람이나 생물체의 몸속에 들어가 성장, 생식 등에 관여하는 호르몬(내분비계)의 정상적인 작용을 방해하여 정자 수의 감소, 암수 변환, 암 등을 유발할 수 있는 화학물질이다(보건복지부 홈페이지, 2021. 5. 3. 인출). 이는 약물, 식물, 환경오염물질의 세 집단이 있다. 약물 중 대표적인 것은 디에틸스틸베스트롤(Diethylstilbestrol: DES)로 강력한 합성 여성호르몬이다(이 장의 '3. 태내 발달 요인'의 '3) 약물' 참조). 가장 문제가 되는 것은 환경오염물질이다. 현재 알려진 것은 100종이 넘는데 다이옥신, DDT, 유기염소농약, 중금속, 플라스틱 가공제 등이 대표적이다. 환경오염물질은 신체의 내분비계의 정상적 기능을 방해함으로써 정자의 DNA를 파괴하고, 임신 중 합병증과 유산 등에도 영향을 미칠 수 있다. 최근에는 1950~1970년대 전 세계적으로 많이 사용된 살충제인 DDT에 노출되었던 여성이 출산한 딸과 그 다음 세대인 외손녀에게까지 이것이 악영향을 미친 것으로 나타났다(중앙일보, 2021. 4. 20.).

한편, 사고나 전쟁 등에 의한 방사능이나 화학물질 등의 환경호르몬에 노출되었던 부모의 자녀에게서 다양한 유형의 기형아가 태어나고 저체중아의 출산이 증가함으로써 인체에 심각한 부정적 영향을 미치는 것으로 나타났다.

첫째, 1986년 4월 26일 체르노빌 원전 폭발로 피폭된 환자들 중 피폭 당시 나이가 어린 피해자일수록 암을 유발하는 유전자 손상과 변이가 많이 발생했는데 특히 갑상선암과 관련성이 있음이 드러났다(연합뉴스, 2014. 11. 2.). 그래도 다행인 것은 최근 발표된 조사 결과(동아사이언스, 2021. 4. 26.)에서 직접 방사선에 노출된 사람은 돌연변이가 다수 발생했지만 후속 세대의 건강에 미치는 영향은 미미했다.

[그림 4-32] 체르노빌 방사능 노출로 뇌가 두개골 밖으로 빠져나온 채 태어난 아기

출처: 전북대신문(2013. 12. 1.). 인류 최악의 참사로 기억될 체르노빌. 2021. 5. 5. 인출.

둘째, 월남전에서 사용한 고엽제에는 다량의 다이옥신이 포함되었는데 초미량의 다이옥신이 인체에 노출된 후 5~10년이 지나면 각종 암과 신경계 마비, 심한 피부병과 피부질환을 앓고, 임신 여성의 경우에는 기형아를 출산하였다.

[그림 4-33] 월남전 시 방사능에 노출된 부모에게서 태어난 아동

출처: RULIWEB 홈페이지. 고엽제에 의해 기형이 된 베트남 아이들의 비참한 모습. 2021. 2. 16. 인출.

셋째, 수은에 중독된 물고기를 먹은 임신부에게서 대뇌 손상과 소두증을 나타내는 미나마타병(Minamata disease)이 출현하였다. 미나마타병은 수은의 생물 축적으로 인해 발생한 공해병이다. 1956년 일본의 구마모토현 미나마타시 주민 상당수가 바다에 방

[그림 4-34] 미나마타병에 걸린 자녀를 안고 있는 엄마

출처: 프레시안(2016. 5. 25.). 고양이가 사라지자, 사람이 죽기 시작했다. 2021. 5. 5. 인출.

류된 유기수은이 체내에 축적된 어패류를 먹은 후 중추신경계 피해를 입어 사지 마비, 운동장애, 언어장애 등의 후유증을 앓았고, 많은 이가 사망했다(프레시안, 2016. 5. 25.).

이러한 다양한 환경호르몬의 문제로 노동부는 임신부가 유해물질을 취급하는 업무, 중량물을 취급하는 업무, 신체를 무리하게 사용하는 업무 등에서 일하지 못하도록 규정하는 「근로기준법 시행령」을 발표하였다. 유해물질이 많은 곳에서 일하는 아버지도 태아에 영향을 미쳐 여러 가지 질병을 일으킨다. 예를 들어, 아버지가 근무하는 곳이 납 성분이 많은 경우 신장병을 가진 아기가 정상아보다 세 배 더 많고, 벤젠, 솔벤트가 많은 경우 저체중아를 낳을 확률이 높으며, 유리공장이나 석유공장, 광산인 경우 미숙아를 낳을 확률이 높다. 아버지가 직업상 라듐을 많이 쐬게 되는 경우에도 유전인자의 돌연변이를 초래하여 염색체 이상의 자녀가 태어날 확률이 높다(조복희, 1997, p. 97).

7) 정서 상태

임신 중 모체의 정서적 안정은 태아에게 긍정적 영향을 미쳐 태어난 이후에도 심

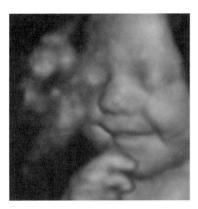

[그림 4-35] 임신 31주의 웃는 태아의 태어난 후의 웃는 모습

출처: 서울신문(2014. 11. 15.). 뱃속부터 웃던 태아, 태어나서도 미소 그대로… 화제. 2021. 5. 1. 인출.

리적 안정감을 제공해 줄 수 있다([그림 4-35] 참조). 그러나 임신 중 모체가 스트레스를 받으면 그렇지 않은 경우에 비해 기형아 출산율이 평균 54%나 더 높았다. 이는 스트레스를 받을 때 모체의 부신에서 분비되는 코르티솔 호르몬이 태반을 통해 태아에게 그대로 전달되어 기형아를 유발하기 때문으로 추정하고 있으며, 특히 인체의 장기가 형성되는 임신 3개월까지가 가장 중요한 시기다(중앙일보, 2000. 10. 4.).

임신부가 정서 불안을 많이 경험했던 영아는 출생 시부터 과잉 활동적이며, 자극에 더 민감하고, 더 자주 울며, 수유와 수면상의 문제가 더 많고, 행동 발달이나 사회성에도 더 많은 문제를 지닌다(Field, 1997, p. 134). 그리하여 어머니의 우울증 여부는 영아를 향한 행동 시간과 영아가 우울증 어머니와 그렇지 않은 어머니를 향한 행동 시간에서도 차이가 있었다([그림 4-36], [그림 4-37] 참조). 즉, 우울증이 있는 어머니가 우울증이 없는 어머니에 비해 영아에게 화를 더 많이 냈고, 상호작용과 놀이를 더 적게 하였다. 또한 우울증이 있는 어머니의 영아도 그렇지 않은 어머니의 영아에 비해 어머니에게 시선을 회피하는 경우가 더 많았고, 더 저항적이었다. 뿐만 아니라 모체의 불안은 신진대사율도 증가시켜 저체중을 유도하거나 불안을 극복하기 위해 이와 관련된 호르몬의 분비를 촉진하여 조산을 유발하는 요인이 되기도 한다(정옥분,

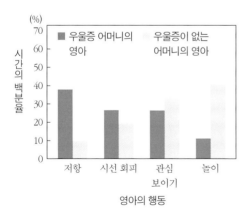

[그림 4-36] 우울증 어머니와 우울증이 없는
어머니의 영아와의 행동 시간

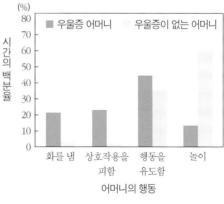

[그림 4-37] 영아의 우울증 어머니와 우울증이
없는 어머니와의 행동 시간

출처: 박성연, 도현심(1999). 아동발달, pp. 122-123.

2002, p. 199). 모체의 정서 불안은 종종 흡연과 음주를 동반하기 때문에 이로 인한 복합적인 문제를 야기할 수도 있다.

4. 태내 발달이상[*]

인간은 수정되는 순간 23쌍의 염색체를 갖게 된다. 이 중 한 쌍이 남성(XY)과 여성(XX)의 성을 결정하는 성염색체고, 나머지 22쌍이 상염색체(autosome)다. 대부분의 단일 성염색체 결함은 임신 초기에 유산되며, 자연유산의 약 20%도 단일 성염색체 결함으로 발생한다. 태아의 발달은 여러 가지 화학적·생리적 상호작용에 의해 이루어지므로 이상이 생기면 태아는 대개 자연유산되지만, 때로 결함을 가진 채 태어나기도 한다. 해마다 선천성 기형이나 장애를 가진 아기의 임신과 출산이 증가하고 있으며, 환경오염이 심할 경우에는 3배까지 늘어난다.

선천성 이상(異常)은 유전적 요인이나 염색체 이상 또는 태아 때 받은 손상, 부모의 부주의, 혹은 운명이라고 밖에 할 수 없는 알 수 없는 원인 때문에 발생한다. 이는 신체와 장기의 기형, 체내 대사장애, 자폐증, 뇌성마비와 같은 정신장애도 동반한다. 2019년 현재 국내에서는 선천성 기형과 변형, 염색체 이상으로 인한 태아사망률이 전체 사망자의 11.9%에 이른다(통계청, 2020, p. 42). 이러한 선천성 이상은 유전적 원인, 모체 질병, 약물남용, 다요인적이거나 알 수 없는 것 등이 원인이다.

1) 성염색체 이상

(1) 터너증후군

터너증후군(Turner's syndrome)은 전체 염색체 수가 45개로서 X염색체가 하나 없는 XO인데 여성 2,500~8,000명당 1명꼴로 나타난다. 터너증후군 여성의 신체적 특

---

[*] 이 부분은 조성연(2006). 예비부모교육, pp. 123-131의 내용을 수정·보완하여 제시함.

징은 키가 작고 살이 찌고, 목이 없이 얼굴과 어깨가 거의 붙어 있고, 삼각형 모양의 얼굴형과 가슴이 넓고, 손가락이 짧다. 심장과 신장의 기형을 나타내며, 지능은 정상적이고, 소녀티가 난다. 터너증후군 여성은 공간 능력이 특히 떨어지며, 다정하고 잘 흥분하지 않는 안정적인 성격을 지닌다. 이 증후군의 여성은 10세경 난소에 이상이 생겨 정상적인 기능 수행이 어렵다. 신체적인 성장을 자극하고, 성적 특징의 발달을 증진시키기 위해 호르몬치료를 함으로써 거의 정상 수준의 성적 발달을 가능하게 할 수도 있다.

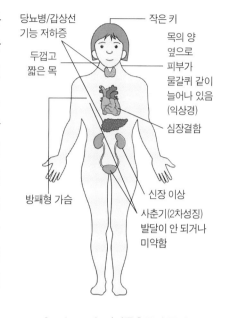

[그림 4-38] 터너증후군의 특징

출처: WORLDTODAY(2021. 7. 6.). '터너증후군' '무시무시' 공포 이것 알면 "쉽게 고친다". 2021. 7. 7. 인출.

(2) XXX증후군

XXX증후군(Triple X syndrome)은 여성 500~1,250명당 1명꼴로 발생하며, 2세 때부터 결함이 나타나기 시작한다. XXX증후군은 상대적으로 키가 큰 것을 제외하고는 같은 연령층의 정상적인 아동과 비교하여 외형이나 성적인 발달 면에서 별다른 차이가 없으나 언어적 지능에 결손이 있다.

(3) 클라인펠터증후군

클라인펠터증후군(Klinefelter's syndrome)은 정상적인 남성 XY에 X 염색체가 하나 더 붙어서 XXY를 이루는 경우로서 남아 900명당 1명꼴로 발생한다. 이 증후군은 어머니의 출산 연령이 높을수록 발생률이 높은데 사춘기 때에 분명한 특징이 나타난다. 이 증후군은 약간의 정신지체와 언어지체를 나타내고, 키가 크고, 사지가 길고, 고환이 작고 미성숙하여 정자를 생산하지 못함으로써 생식 능력이 없고, 남성호르몬의 수준이 낮아 남성적 특성이 약하다. 또한 이 증후군의 남성은 수동적이고 내성적이며, 자신감이 부족하고, 여성에 대해 관심을 보이지 않으며, 정서적으로 불안한 특성을 보이고, 언어 능력도 떨어진다. 사춘기에 성적 특징의 발달을 자극하기 위하여 남성호르몬을 주사함으로써 어느 정도 도움을 줄 수는 있으나 불임이다.

(4) 초웅증후군

초웅증후군은 Y염색체가 하나 더 많아 성염색체가 XYY를 이루는 경우로서 남아 1,000명당 1명꼴로 발생한다. 정상 남성보다 키가 크고, 남성적 특성이 강조되며, 정신지체가 있고, 공격적 행동을 하는 경향이 있어 범죄율이 높으며, 성인기에 정신분열증의 발병률이 높다. 남성적인 성적 특징과 임신 등은 정상이다.

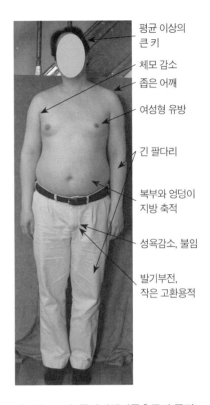

[그림 4-39] 클라인펠터증후군의 특징

출처: 누리위키. 클라인펠터 증후군. 2021. 7. 7. 인출.

2) 상염색체 이상

(1) 다운증후군

다운증후군(Down syndrome)은 1866년 영국인 의사 다운(J. L. Down)이 처음 보고하였으며, 몽고인과 신체 조건이 비슷하다하여 과거에는 몽고리즘이라고도 불렸다. 이것은 가장 보편적으로 나타나는 상염색체 결함인데, 여분의 한 염색체로 인하여 발생한다. 가장 보편적인 것은 21번 염색체가 세 개가 되어 47개의 염색체를 지니는 것인데 이 증후군은 독특한 외모를 지닌다.

다운증후군은 어머니의 출산 연령과 관계가 깊어 어머니의 연령이 증가함에 따라 다운증후군의 아기를 출산할 가능성이 급격히 증가한다(<표 4-1> 참조). 아버지의 연령은 다운증후군에 대한 중요한 위험 요인으로 나타나고 있지 않다. 그러

· 납작하고 둥근 얼굴
· 혀를 내미는 증상
· 납작한 코
· 치켜 올라간 눈꼬리

· 짧고 넓은 손
· 새끼 손가락이 안으로 굽어짐
· 일자 손금

· 납작한 후두골과 작은 머리
· 작고 불규칙한 치아
· 넓고 짧은 목의 덧살

· 엄지와 둘째 발가락 사이의 큰 틈
· 샌들모양의 엄지발가락
· 근육긴장 저하

〈심장이상〉   〈근육의 긴장 저하〉

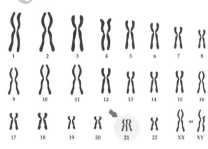

[그림 4-40] 다운증후군의 외모   [그림 4-41] 다운증후군의 염색체

출처: 루시나산부인과 홈페이지. 2021. 5. 5. 인출; 국가건강정보포털 건강정보. 2021. 5. 5. 인출

나 아버지의 연령이 상염색체로 인한 주된 유전병을 일으키는 역할을 하므로, 아버지의 연령이 40세 이상일 때 새로운 돌연변이를 야기할 수 있기에 주의해야 한다 (Cunningham, MacDonald, & Gant, 1989, p. 571).

다운증후군 아기는 특징적인 얼굴과 손·발 모양과 함께 약 50%가 선천성 심장질환을 갖고 있고, 근육의 긴장도가 낮고, 시력과 청력의 문제, 위장관계 문제, 지능 저하와 발달 지연, 내분비계와 성장의 문제, 근골격계 문제 등도 나타난다(국가건강정보포털, 2020. 5. 5. 인출). 개인의 학습 능력은 조기 발견하여 적합한 교육과 격려를 통해 향상될 수 있다.

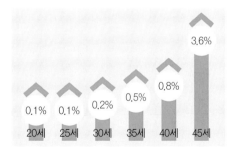

[그림 4-42] 어머니 연령에 따른 다운증후군 태아 비율

출처: 비온뒤(2017. 1. 19.). 고령 출산, 제대로 알고 준비하자. 2021. 5. 1. 인출.

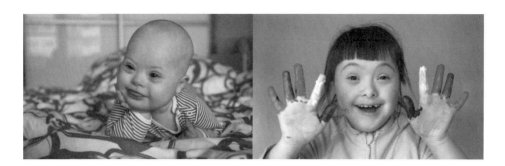

[그림 4-43] 다운증후군 영유아

출처: 데일리시큐(2018. 3. 15.). 다운증후군 증상과 발달 장애 문제. 2021. 5. 5. 인출

(2) 페닐케톤뇨증

페닐케톤뇨증(phenylketonuria: PKU)은 열성의 상염색체에 의해 선천적인 대사장애를 일으키는 유전병으로 아미노산의 일종인 페닐알라닌(phenylalanine)을 티로신(tyrosine)으로 적절하게 분해하는 효소를 만들지 못한다. 이 증후군은 유아 8,000명당 1명꼴로 나타나며, 임신 중 진단이 가능하다. 생의 초기에 중추신경계에 심각한 손상을 일으켜 발달 지체와 심한 정신지체(IQ 50 이하) 및 행동장애를 나타내고, 살결이 희고, 밝은 색깔의 머리카락을 가지고 있으며, 습진도 잘 생기고, 잘 흥분하며 발작을 일으키기도 하며, 단명하여 대부분 40세 이전에 사망한다. 이 증후군은 초기 진단이 중요하며 식이요법이 가장 좋은 치료 방법이므로 페닐알라닌의 소비를 제한하도록 초기에 적절한 처치를 해 주면 정상적인 지능 수준을 나타낸다.

(3) 혈우병

혈우병은 열성유전자에 의해 유전되는 것으로 정상적으로 혈액이 응고되지 않는 병이다. 임신 중 진단이 가능하며, 남아 4,000~7,000명당 1명꼴로 발생한다. 혈우병을 가진 아동은 다치지 않도록 늘 조심해야 한다.

출산

임신부는 태아의 건강한 성장과 발달을 도모하면서 임신 동안 태어날 아기를 위해 많은 것을 준비해야 한다. 부부는 태어날 아기를 위해 최적의 분만 방법과 분만 장소를 함께 결정하고 출산 준비물을 챙겨야 한다. 최근에는 다양한 분만 방법을 통해 태아를 출산하므로 부부는 임신부의 건강과 태아 상태를 고려하여 가장 적합한 분만 방법을 선택한다. 따라서 이 장에서는 출산과 관련하여 부부가 함께 준비해야 할 사항과 분만 방법 등에 대해 살펴보고자 한다.[*]

1. 출산 준비

출산을 위해 부부는 심리적·경제적·물리적 준비를 해야 한다. 부부는 임신부와 태어날 아기를 위한 출산용품을 준비하고, 출산 전후의 가사와 직장 문제 등에 대해서도 준비해야 하며, 산후 관리를 도와줄 사람이나 기관 등도 결정해야 한다. 특히 임신 말기의 임신부는 태아가 커지면서 활동하는 것이 자유롭지 않으므로 부부는 분만 2~3개월 전에 출산용품을 미리 준비해 두는 것이 좋다.

....
[*] 이 장은 조성연(2006). 예비부모교육, pp. 166-193의 내용을 수정·보완하여 제시함.

1) 아기용품

(1) 아기 요와 이불, 비닐 커버

아기 요는 땀 흡수가 잘되는 면 종류를 겉감으로 하고 너무 폭신하지 않은 것으로 준비한다. 너무 폭신한 요는 아기를 엎드려 재울 때 질식할 우려가 있으므로 약간 단단하다 싶을 정도의 것을 택한다. 요 대신에 아기용 침대를 구입할 수도 있는데, 침대의 매트리스는 약간 단단한 것으로 선택하고 매트리스 커버는 교체하여 사용할 수 있도록 여분의 것을 준비한다. 이불은 가벼운 솜이불이나 여름에 덮을 수 있는 누빔 이불로 땀 흡수가 잘되는 면이나 융으로 된 부드러운 것으로 교환하여 사용할 수 있도록 준비한다. 또한 기저귀를 갈 때 요나 매트리스를 더럽히지 않도록 그 위에 깔아 주는 비닐 커버는 아기의 피부 보호나 땀 흡수를 위하여 표면이 면으로 된 것을 선택한다.

(2) 배냇가운과 배냇저고리, 외출복, 모자

아기 옷은 기온의 변화나 외상으로부터 아기를 보호해 주는 역할을 하므로 보온성·흡수성·통기성이 좋아야 한다. 아기 옷은 피부를 자극하지 않고 가볍고, 세탁하기 편한 면제품이 좋고, 갈아입히기 쉬워야 한다. 배냇저고리는 끈으로 여미고 소매가 너무 길지 않아야 하며, 옷깃이 없고 솔기나 시접이 없어 아기가 누워 있을 때 배기지 않아야 한다. 배냇가운은 배냇저고리 위에 입히는 것으로 길이가 긴 것이 특징이다. 배냇가운과 배냇저고리는 갈아입힐 수 있도록 충분히 준비한다. 외출복은 위아래가 붙어 있는 옷으로 준비하고, 신생아의 체온 조절과 머리 보호를 위해 모자를 준비한다.

(3) 기저귀, 기저귀 커버

기저귀는 평균 하루에 10번 이상 갈아 주는데, 천기저귀와 종이기저귀가 있다. 천기저귀는 흡수성과 통기성이 좋으며, 살갗에 닿아 부드럽고 질기고 세탁이 용이한 옷감으로 흰색이나 연한색의 면제품이 좋고, 30~40장 정도 준비한다. 천기저귀를 사용할 경우에는 대소변이 밖으로 새어 나오는 것을 막기 위한 기저귀 커버가 필요한데, 이는 기저귀 위에 덧입히는 것으로 갈아 채울 수 있도록 여분의 것을 준비한다. 기저귀 커버는 방수와 통풍이 잘 되고 쉽게 채울 수 있는 벨크로(찍찍이)로 된 것이 사용하기에 편리하다. 종이기저귀는 영아의 개월 수에 따라 크기가 다르므로 그에 맞춰 구매한다.

(4) 겉싸개와 속싸개, 손싸개

신생아와 영아는 스스로 체온을 조절하기 어려우므로 보온을 위한 싸개가 필요하다. 싸개는 겉싸개와 속싸개, 손싸개가 필요하다. 겉싸개는 모포 대신 쓸 수 있고 외출 시에 아기를 따뜻하게 감싸 줄 수 있는 것으로 부드러운 느낌의 옷감이 좋고 계절에 맞추어 갈아서 사용할 수 있도록 준비한다. 속싸개는 겉싸개 안에 사용하면서 아기의 양팔을 꼭 붙여서 감싸 주기 위한 것인데 면으로 된 것이 좋고, 땀 흡수 등으로 자주 갈아 주어야 하므로 여분의 것을 준비한다. 또한 신생아는 태어날 때 이미 손톱이 자라 있고, 몸이 불수의적으로 움직여 자신의 손톱으로 얼굴에 상처를 낼 수 있어 이를 방지하기 위해 손을 완전히 감쌀 수 있는 손싸개가 필요하다. 배냇가운의 소매 끝에 접어 올려 손싸개로 사용할 수 있도록 만들어진 경우가 아니라면 별도의 손싸개를 준비한다. 손싸개는 면이나 융으로 되어 땀 흡수가 잘되는 것이 적합하다. 손목 부위에 잘 벗겨지지 않도록 고무줄로 되어 있는 것이 사용하기에 편리하나 손목에 자국이 날 정도로 너무 꼭 조이지 않는 것으로 서로 교환하여 사용할 수 있도록 여분의 것을 준비한다.

(5) 아기용 손수건, 턱받이

수유나 목욕 시에 사용할 수 있도록 거즈나 면으로 된 아기용 손수건이 필요하므로 이를 충분히 준비한다. 또한 수유와 이유식을 할 때 아기가 음식을 흘릴 수 있고, 이가 날 때 침을 흘릴 수도 있으므로 몇 개의 턱받이를 준비한다. 이유식 때 사용할 수 있는 턱받이는 주머니가 있는 것도 있으므로 용도에 맞게 준비한다.

⑹ 목욕용품

아기가 태어난 후 매일 목욕을 시켜야 하므로 아기용 목욕용품이 필요하다. 목욕용품은 욕조, 온도계, 아기용 그네, 샴푸와 베스(물비누), 비누, 샴푸 캡, 손수건이나 스펀지, 면봉, 타월, 소독약(신생아의 배꼽 소독용), 로션이나 크림, 오일 등을 준비한다.

⑺ 수유용품

모유수유인 경우에는 별도의 수유용품이 필요 없지만 인공수유를 해야 할 경우에는 월령별로 대·소 젖병과 젖꼭지, 젖병 씻는 솔과 젖꼭지 씻는 솔, 젖병 소독기, 소독 집게, 젖병 보관용 상자(포유 상자) 등을 준비한다. 젖병과 젖꼭지는 아기의 발달단계나 구강 특징 등을 고려하여 선택한다.

⑻ 카시트

이동 시 아기를 안전하게 보호하기 위해 차량 내에 신생아용 카시트(car seat)를 준비한다. 카시트는 아기의 연령이 증가함에 따라 바꿔 주어야 한다. 신생아용은 아기바구니 형식으로 되어 있다.

이 외의 아기용품은 아기에게 약을 편리하게 먹일 수 있는 투약기, 코가 막혔을 때 코를 빼 줄 수 있는 코 흡입기, 체온계, 아기 띠나 포대기, 기저귀 가방 등이 있다.

2) 산모용품

⑴ 수유용 브래지어와 수유패드, 함몰유두교정기

아기를 분만한 후에 대부분의 산모는 젖의 분비가 촉진되어 유방이 커지므로 임신 전에 비해 좀 더 큰 브래지어를 준비하는 것이 좋다. 특히 모유수유를 하는 경우에는 아기에게 수유하기 쉽고 땀 흡수 등이 잘 되는 면제품으로 앞에서 열 수 있게 되어 있는 수유용 브래지어를 여러 개 준비한다. 또한 수유 시나 젖이 찼을 때 젖이 저절로 흐르기 때문에 이를 막아 줄 수 있는 수유패드도 충분히 준비한다. 특히 외출 시에 젖이 흐르게 되면 옷을 버리거나 냄새가 날 수도 있으므로 수유 패드는 너무 얇지 않은 것으로 일회용이나 빨아서 사용할 수 있는 것을 선택하여 준비한다. 한편, 임신부가 함몰유두인 경우에는 모유수유를 위해 함몰유두교정기를 준비한다.

(2) 착유기

출산 후 모유가 많이 분비되는 경우에는 젖이 불어서 유방에 염증이 생길 수 있고 이로 인해 아기가 설사를 할 수도 있으므로 모유를 쉽게 짜낼 수 있는 착유기를 준비해 두는 것이 좋다. 착유기는 전동식과 수동식이 있으므로 선택하여 준비한다.

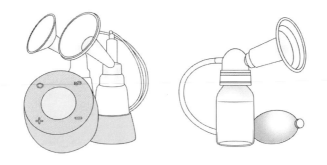

[그림 5-1] 전동식 착유기(좌)와 수동식 착유기(우)

(3) 산모용 패드와 팬티

출산 후 일정 기간 동안 질에서 분비물이 나오므로 이를 처리할 수 있는 산모용 팬티와 패드를 충분히 준비한다.

이 외에도 임신 중 혹은 자연분만 시 임산부는 치질이 생기거나 심해지는 경우가 있어 이를 대비하여 치질약과 치질 방석을 준비한다. 또한 모유수유 시 아기를 받쳐 줄 수 있는 수유 쿠션, 공공장소에서의 수유를 위한 수유 가리개(블랭킷), 아기를 안고 업을 수 있는 아기띠 등도 준비하면 필요시에 적절하게 사용할 수 있다.

2. 분만

분만은 자궁근육의 수축이 반복되면서 자궁으로부터 태아와 그 부속물, 즉 태반, 양수, 탯줄 등이 질이나 복부를 통해 외부로 나오는 것이다. 대개 분만은 자연스럽게 이루어지지만 의료 행위가 되면서 다양한 분만 방법이 등장하였다. 최근에는 자녀를 한두 명 출산함에 따라 부부가 분만 과정을 함께 하려는 경우도 증가하고 있다. 분만 시 남편의 참여는 산모에게 심리적 지지와 안정감을 제공해 주며, 호흡하는 것을 도와주어 산모의 불안이나 고통을 감소시켜 줄 수 있고, 아기를 처음 만나게 되는 상황에 아버지로서 직접 참여하기 때문에 아버지와 아기 간의 유대를 강화시켜 줄 수도 있다. 그러나 분만 시 아버지가 참여하면 분만하는 동안 고통스러워하는 아내의 모습을 보면서 오히려 아기와의 애착이 강화되지 않는다는 상반되는 결과도 있다.

1) 분만 신호

분만이 시작되기 2~3주일 전부터 분만을 알려 주는 신호가 나타난다. 대표적인 분만 신호는 태아의 움직임 감소, 팽팽해진 아랫배의 느낌, 많아진 질 분비물, 태아의 하강으로 인한 위(胃)의 압박감 감소, 횡격막 압박 감소에 따른 편안한 호흡 등이다. 분만 전에 임신부는 가진통을 경험하기도 하는데, 이는 실제 진통과 유사하게 자궁 수축을 동반하지만 대부분 진통 횟수가 불규칙하고 자궁 수축 시간도 짧다.

2) 분만 시작 증세

자궁 수축에 따른 진통이 발생하면서 분만이 시작되는데 초산과 경산의 진통 간격에 차이가 있다. 초산은 강한 진통이 10~15분 간격, 경산은 20~30분 간격으로 나타나므로 임산부는 1시간 동안 자궁 수축 시간을 재 보는 것이 중요하다. 또한 진통과 더불어 난막의 일부가 자궁벽에서 떨어질 때 생기는 점액질의 질 분비물인 이슬이 나온다. 이슬은 분만 시작 며칠 전 혹은 몇 시간 전에 나올 수 있지만 눈에 띄지 않을 수도 있다. 그러나 진통이 시작되기 전이나 자궁구가 열리기 전에 양수가 흘러나오는 '파수'가 되면 빨리 의사의 진찰을 받아야 한다. 파수는 따뜻한 물이 흘러나오는 것과 같은 느낌이 들며 맑은 액이다.

3) 분만의 3요소

분만은 3요소, 즉 만출물질(Passenger), 산도(Passage), 만출력(Power)의 3P에 의해 이루어진다. 만출물질은 태아와 태반, 난막, 양막, 양수 등이다. 산도는 태아가 나오는 길로 단단한 골반의 뼈 부분과 경부, 질 등의 연한 조직으로 구성되어 있으며 굽어진 관 모양으로 되어 있다. 그리고 만출력은 태아와 태반을 밖으로 내보내는 힘이다. 태반의 위치가 올바르고, 임산부의 심리적 상태가 안정되어 있으며, 분만 시의 만출력이 강하고 산도의 저항력이 약하면 분만은 쉽게 이루어진다.

4) 분만에 영향을 주는 요소

분만에는 분만 횟수, 자궁 경부 상태, 임산부의 연령, 출산 간격, 태아 크기 등 다양한 요인이 영향을 미친다. 분만 횟수가 많을 경우에는 자궁 파열의 가능성도 있으므로 주의해야 하고, 자궁 경부 상태는 분만이 진행됨에 따라 점진적으로 부드러워지지만 자궁 경부에 수술로 인한 반흔이 있으면 때로 경부가 열리는 것이 지연되기도 한다. 임산부의 연령이 15세 이하거나 35세 이상인 경우에는 출산에 따른 위험도가 높다. 35세 이후의 초산부는 지연 분만, 자궁기능부전, 경부 경화 등으로 분만이 어려울 수도 있다. 태아가 너무 크면 자연분만이 어려워 제왕절개술에 의해 태아를 분만한다.

현대 의학이 발달되었다 할지라도 아직도 많은 산모가 분만 중 사망한다. 현재 우리나라의 모성사망비(임신 중이거나, 분만 후 42일 이내 일어난 모든 산과적 원인에 의한

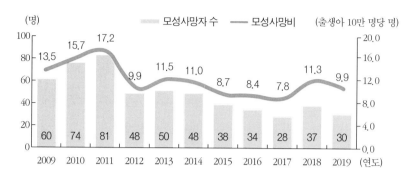

[그림 5-2] 모성사망자 수와 모성사망비

출처: 통계청(2020). 2019 영아사망 · 모성사망 · 출생전후기사망 통계, p. 19.

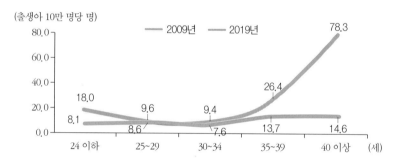

[그림 5-3] 연령별 모성사망비

출처: 통계청(2020). 2019 영아사망 · 모성사망 · 출생전후기사망 통계, p. 20.

사망 비율)는 출생아 10만 명당 9.9명으로 높은 편이고([그림 5-2] 참조), 40세 이상인 경우에 가장 높다([그림 5-3] 참조). 또한 대부분의 모성사망은 분만 후에 발생하고, 그 원인은 진통과 분만의 합병증, 주로 산후기에 관련된 합병증 등 직접적인 산과적 사망이 대부분이다. 이러한 결과는 OECD 회원국 평균(8.9명)에 비해서도 높다(통계청, 2020, pp. 24-25).

5) 분만의 진행

분만은 크게 개구기, 태아 만출기, 후산기의 세 단계로 나뉜다. 초산은 평균 약

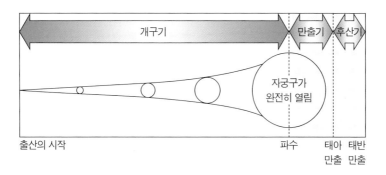

[그림 5-4] 분만 진행 과정

14시간, 경산은 약 8시간 소요된다(통계청, 2020, p. 25).

(1) 분만 제1기(개구기)

분만 제1기인 개구기는 10~20분 간격으로 규칙적인 진통이 나타나기 시작하면 자궁구가 열리면서부터 자궁구가 10cm로 완전히 열릴 때까지의 기간이다. 초산부는 평균 8시간, 경산부는 평균 5시간이 걸린다. 진통이 처음 시작되었을 때 산모는 누워 있기만 하면 때로 권태롭고 짜증이 날 수도 있으므로 서 있거나 따뜻한 목욕, 샤워 등을 하는 것이 도움이 될 수 있다. 산모로서는 자궁경부가 완전히 열리기 직전이 가장 고통스러운 시간이므로 남편이나 옆에서 도와주는 사람은 인내심을 가지

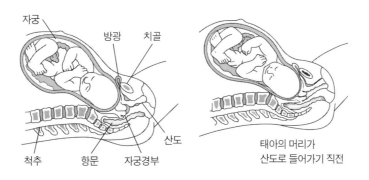

[그림 5-5] 분만 제1기

출처: Shaffer, D. R. (1999). *Developmental psychology*, p. 131.

고 감정이입적인 대화를 나누거나 손을 잡아 주거나 마사지를 해 주거나 숨쉬기 등을 도와주는 등 산모가 편안한 마음을 가질 수 있도록 도와준다. 또한 산모는 진통이 있더라도 되도록 몸의 힘을 뺀 채로 복식호흡을 하여 태아에게 충분한 산소가 공급될 수 있도록 하고, 배뇨나 배변은 참지 않는다.

(2) 분만 제2기(만출기)

분만 제2기인 만출기는 자궁구가 10cm 이상 완전히 열려 태아가 바깥세상으로 나오는 때까지다. 초산은 약 1시간, 경산은 약 20분 소요된다. 이 단계는 최대의 만출력이 필요하며, 자궁 수축 간격이 짧아져 진통도 거의 쉬지 않고 2~3분마다 일어난다. 이때는 자궁구가 완전히 열려 변을 보는 것 같은 기분으로 산모가 힘을 주면 태아가 산도로 들어가 분만하게 되므로 산모는 진통이 있을 때마다 수축과 동시에 계속 힘을 주어야 한다. 진통이 멎으면 천천히 심호흡을 하여 태아에게 산소를 공급해 준다. 만출기가 길어지면 태아에게 위험한 상황이 발생할 수 있으므로 대개 회음절개로 만출기 시간을 줄여 태아를 분만한다. 태어나는 신생아의 대부분은 후두위(後頭位)로서 뒷머리가 모체의 배 쪽을 보고 얼굴은 모체의 항문에 가까운 쪽을 보면서 세상에 나온다.

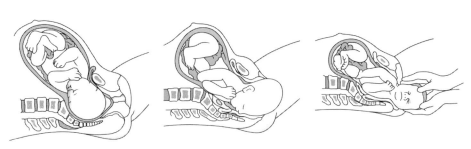

| 태아의 머리가 산도로 들어가기 전 | 산도로 들어간 태아의 머리 | 태아의 머리가 나옴 |

[그림 5-6] 분만 제2기

출처: Shaffer, D. R. (1999). *Developmental psychology*, p. 131.

(3) 분만 제3기(후산기)

분만 제3기는 후산기로서 태아를 분만한 후 태반과 탯줄, 산모의 몸 안에 있는 모든 부속물이 완전히 나오는 때까지다. 신생아가 태어나고 가벼운 진통과 같은 느낌으로 아랫배가 딱딱하고 팽팽해지면 배에 가볍게 힘을 주어 태반을 배출시키는 데 5~20분 정도가 소요된다. 태반은 분만 후 5~6분이면 떨어진다. 태반이 배출될 때 500ml 정도의 혈액이 함께 나오며 이를 '후출혈'이라고 한다. 분만 시 회음절개를 하였다면 이 기간에 봉합하고 소독한다. 태반이 나온 후부터 산모는 2시간 정도 분만실에서 안정을 취한 후 입원실로 간다.

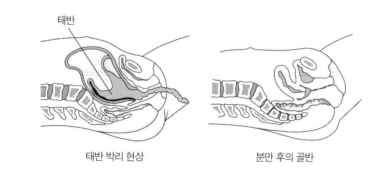

태반

태반 박리 현상   분만 후의 골반

[그림 5-7] 분만 제3기

출처: Shaffer, D. R. (1999). *Developmental psychology*, p. 131.

6) 분만 방법

(1) 자연분만

자연분만은 전통적인 질식(膣式) 분만 방법(vaginal delivery)이다. 이 방법은 산모의 진통 때문에 태아도 산고를 경험하며, 이때 신생아도 산모의 자궁 수축으로 폐를 바르게 활성화시키는 표면활성제의 생성이 촉진된

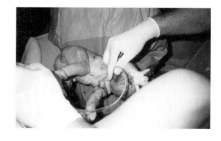

[그림 5-8] 자연분만에 의한 아기의 탄생

다. 이는 신생아가 정상적인 호흡을 하는 데 매우 중요하다(Field, 1997, p. 34).

자연분만은 어머니와 아기 간 심리적 유대감이 강해지고, 분만 후 즉시 모유수유를 할 수 있는 장점이 있다. 신경생리학자들은 신생아가 세상에 태어나자마자 어머니를 처음 보는 순간 신생아 망막의 신경세포가 생체 전기망을 통해 두뇌 시각 피질에 있는 신경세포와 연결되는데 이것이 평생 지속되어 어머니의 얼굴 모습이 이 시기에 신생아의 뇌리에 영원히 각인된다고 주장한다(Murkoff, 2000, p. 22).

자연분만은 침대에 누워 분만하는 방법과 앉아서 분만하는 방법이 있다. 산모가 침대에 누워 아기를 분만하는 것은 중력 방향으로 힘을 줄 수 없고 혈액이 심장으로 통하게 하는 것을 방해하여 혈압을 떨어뜨려 태아에게 산소와 혈액의 공급을 줄이고, 출산 시 고통을 더 심하게 하고, 회음절개에 대한 필요성과 겸자분만 기회를 더 많아지게 하며, 자발적인 분만을 어렵게 하고, 허리 통증을 더 많이 경험하게 함으로써 분만 소요 시간을 증가시킨다(Stoppard, 2002, p. 64). 반면, 앉아서 아기를 분만하는 좌산(坐產)은 앉은 자세가 중력이 미치는 방향이기 때문에 분만 시 태아가 나오는 방향과 일치해 태아에게 도움이 될 뿐만 아니라 산모도 분만 시 힘을 줄 때 더 쉬워 태아를 더 쉽게 빨리 분만할 수 있고 진통을 유발하는 스트레스 호르몬이 아주 적게 분비되어 통증도 덜 느낄 수 있다. 의학적으로 좌산을 할 때 90°로 앉으면 골반 직경이 1~2cm 더 넓게 벌어져 산모가 보다 편하게 아기를 낳을 수 있다고 한다. 그러나 산모가 좌식분만대에 오래 앉아 있으면 회음부에 혈액이 모여 출혈이 심해질 수 있고, 분만하는 동안 의사가 산모 아래에 있어야 하므로 회음절개와 같은 조치가 쉽지 않다.

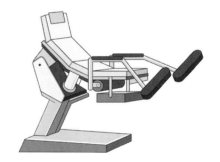

[그림 5-9] 좌식분만대

출처: 동원산부인과(2017. 6. 29.). 앉아서 분만하는 좌식분만 장단점 총정리. 2020. 12. 29. 인출.

(2) 제왕절개분만

제왕절개분만(Cesarian section)은 자연분만이 어려운 경우에 40분에서 1시간 정

도 소요되는 수술로 태아를 분만하는 방법
이다. 이 방법은 산모와 태아가 위험할 경
우에 유용하다. 그러나 우리나라의 경우
는 자연분만을 할 수 있음에도 제왕절개를
선택하는 경향이 있어 제왕절개 분만율이
매우 높다(연합뉴스, 2019. 1. 27.). 세계보
건기구(WHO)의 제왕절개분만 권장치는
15% 내외인데, 우리나라는 산모의 연령이
많을수록 그 비율이 높다(이소영 외, 2018,
p. 172). 한편, 제왕절개술로 첫 아기를 분
만했다 할지라도 두 번째 아기는 자연분만
할 수도 있다. 그러나 이는 반드시 의사와
상의한 후 결정해야 한다.

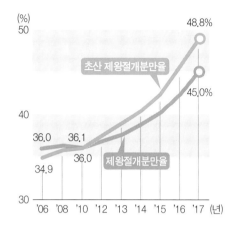

[그림 5-10] 제왕절개분만율 추이

출처: 연합뉴스(2019. 1. 27.). 초산 제왕절개분만
율 추이. 2021. 2. 15. 인출.

(3) 무통분만

무통분만은 분만 통증을 억제시키는 것으로 정신적인 요법에 의한 방법과 마취술
에 의한 방법이 있다. 세계 최초의 무통분만은 1847년에 스코틀랜드의 제임스 심슨
(J. Simpson)이 에테르와 클로로포름으로 산모를 마취시켜 분만했던 약물에 의한 마
취법이었다. 최근에는 척추의 일부분을 마취해 통증을 잊게 하는 경막외마취 무통
분만이 실시되고 있다. 이 방법은 분만 중 마취를 통해 진통을 경감시키거나 없애려
고 노력할 뿐 모든 의식은 정상이기 때문에 분만 과정은 자연분만을 할 때와 같다.

심리적인 무통분만에 의한 자연분만 방법도 실시되고 있는데 리드법, 정신예방성
무통분만법, 라마즈 분만법 등이 있다.

첫째, 리드(Reed)법은 산모가 일종의 최면 상태인 반무의식 상태에 빠진 채 분만
하는 방법이다. 이 방법은 담당 의사의 지시에 따라 산모가 일종의 최면 상태인 반
무의식 상태에서 자연분만으로 태아를 분만한다.

둘째, 정신예방성 무통분만법(Psycho Prophylactic Method: PPM)은 언어에 의한 조

건반사를 출산에 응용하여 분만하는 방법이다. 이 방법은 산모의 통증이 '출산은 고통스러운 것'이라는 일반적인 통념에서 비롯되었다고 보고 출산 시의 고통은 철저한 교육과 그에 따른 정신예방으로 없앨 수 있다고 본다. 이 방법은 의식을 집중하는 교육과 분만을 즐겁게 이해하여 분만 시의 고통을 통제하여 태아를 분만한다.

셋째, 라마즈(Lamaze) 분만법은 진통이 일어났을 때 산통을 해소하고, 적절한 분만 동작을 연속적으로 취할 수 있도록 사전에 특별한 호흡법을 훈련하고 연습하여 분만하는 방법이다. 이 방법은 진통이 있을 때 산통을 해소하고, 연속적으로 적절한 분만 동작을 취할 수 있도록 독특한 호흡법과 이완법을 반복 훈련하여 출산 시의 무통을 조건화시켜 산모가 능동적으로 통증을 줄여 분만하게 한다. 이 방법은 임신 7~8개월이 되었을 때 임산부와 남편이 4~5주 과정으로 매주 2시간씩 호흡, 이완, 신체 운동을 배우고 연습한다. 분만 시에 남편도 분만 과정에 함께 참여하여 아내에게 정서적 지원을 해 주고, 아내의 호흡을 도와주는 역할을 한다. 라마즈 분만법은 연상법, 이완법, 호흡법의 세 요소로 이루어져 있다. 연상법은 기분 좋은 상황을 머릿속에 그려 봄으로써 기분이 좋을 때 분비되는 호르몬인 엔도르핀의 분비를 증가시켜 진통을 감소시키는 것이다. 이완법은 몸의 모든 부위의 힘을 빼는 것으로 의식적인 신체 이완 훈련을 통해 분만 시의 고통을 감소시키는 것이다. 호흡법은 라마즈 분만법에서 가장 중요한 부분으로 흉식호흡을 기본으로 체내에 산소를 충분히 공급하여 근육과 체내 조직의 이완을 돕고 태아에게도 산소 공급을 원활하게 해 주는 것이다. 또한 호흡법은 자궁 수축에 따른 진통이 올 때마다 일정한 통증의 템포와 리듬에 맞춰 호흡하여 진통에만 집중하던 관심을 호흡 쪽으로 분산시켜 통증을 덜 느끼게 해 준다.

(4) 수중분만법

수중분만법(waterbirth)은 산모가 커다란 욕조 속에 들어가 따뜻한 물속에서 좌식분만의 형태로 아기를 분만하는 방법이다. 현대적 수중분만법은 프랑스의 미셸 오당(M. Odent)이 1970년대 처음으로 실시하였고, 우리나라에서는 1999년에 처음으로 실시하였다.

수중분만법은 산모가 충분히 이완할 수
있고, 남편과 함께 분만을 시도함으로써 심
리적 안정감을 지닐 수 있으며, 신체가 이
완될 수 있고, 스트레스와 관련된 호르몬 분
비가 감소하여 혈압 상승이 억제되며, 회음
절개술이 필요 없고, 신생아가 수중생활에
익숙해지기 쉽다는 장점이 있다. 그러나 출
산 시에 무균법이 곤란하고, 분만 후 나오는

[그림 5-11] 수중분만 장면

출처: 인민망 한국어판. 2021. 5. 13. 인출.

출혈량의 판정이 어려우며, 그에 따른 지혈 대책도 곤란하고, 오랫동안 있으면 지칠
수 있다는 단점이 있다. 때로 수중분만 시 신생아가 응급소생술을 받을 가능성이 커
질 수 있고, 체온 조절 능력이 떨어지는 아기에게 문제가 될 수도 있으며, 쌍생아 분
만이나 수술 경험이나 임신중독증이 있는 임산부, 조산이나 태아가 큰 경우에는 어
려움이 있다.

(5) 폭력 없는 탄생

　폭력 없는 탄생(birth without violence)은 프랑스의 프레드릭 르봐이예(F. Leboyer)
가 신생아의 출산 외상(birth trauma)을 감소시키기 위해 1976년에 처음 실시한 분만
방법이다(Gander & Gardiner, 1981, p. 95). 르봐이예는 분만 시 산모의 고통에만 관
심을 둘 것이 아니라 태아를 위한 배려도 있어야 한다고 언급하면서 신생아는 새로

운 환경에 갑자기 접하게 되면 심리적 외상
을 받을 수 있고 불안감을 발달시킬 수 있다
고 주장하였다.

　르봐이예의 방법은 감각기관이 매우 예
민하게 발달한 신생아에게 출생 시 추위나
빛, 시끄러운 환경으로부터 받을 수 있는 충
격을 줄여 주기 위해 환경 자극의 양을 감
소시키고, 분만 시 신생아가 공포를 덜 느끼

[그림 5-12] 배려를 받고 태어난 아기

출처: Leboyer, F. (2003). 평화로운 탄생, p. 115.

도록 방을 따뜻하고 조용하게 하며 조명을 어둡게 하여 분만한다. 분만 후에는 태아가 숨 쉴 준비가 되기 전까지 탯줄을 자르지 않고 신생아가 폐호흡을 시작할 때까지 기다려 준다. 이때 신생아를 어머니의 배 위에 두어 신생아가 어머니와 피부 접촉을 하고 어머니의 심장 소리를 들을 수 있도록 하면서 심리적 안정감과 유대감을 느낄 수 있도록 해 준다. 탯줄을 자른 후에는 자궁 속과 비슷한 따뜻한 물에서 잠시 놀게 한다.

3. 산욕기

산욕기는 보통 분만 후 3~6주로 분만 후 임신 전의 상태로 돌아가고 마음도 안정되며 분만에 관여했던 생식기가 분만 전의 상태로 돌아오기까지의 기간이다. 출산 후 부부관계를 언제부터 할 수 있는지에 대한 분명한 기준은 없지만 출혈이나 감염이 문제가 되지 않는다면 분만 후 14~21일이 지나면 가능하다(임신육아종합포털 아이사랑, 2021. 5. 14. 인출). 질이나 회음부의 봉합수술을 받은 경우에는 조심하는 것이 좋고, 성관계의 시작으로 재임신의 가능성이 있고 산모의 건강을 고려하여 분만 후에는 일찍 피임을 하는 것이 좋다.

1) 산욕기의 특징

산욕기는 분만 후 모체의 신체적 변화에 대한 적응과 새롭게 부모 역할을 수행해야 하는 문제 등으로 다음과 같은 다양한 신체적·심리적 변화가 나타난다.

- 임신으로 커졌던 자궁이 원래의 상태로 되돌아가면서 며칠간 자궁 수축에 따른 고통이 이어진다. 특히 모유수유를 하는 경우에는 자궁 수축이 더 심해지기도 한다.
- 출산 후 3주 정도 자궁과 질에서 배출되는 분비물인 오로(惡露)가 나온다. 이후

4~6주에 그 색이 엷어지는데 그 기간은 사람마다 차이가 있다.

- 분만 시 회음절개를 한 부위의 통증은 수일 내에 없어지며 3주 정도 지나면 완전히 낫는다. 이때 통증을 줄이기 위해 산모는 따뜻한 물로 좌욕을 한다.
- 장과 복벽의 이완으로 변의(便意)를 느끼지 못하여 많은 산모가 변비를 경험하며, 간혹 소변 보기가 어려운 경우도 있다.
- 분만으로 인해 임신 중의 양수나 태반 등의 신체 내 부속물이 배출됨으로써 체중이 감소한다.
- 모유수유 동안에는 대개 무월경인데, 18개월부터 월경을 시작하기도 한다. 모유수유를 하지 않는 경우에는 산후 6~8주가 지나면 월경을 한다. 배란 시기는 빠르면 분만 후 36일이 지나면서 시작하는 경우도 있어 출산 간격 등을 고려하여 피임하는 것이 좋다.
- 분만 후 심한 근육활동으로 신체적 에너지가 고갈되어 피로를 느끼며 신경계가 예민해질 수 있다. 산모의 기분전환을 위해 일찍 걷는 것이 좋지만 분만 후 산모가 처음 걸을 때는 현기증이 날 수 있으므로 보호자와 함께 걷는다.
- 아기와 애착을 형성하면서 부모로서의 자아감이 변화하며, 새로운 역할을 수행해야 하는 의무와 책임감으로 정서적 혼란을 겪을 수 있다.

2) 산욕기 이상

산욕기 동안 몸조리를 잘못하면 신체에 이상 증상이 나타나므로 산모는 충분한 휴식과 영양분이 풍부한 식사를 하여 이 기간 동안 빠르게 신체 회복을 할 수 있도록 노력한다.

(1) 산욕열

산욕열은 출산 후 첫 24시간을 제외한 10일 이내에 이틀 동안 측정한 체온이 38℃ 이상인 경우다. 이의 주요 원인은 임신 중 자궁경관이나 질에 있던 세균이 출산 후 번식하는 경우, 제왕절개 또는 회음 봉합 부위의 상처가 세균에 감염되는 경우, 젖

몸살 등이다. 이를 예방하기 위해 산모는 회음부에 병균이 침입하지 않도록 소독하고, 충분한 휴식을 취하며, 영양분을 풍부하게 섭취한다.

⑵ 후진통과 회음통

후진통은 임신 중 커진 자궁이 원래 크기로 수축하면서 생기는 통증이다. 이는 출산하기 전과 비슷하게 아랫배에 규칙적인 통증이 출산 직후부터 시작해 다음 날까지 계속된다. 특히 수유하는 산모는 자궁 수축을 빠르게 하는 호르몬이 분비되어 통증이 더 강하게 나타나기도 한다. 심한 통증은 그만큼 자궁 수축이 잘 된다는 뜻이므로 크게 걱정하지 않아도 된다.

회음통은 회음절개 부위가 계속 아프고 땅기는 느낌이 있는 것인데 대개 회음절개로 인한 통증은 일주일 정도 지나면 사라진다. 회음통이 있을 때는 회음절개 부위에 얼음 찜질을 하거나 따뜻한 물로 좌욕을 하면 증상이 가라앉는다. 하루 2회 정도 따뜻한 물로 좌욕을 하고, 패드를 자주 갈아 주는 등 청결에 유의한다.

⑶ 변비와 치질

일반적으로 출산 후 2~3일에는 변이 나오는데 그렇지 않을 경우에는 변비가 생길 수 있다. 자연스럽게 변이 나오지 않는다면 3일째에는 완화제를 복용하거나 관장을 한다. 출산 후 혹은 임신 중의 변비로 인해 치질이 생길 수도 있는데 대개 2~3주일 지나면 가라앉는다.

3) 산후우울증

출산 후 4주 사이에 산모의 50~60%가 기분이 우울해지는 것을 느끼는데 이를 산후우울증(postpartum depression: PPD)이라고 한다. 산후우울증이 있는 산모는 이유 없이 우울하고 신경이 예민해지며, 식욕 감퇴, 불면증 등이 생기고, 아기를 돌보고 싶어 하지 않는다. 이는 분만 후 에스트로겐, 프로게스테론 등 호르몬의 갑작스러운 변화, 육아 스트레스, 출산에 따른 생리적 변화, 수면 부족, 가족 생활양식의 변화,

출산에 대한 비현실적인 이미지, 부부 갈등 등으로 인해 발생한다. 산후우울증은 대부분 2~3일 내에 사라지지만 심한 경우에는 10일 정도 지속되기도 한다.

산후우울증의 특징은 정서불안, 피로, 슬프지도 않은데 별것도 아닌 일로 잘 울고, 잠을 너무 많이 혹은 너무 적게 자고, 두통이나 소화장애 등의 신체적 증상이 계속되며, 민감해지고, 기분 변화가 심하며, 아기를 돌보는 것이 즐겁지 않고, 부모로서 부적절하다는 생각과 낮은 자아존중감을 나타낸다. 이는 2주일 이내에 낫는 베이비 블루(baby blue)라는 가벼운 단계에서부터 더 진행되면 산후소모증으로 발전하기도 한다. 산후소모증은 한달 반 정도 이후 시작되어 몇 개월간 지속되며, 대개 분만 후 1년 이내에 멈춘다.

산후우울증을 극복하기 위해서는 산모의 노력과 주위의 이해가 무엇보다 중요하고, 현재의 불안 증세는 산후에 올 수 있는 자연스러운 증상이라고 생각하면서 시간이 지나면 나아질 것이라고 이해하는 것이다. 특히 출산 후 가족은 새로 태어난 아기의 건강에만 관심을 집중하기 쉬운데 산모의 건강도 중요하다는 점을 기억해야 한다. 그러므로 남편 등 가까운 가족이 산모에게 관심을 갖고 위로해 주면서 신체적인 수고를 덜어 주어야 산후우울증에서 빨리 벗어날 수 있다. 가장 중요한 사람은 남편이므로 인내심을 가지고 아내의 태도를 긍정적으로 받아 주고 친절하고 이해심 있는 태도로 아내를 돌봐 주어야 한다. 산후우울증 증세가 나타나면 산모는 이를 즉각 없애려 하지 말고 충분한 휴식을 취하면서 마음을 느긋하게 갖고 남편이나 주변 사람에게 자신의 심리 상태를 정확하게 알리면서 적극적인 협조를 구하는 등 산모 스스로 우울감을 극복하기 위해 노력한다.

제3부

발달 과정과 수유
및 영아의 안전생활

신생아 · 영아 발달

생후 1개월의 신생아기를 포함하여 1년 동안 영아는 환경에 적응하면서 발달한다. 영아의 발달 속도에는 개인차가 있고 그 과정은 매우 역동적이다. 초보 부모는 영아의 발달에 대한 기초적인 지식이 있을 때 자녀를 양육하면서 경험하는 어려움을 덜 수 있다. 따라서 이 장에서는 신생아와 영아의 발달 원리와 특징 등 생후 1년 동안 신생아와 영아를 돌보는 데 필요한 기초 지식에 대해 살펴보고자 한다.[*]

[그림 6-1] 연령별 최적의 학습 단계

출처: 뉴스위크 특별호 한국판 1. (1999. 5. 21.). 귀여운 우리 아기: 태어나서 3세까지 부모가 알아야 할 모든 것, p. 32.

....

* 이 장은 조성연(2006). 예비부모교육, pp. 199-258의 내용을 수정 · 보완하여 제시함.

1. 신체 발달 원리와 성장 비율

신생아와 영아의 신체 발달은 일정한 방향으로 이루어진다. 첫째, 머리에서 팔, 다리 등의 꼬리 부분으로, 둘째, 몸의 중심에서 손, 발의 끝부분으로, 셋째, 분화와 통합의 과정을 거치면서 전체적 능력에서 특수한 능력으로, 넷째, 단순한 동작에서 보다복잡한 동작으로, 대근육 운동에서 소근육 운동으로 운동 능력이 발달한다.

신생아는 머리가 신체의 1/4이고, 체중의 15% 정도를 차지하며, 하지가 전신 크

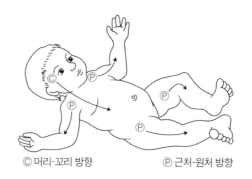

ⓒ 머리-꼬리 방향 　　　　ⓟ 근처-원처 방향

[그림 6-2] 신체 발달 원리

출처: 한국인간발달학회 편(1997). 유아의 심리, p. 102.

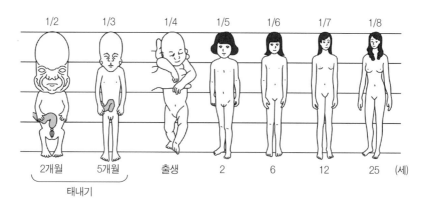

[그림 6-3] 신체 성장 비율

출처: 조성연 외(2014). 영아발달, p. 260.

기의 1/3 정도다. 이후 점차 머리보다 하지의 길이가 길어지면서 성인이 되면 하지
가 전신의 1/2 정도가 되고, 머리는 체중의 30% 이상이 된다.

2. 신생아 발달

　신생아는 출생일로부터 28일 미만(약 1개월)까지로서, 외부 세계에 적응하는 것
등으로 체중도 출생 직후 약간 감소하고, 간 기능의 적응과 갑상선의 이상으로 황달
이 나타나기도 한다.

1) 신생아의 신체적 · 생리적 특징

　신생아는 대부분의 능력이 아직 제대로 기능하지 못하는 상태이므로 충분한 영양
공급과 정서적 안정을 취하면서 스스로 호흡과 새로운 형태의 혈액순환, 체온 조절,
소화 · 흡수 등을 하면서 환경에 적응한다.

(1) 신체

- 전체 신체 크기에 비해 머리가 커서 신장의 1/4이
  고, 두위가 흉위보다 더 길다.
- 가슴은 원통형으로 앞뒤와 좌우의 폭이 거의 같다.
- 신장은 남아 49.9cm, 여아 49.1cm, 체중은 남아
  3.3kg, 여아 3.2kg으로 남아가 여아에 비해 약간
  더 크다.
- 굴곡우위(屈曲優位)의 자세, 즉 팔과 다리는 구부
  리고 주먹은 꼭 쥐고 있는 자세를 하고 있다.
- 다리가 약간 안쪽으로 굽어진 듯하게 보이는 경
  향이 있지만 걷게 되면서 곧게 펴진다.

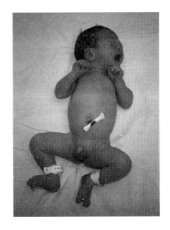

[그림 6-4] 신생아의 굴곡우위의
자세

- 태어나서 처음에는 눈의 초점을 잘 맞추지 못하며, 어떤 경우에는 눈을 제대로 크게 뜨지도 못한다.
- 귀는 외귀의 연골이 아직 발달되지 않은 상태여서 때로 접혀 있거나 약간 틀어진 모양을 하기도 하지만 시간이 지나면서 반듯해진다.
- 콧구멍은 작고, 코로 숨쉬려고 하는 경향이 있어서 숨소리가 다소 크게 들릴 수도 있고, 재채기도 한다.
- 목은 신생아의 뺨이 비교적 통통하고 피부가 접혀 있기 때문에 짧다.
- 성기는 남아와 여아 모두 상대적으로 크고 부어 있다.

(2) 머리

- 두개골은 아직 단단하지 않으며, 머리에는 여섯 개의 숫구멍(천문)이 있다.
- 정수리 부분의 대천문은 위아래로 움직임으로써 두개골이 열려 있는 모습을 보이는데 생후 14~18개월에 닫힌다.
- 머리 뒤쪽에 있는 소천문은 생후 3개월을 전후하여 닫힌다.
- 태어났을 때 머리가 약간 뾰족한 모습을 보이는데 며칠 지나면 정상적인 모습으로 돌아온다.

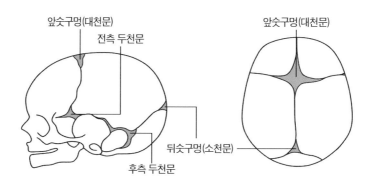

[그림 6-5] 대천문과 소천문의 위치

출처: 조성연 외(2017). 영유아발달, p. 222.

(3) 피부

• 피부는 대단히 얇고, 불그스레하고, 주름지고 탄력성이 부족하며, 솜털이 나 있다.

• 황백색 크림 같은 끈적끈적한 태지로 둘러싸여 있는데, 이는 세균감염을 막기 위한 보호막으로서 자연적으로 마르거나 옷에 묻거나 혹은 씻겨서 없어진다.

• 아시아계 민족과 미국 원주민의 신생아는 등과 엉덩이, 다리 등에 푸른색을 띠는 아반(兒斑) 혹은 몽고반점(Mongolian spot)이 나타나는데, 3세까지는 뚜렷하지만 10세경 사라진다.

• 스스로 체온 조절을 못하므로 체온 조절을 위해 몸을 감싸 주어야 한다.

[그림 6-6] 아반(몽고반점)

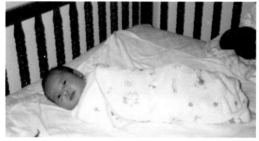
[그림 6-7] 체온 조절을 위해 겉싸개로 몸을 싼 아기

(4) 호흡

• 출생 후 20~30초 안에 첫 울음과 함께 스스로 호흡한다.

• 호흡은 배와 가슴을 이용하는데 불규칙하고 빠르며 얕다.

• 기침, 재채기, 하품은 호흡을 한다는 표시다.

(5) 순환계

• 심장은 출생 후 7~10일 이내에 좌심실과 우심실 사이의 판막이 닫히면서 2주 정도 지나면 폐가 커지고 혈액세포도 2배 정도 늘어난다.

• 맥박은 빠르지만 혈압은 낮다.

(6) 감각

- 감각기관은 모두 발달되어 있는데, 특히 미각과 청각 등은 잘 발달되어 있다.
- 청각은 태내 6개월 정도에 거의 완성된다.
- 시각은 감각기관 중 가장 발달이 더디며, 출생 후 가시거리는 약 20~38cm로 수유 시 어머니나 아버지의 얼굴을 알아볼 정도다.
- 출생 시 눈은 구조적으로 불완전하며 일정 기간 물체에 고정하거나 협응하는 능력도 한정되어 있다(최보현, 2003, pp. 10-11).

(7) 소화와 배설

- 스스로 소화하고 배설하는데 태어난 후 최초 2~3일간은 암녹색의 끈적거리는 타르 비슷한 태변을 본다. 이는 태내기 동안 장에 축적되었던 물질이 배출되는 것이다.
- 대체로 모유수유아의 변이 더 묽고 횟수도 더 많다.
- 대변은 하루에 4~7회 정도, 모유수유아인 경우에는 10~15회까지도 볼 수 있으며, 5~6일간 아예 변을 안 보기도 하는데, 이는 정상이다.
- 소변은 대부분 태어나서 24시간 안에 누며, 하루에 10~20회 정도고 그 양은 적다.

(8) 신생아 체중 감소

신생아는 생후 3일째부터 외부 세계에 대한 적응 등으로 체중이 약간 줄어드는데, 이를 '신생아 체중 감소'라 한다. 이는 태변이나 소변의 배설, 피부 수분의 발산 등이 원인이고, 보통 출생 시 몸무게의 5~10% 정도 감소한다. 7~10일 정도 지나면 출생 시의 체중으로 돌아가고 이후 계속 증가한다.

(9) 신생아 황달

대부분의 신생아는 생후 3~4일이 지나면 피부와 눈의 흰자위가 노랗게 변하는 황달 증상을 나타낸다. 이는 신생아의 간 기능 미숙과 그로 인한 혈액 내의 빌리루

빈(bilirubin) 농도가 상승하면서 생기는데, 일주일 정도 지나면 간 기능이 원활해져 자연스럽게 사라진다. 신생아의 60%, 미숙아의 80% 정도가 출생 후 2~3일 후에 황달이 나타나며, 대개 출생 후 1~2주 내에 사라진다. 대부분은 해가 없는 일시적 현상이지만 신생아 중 약 15%는 처치를 필요로 한다. 신생

[그림 6-8] 신생아 황달을 치료 중인 아기

아 황달을 치료하기 위해 집중광선치료(light therapy)를 실시하기도 한다(조성연 외, 2017, p. 224).

(10) 수면

신생아는 하루에 약 16~18시간 잠을 잔다. 한번 자면 배가 고프거나 신체적으로 불편할 때 등을 제외하고는 거의 깨지 않고 잔다(〈참고 1〉 참조). 수면에는 렘 (Rapid Eye Movement: REM)수면과 비렘(non-REM)수면이 있다. 렘수면은 얕게 꿈을 꾸는 듯한 불규칙한 수면이고, 비렘수면은 깊은 잠을 자는 상태다. 신생아의 수면은 50% 정도가 렘수면이다.

표 6-1 신생아의 상태와 특징

상태	특징
깊은 수면(규칙적 수면)	비렘수면으로 눈을 꼭 감고 몸의 움직임이 거의 없으며, 호흡이 규칙적이고 순조로움
활동적 수면(불규칙적 수면)	렘수면으로 얼굴 표정이 자주 바뀌고, 눈은 감았으나 가끔씩 눈꺼풀 아래로 눈동자가 빠른 움직임을 보이며, 호흡이 불규칙함
조용하게 깨어 있음(졸림)	눈은 뜨고 호흡은 규칙적이지만, 신체적 움직임이 없음
활동적으로 깨어 있음	눈을 뜨고 팔다리를 움직이며, 호흡이 불규칙함
울거나 칭얼대기	눈은 반쯤 또는 완전히 감은 상태며, 울음과 칭얼대는 소리와 함께 심하게 움직임

출처: 박성연, 도현심(2003). 아동발달, p. 108; 조성연 외(2017). 영유아발달, p. 233 재인용.

수면

신체 성장의 대부분은 수면 중에 진행된다. 수면 동안 뇌에서 성장호르몬이 분비되므로 충분한 수면은 신생아와 영아의 발달을 위해 필수적이다. 수면이 부족한 신생아와 영아는 주의력이 산만해져 사고를 당하기 쉽고 심술궂으며 침착하지 못한 성격으로 자라는 등 여러 가지 부작용이 생길 수 있다. 생후 3개월경 영아산통의 시기를 제외하면 약 90%의 영아는 밤에 6~8시간 내처 잠을 잔다. 간혹 깬다 해도 수유 후 바로 잠을 잔다. 또한 신생아와 영아는 밤낮의 구분이 없고 생후 6개월경은 3~4회 낮잠, 생후 6~12개월은 약 2시간씩 하루 2~3회 낮잠을 자는 등 하루에 신생아는 18시간, 생후 12개월의 영아는 13시간을 잔다.

영아를 재울 때 부모가 데리고 자는 것이 좋은지, 따로 재우는 것이 좋은지에 대해서는 찬반이 있다. 영아를 데리고 자는 것에 대해 일부 전문가는 영아가 자면서 끊임없이 움직이기 때문에 자칫 부모가 수면 부족에 시달릴 수 있고, 부부관계도 소원해질 우려가 있으며, 데리고 자는 것이 습관화되면 혼자서 자는 것을 더 어려워할 수도 있기 때문에 반대한다. 브래즐턴(T. B. Brazelton)은 혼자 자면서 독립심을 키우는 것은

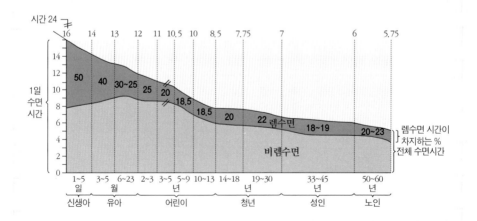

[그림 6-9] 생애주기별 수면시간 중 렘수면이 차지하는 비율

출처: 함기선, 신문균, 최흥식(1997). 신경생리학, pp. 237-268: 조성연 외(2017). 영유아발달, p. 246 재인용.

아기의 의무라고 지적하면서 부모 침대에서 같이 자는 것은 곤란하다고 주장한다. 이러한 심리적 측면 외에도 안전 문제와 관련하여 아기와 부모가 함께 자다 아기가 질식사하는 경우가 있어 이를 반대하기도 한다. 반면, 세 살 이하의 아기가 부모와 함께 자는 것은 태고부터 내려온 풍습이고, 밤중에 수유를 하거나 아기의 요구 사항이 있을 때 즉시 도움을 줄 수 있기 때문에 부모가 아기를 데리고 자는 것이 도움이 된다고 주장하는 사람도 있다. 부모가 아기를 데리고 자는 것이 아기의 독립성을 해친다는 객관적 증거가 없고, 아기 때 부모와 함께 잔 아이가 그렇지 않은 아이에 비해 말썽도 덜 부리고 학업성적도 더 좋다고도 한다. 또한 부모가 아기를 데리고 자면 아기의 상태를 살필 수 있기 때문에 영아 돌연사 증후군을 예방하는 데도 도움이 될 수 있다.

(11) 울음

신생아는 원하는 것과 불편함 등의 모든 의사소통을 울음으로 표현하여 주변 사람에게 알린다. 신생아는 아직 눈물샘이 발달하지 않아 울 때 눈물이 나지 않는데 출생 후 1~1.5개월이 되어서야 눈물이 나온다. 건강한 아기는 하루에 1~4시간 가량 우는데 불만, 통증 등을 나타내는 울음소리는 정상적인 울음소리와 주파수가 달

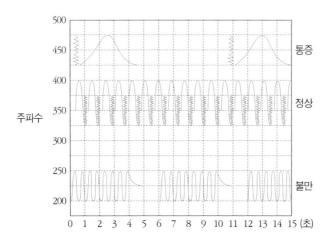

[그림 6-10] 신생아의 울음소리 초당 주파수

출처: 뉴스위크 특별호 한국판 1. (1999. 5. 21.). 귀여운 우리 아기: 태어나서 3세까지 부모가 알아야 할 모든 것, p. 62.

라 이를 통해 부모는 신생아의 요구를 파악할 수 있다. 울음의 의미를 제대로 파악하지 못하는 초보 부모는 신생아의 울음이 가장 큰 스트레스가 될 수 있다.

(12) 반사 행동

신생아는 외부 자극에 대해 여러 가지 반사 행동을 나타낸다. 반사 행동은 신생아와 영아가 성장하면서 점차 사라지는데, 출생 후 3~4개월부터 대부분의 반사 행동이 사라지기 시작한다.

2) 신생아 반사

신생아의 행동은 대부분 불수의적이고 본능적인 반사 행동으로 이루어진다. 반사 행동 중 일부는 신생아의 생존과 직결되고, 일부는 단지 진화된 흔적만을 나타낸다. 이러한 반사 행동은 생후 1년 내 거의 사라지며 의식적인 행동으로 대치된다.

(1) 생존 반사

① 젖 찾기 혹은 먹이 찾기 반사

젖 찾기 반사(rooting reflex)는 손가락으로 뺨을 가볍게 두드리면 그쪽을 향해 입을 벌리고 고개를 돌려 빨려고 하는 것으로 젖꼭지를 찾을 수 있도록 해 준다. 특히 배가 고플 때 아기는 더 자주 이런 행동을 한다. 이 반사는 입을 벌리고 좌우로 두리

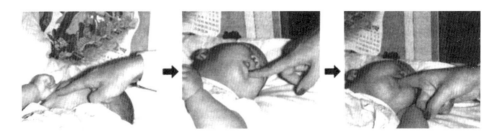

[그림 6-11] 젖 찾기 반사

출처: 김광웅, 방은령(1997). 아동발달, p. 185.

번거리며 무엇인가를 찾으려 하기 때문에 탐지 반사(searching reflex)라고도 한다. 젖 찾기 반사는 영아가 젖꼭지나 젖병을 보다 능숙하게 찾을 수 있을 때까지 수 개월간 지속된다.

② 빨기 반사

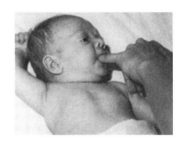

빨기 반사(sucking reflex)는 입에 닿는 것은 무엇이나 빨려고 하는 것으로 반사적인 것은 생후 1년 경 사라지지만 이후부터는 의식적으로 빤다. 이 반사는 젖 찾기 반사, 삼키기 반사 등과 함께 신생아가 젖을 찾는 데 중요한 역할을 한다.

[그림 6–12] 빨기 반사

출처: Gander, M. J., & Gardiner, H. W. (1981). *Child and adolescent development*, p. 114.

③ 위축 반사, 순목(瞬目) 반사

위축 반사(withdrawal reflex) 혹은 수축 반사는 신생아의 발바닥을 건드리면 발을 움츠리고 발가락을 오므리며, 얼른 다리를 빼려고 발버둥치는 것이다. 이는 자신에게 고통스러운 자극이 오면 손발을 치워 자신을 보호하려고 하는 행동이다.

순목 반사(eyeblink reflex)는 밝은 빛을 비추거나 머리 근처에서 손뼉을 치는 등 갑작스러운 자극을 주면 눈을 깜빡거리는 것이다. 이는 강한 자극으로부터 자신을 보호하고자 하는 것으로 평생 지속된다.

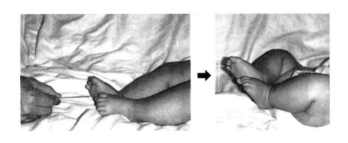

[그림 6–13] 위축 반사

출처: 김광웅, 방은령(1997). 아동발달, p. 186.

④ 기침, 하품, 재채기 반사

기침과 재채기는 공기가 폐로 들어간다는 표시고, 하품은 공기가 갑자기 필요할 때 공기를 들이마시는 것으로서 일종의 반사 행동이다. 이는 평생 지속된다.

(2) 비생존 반사
① 모로 반사

모로 반사(Moro reflex)는 신생아를 평평한 곳에 뉘고 갑자기 큰 소리를 내거나, 머리를 약간 들었다 떨어뜨리면 등이 활처럼 휘고 팔과 다리를 허우적거리며 쫙 벌리고 난 후 팔을 가슴으로 가져가서 껴안는 자세를 취하는 행동을 하는 것으로 생후 5~6개월경 사라진다.

② 바빈스키 반사

바빈스키 반사(Babinski reflex)는 발바닥을 간질이면 발가락을 발등을 향하여 부채 모양으로 쫙 편 후 다시 오므리는 행동을 하는 것으로 생후 8~12개월경 사라진다.

③ 파악 반사

파악 반사(palmar grasp reflex)는 다윈 반사(Darwinian reflex)라고도 하는데, 신생아의 손바닥에 성인의 손가락을 놓고 손바닥을 눌러 주면 자발적으로 성인의 손가락을 움켜잡고 자신의 체중을 실어 매달리는 행동을 하는 것이다. 이는 생후 1주일간 가장 강하게 나타나며, 5~6개월경 사라진다.

④ 걷기 혹은 걸음마 반사

걷기 반사(walking/stepping reflex)는 평평한 바닥에 신생아를 세워 양쪽 겨드랑이를 받쳐 주고 머리를 잘 지지해 주면 마치 걷는 것처럼 한 발씩 교대로 다리와 발을 움직이는 행동을 보이는 것이다. 이것은 신생아가 자발적으로 걷기 위한 준비를 하는 것으로 생후 4일경 가장 분명하게 나타나며, 2개월경 사라진다.

[그림 6-14] 모로 반사

출처: Gaia 의학정보. 2021. 5. 18. 인출.

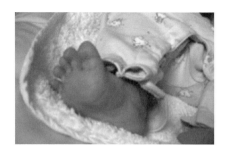

[그림 6-15] 바빈스키 반사

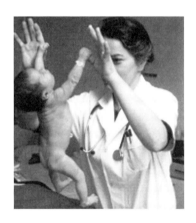

[그림 6-16] 파악 반사

출처: Berk, L. E. (1999). *Infants and children*, p. 150.

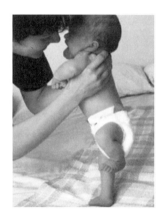

[그림 6-17] 걷기 반사

출처: Berk, L. E. (1999). *Infants and children*, p. 152.

⑤ 수영 반사

수영 반사(swimming reflex)는 아기의 얼굴을 밑으로 하여 물속에 넣으면 팔과 다리를 교대로 움직이고 차기도 하면서 수영하는 것과 같은 자세를 취하는 행동을 보이는 것이다. 이는 공기 중에 아기를 엎어 놓아도 비슷한 행동을 한다. 이는 생후 4~6개월경 사라진다.

⑥ 긴장성 목 반사

긴장성 목 반사(tonic neck reflex)는 아기의 머리를 한쪽으로 돌려 뉘어 놓으면 한쪽 팔은 눈앞으로 뻗고 반대편 팔은 구부리는 것이다. 이 반사를 나타내는 아기의 모습이 마치 펜싱 자세와 유사하다 하여 이를 펜싱 반사(fencing reflex)라고도 하는데 2~3개월경 사라진다.

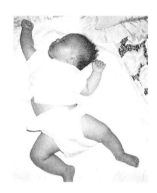

[그림 6-18] 수영 반사   [그림 6-19] 긴장성 목 반사

출처: 블로그(2019. 9. 19.). 2021. 5. 18. 인출.

신생아 반사 행동이 사라지는 개월 수를 그림으로 나타내면 [그림 6-20]과 같다.

	0	1	2	3	4	5	6	7	8	9	10	11	12	(개월)
모로 반사														
걸음마 반사														
젖 찾기 반사														
긴장성 목 반사														
파악 반사														
위축 반사														

[그림 6-20] 반사 행동이 사라지는 개월 수

출처: 뉴스위크 특별호 한국판 1. (1999. 5. 21.). 귀여운 우리 아기: 태어나서 3세까지 부모가 알아야 할 모든 것, p. 20.

3) 신생아 돌보기

신생아가 새로운 환경에 적응하며 발달하려면 다음과 같은 부모의 세심한 주의와 보살핌이 절대적으로 필요하다. 특히 이 시기에 형성되는 부모와 자녀 간의 애착은 매우 중요하다(〈참고 2〉 참조).

- 숨 쉬는 것을 스스로 조절하기 어려워 조금만 움직이거나 울어도 호흡이 빨라지므로 울면 빨리 안정을 찾을 수 있도록 도와준다. 주로 복식호흡을 하므로 배가 눌리지 않도록 무겁고 두꺼운 이불은 피하고, 기저귀를 채울 때도 기저귀가 배꼽 위로 올라오지 않도록 한다.
- 체온 조절이 잘 안 되어 추위와 더위에 약하므로 실내 온도는 20~24℃, 습도는 50~70% 정도로 일정하게 유지한다.
- 하루 중 16시간 이상 잠을 자고, 한번 자면 대개 3~4시간 동안 잔다. 수면 중 상당한 신체 발달이 이루어지므로 편안하게 잠을 잘 수 있도록 해 준다.
- 소화기관이 작아 밤에도 몇 시간마다 수유한다.
- 안을 때 아기는 스스로 목을 가누지 못하고 목 부위가 약하므로 반드시 한 손은 아기의 머리를 받치고, 다른 한 손은 목 밑으로 넣어 아기의 등을 받쳐 안는다.
- 피부가 예민하므로 평소 거즈나 면수건 등으로 신체 각 부분을 깨끗이 닦아 주고, 탯줄이 완전히 떨어질 때까지 배꼽 부위를 매일 소독해 준다.
- 재울 때는 영아 돌연사 증후군을 예방할 수 있도록 반듯이 누워 재운다.
- 외출은 병원에 가야 하는 경우를 제외하고 생후 2주 정도 지난 후에 하고, 너무 춥거나 더운 날씨는 피한다.
- 항상 신선한 공기가 유지되도록 방 안의 공기를 자주 환기시키고, 장미나 백합 등 향이 강한 꽃은 호흡을 방해하므로 실내에 두지 않는다.

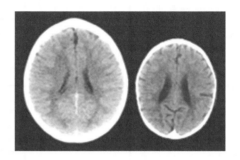

참고 ❷

애착

애착(attachment)은 신생아기와 영아기의 중요한 사회적 발달로서 신생아와 영아가 자신과 가장 가까운 사람과 시간을 두고 형성하는 정서적 유대관계다. 애착은 종족 보존을 위해 주변 환경에 적응하는 데 필요한 긍정적 정서로서 신생아와 영아가 주양육자와 시간과 공간을 초월하여 결속을 도모하는 유대감이다. 신생아와 영아가 부모와 형성한 애착의 질은 이후 발달에 중요한 영향을

[그림 6-21] 애착이 형성된 3세아(좌)와
방임된 3세아(우)의 뇌 비교

출처: 조성연 외(2017). 영유아발달, p. 295.

미친다. 안정된 애착을 형성한 신생아와 영아는 사람에 대한 신뢰감이나 자신감, 호기심, 타인과의 관계에서 긍정적 태도를 보이고, 문제 행동도 덜 나타낸다. 그러나 애착 형성이 안 된 신생아와 영아는 뇌 발달이 제대로 이루어지지 못할 뿐만 아니라 신체 성장에도 부정적 영향을 미친다. 애착은 몇 가지 유형이 있다.

표 6-2　애착 유형별 행동 특징

구분	안정 애착 (secure attachment)	회피 애착 (avoidant attachment)	저항 애착 (resistant attachment)	혼란 애착 (disorganized attachment)
미국 표집 비율(%)	60	15	10	15
일반적인 영아 상태	안정적, 탐색적, 행복함	탐색적이지 않고, 정서적으로 거리감이 있음	불안함, 불안정감, 분노	우울, 분노, 완전한 수동성, 반응 없음
영아의 신호와 요구에 대한 양육자 반응	빠름, 민감함, 일관됨	거리감이 있고 개입하지 않음	비일관적임, 민감했다가 무시했다가 함	산만함, 두려움, 위협, 강요
영아가 행동하는 이유	신뢰감, 요구를 들어줄 것이라 믿음	잠재의식 속에 자신의 요구를 들어주지 않을 것이라 믿음	요구를 들어줄 것이라 기대할 수 없음	요구를 얻어 낼 전략이 없는 매우 혼란스러운 상태임

출처: Berk, L. E. (2013). *Child development*, pp. 430-431.

(1) 목욕시키기

목욕은 아기 피부를 깨끗하게 해 주고, 혈액순환과 숙면에 도움을 준다. 목욕은 아기의 피부 상태, 활동량과 날씨에 따라 횟수를 달리 하지만 신생아는 대체로 하루에 한 번 정도 목욕한다. 그러나 신생아가 예방접종을 한 날, 열이 있거나 감기에 걸려 기침을 하거나 토할 때, 코가 막히고 잘 먹지 않을 때, 설사할 때 등은 목욕을 하지 않는 것이 좋다.

목욕하는 시간은 수유 전이 좋고, 밤에 잠을 잘 자지 않는 경우에는 잠자기 전이 좋다. 목욕을 할 때는 아기 옷과 기저귀, 각종 목욕용품 등을 미리 준비한 후 실내 온도는 24~27℃ 정도를 유지하고, 목욕 물은 약 38~40℃가 되게 한다. 목욕 물의 온도는 찬물을 먼저 욕조에 부은 후에 뜨거운 물을 부어 섞으면서 조절하고, 목욕 물의 양은 욕조 높이의 1/3 정도(10cm 이내)가 되게 한다. 목욕 시간은 5~10분 정도가 적당하다.

목욕 후 신생아는 10일에서 3주 정도 탯줄과 그 부위를 소독한다. 또한 피부 보호를 위해 몸에 로션이나 크림, 오일 등을 발라 주기도 하며, 땀띠, 기저귀 발진이나 습진 등을 예방하기 위하여 몸의 접히는 부분이나 겨드랑이, 목 주위 등에 파우더를 골고루 펴 바른다.

[그림 6-22] 목욕 침대에 누워 있는 아기

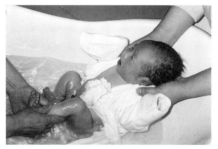

[그림 6-23] 아기 목욕시키기

(2) 기저귀 갈기

기저귀는 항상 표면이 반듯한 곳에서 새 기저귀와 물휴지 등을 준비한 후 한 손으

로 아기의 두 발목이 서로 압박당하지 않도록 손가
락 하나를 사이에 끼운 후 잡고 갈아 준다. 남아는
기저귀를 가는 동안 소변을 누기도 하므로 기저귀
를 갈 때까지 미리 부드러운 천을 아기의 성기 위
에 올려 두고 가는 것이 좋다. 천 기저귀를 사용할
때는 기저귀 커버를 덧입히는데, 이는 기저귀보다
1cm쯤 위로 오게 한다. 천 기저귀인 경우 남아는
앞부분을, 여아는 뒷부분을 두껍게 하고 너무 세게
조이지 않도록 한다. 기저귀를 갈 때마다 살이 접

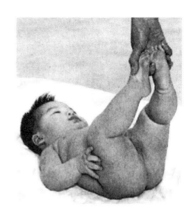

[그림 6-24] 기저귀 갈 때의 자세

히는 부위와 엉덩이, 성기 주변을 따뜻한 물로 씻어 주며, 여아의 경우에는 반드시
앞에서 뒤로 닦아 준다.

(3) 체온 측정

아기의 체온은 하루 중 오후 5~7시가 가장 높고, 오전 2~6시가 가장 낮다. 그러
므로 체온 측정 시 아기에게 열이 있을 때는 이 시간대를 피하여 측정한다. 신생아의
평균 체온은 37.5℃므로 대개 38℃는 되어야 열이 있는 것으로 간주한다. 신생아의
체온 측정은 항문으로 재는 직장체온(rectal temperature)이 가장 정확하다. 직장체온
측정 시 체온계는 아기의 항문에서 5cm 정도 삽입하며, 사용한 체온계는 반드시 소

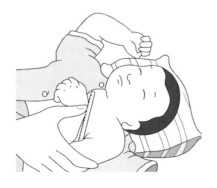

[그림 6-25] 겨드랑이 체온 재는 방법

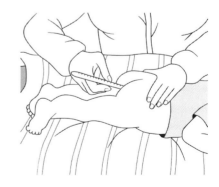

[그림 6-26] 직장체온 재는 방법

독해야 한다. 직장체온은 대개 입안에서 측정한 체온보다 0.5℃ 정도, 겨드랑이에서 측정한 체온보다는 0.5~1.0℃ 정도 더 높다. 겨드랑이에서 체온을 측정할 때는 겨드 랑이의 땀을 잘 닦은 후, 10~15분쯤 겨드랑이에 끼운 체온계가 빠지지 않도록 잘 잡 고 잰다. 항문이나 입으로 잴 때는 3~5분 정도면 된다.

⑷ 병원 가기

초보 부모는 아기가 조금만 이상해도 놀라거나 당황하는 경우가 많다. 주의해야 할 아기의 위험 신호는 열이 날 때, 젖을 먹으려 하지 않을 때, 설사나 구토, 콧물이 흐르거나 기침을 할 때, 생후 1주일이 지났음에도 계속 검은 변이 나올 때, 발진이 있을 때, 손발에 경련을 일으키고 경기를 할 때, 황달이 1~2주 이내에 없어지지 않 고 계속될 때, 생리적 체중 감소의 시기를 지나서도 체중이 늘지 않을 때, 피부가 창 백하고 손발이 차며 숨소리가 거칠게 날 때, 어디가 아픈 듯 계속 보챌 때 등이다. 이런 경우에는 아기를 데리고 병원에 가야 하는데 진료를 잘 받으려면 다음과 같은 몇 가지 사항을 확인한다.

- 평상시 아기를 돌보면서 증상을 잘 아는 사람과 함께 가는 것이 좋다. 그렇지 못 할 경우에는 아기의 증상과 체온 등에 대한 내용을 메모하여 건강보험카드, 진 찰권, 예방접종 카드 등을 지참하고 병원에 간다.
- 위아래가 붙은 옷은 벗기기가 번거롭고 세심한 진찰을 받기 어려우므로 쉽게 벗 기고 입힐 수 있는 옷을 입힌다.
- 병원에 얼마나 오래 머무를지 알 수 없으므로 모유수유가 아니라면 여분의 영아 용 조제유와 기저귀 등을 준비한다.
- 진료 중에 구토하거나 울다가 먹은 것이 기관지로 들어갈 위험이 있으므로 진찰 받기 전에는 수유하지 않는다.
- 설사나 구토를 하는 경우 그 양상과 횟수를 정확하게 설명하고, 설사한 기저귀 나 분비물을 가지고 간다.

(5) 약 먹이기

아기에게 약을 먹이는 일은 쉽지 않아 초보 부모는 한두 번 약을 그냥 버리는 경험을 하게 된다. 부모는 아기에게 약을 먹일 때 아기의 코를 잡고 먹이는 등의 강제적인 방법으로 투약하지 않도록 주의한다. 간혹 약을 영아용 조제유에 섞어 먹이기도 하는데, 잘못하면 약으로 인해 영아용 조제유의 맛이 이상해져 이후부터 영아용 조제유를 먹으려 하지 않을 수도 있으므로 주의한다. 약을 10여 분에 걸쳐 조금씩 나누어 먹일 수도 있는데, 이 방법은 잘 토하는 아기에게 효과가 있다.

4) 신생아에게 흔한 증상

(1) 딸꾹질

신생아는 수유 후나 목욕 후에 딸꾹질을 자주 하는데 이는 신경과 근육이 미숙하고 수유 후 위가 늘어났기 때문으로 수개월간 지속된다. 대체로 딸꾹질은 특별한 처치를 하지 않고 그대로 내버려 두거나, 보리찻물을 조금 주거나, 잠깐 젖꼭지를 물리거나 울리면 멈춘다. 그러나 한 시간 이상 계속 딸꾹질을 하면 병원에 간다.

(2) 구토

신생아의 위는 수직위어서 수유 후에 종종 토한다. 그러나 신생아가 감기와 같이 열나는 질환에 걸렸거나, 과식으로 위가 늘어났거나 소화불량이거나, 공기를 많이 들이마셨거나, 심인성 등을 원인으로 토하기도 한다. 아기가 토할 때는 앉히든지 옆으로 눕히면서 토하는 내용물이 기도로 들어가지 않도록 해 주고, 계속 토한다면 즉시 의사의 진찰을 받는다. 구토를 예방하기 위해서는 아기를 비스듬히 안아서 수유하며, 수유 후에는 반드시 트림을 시키고, 30분 이상 지난 후에 눕힌다.

(3) 변비

변비는 변을 오랫동안 못 보거나 딱딱한 변을 보는 것인데 대개 먹는 것과 밀접한 관계가 있다. 신생아는 모유가 부족하거나 영아용 조제유를 적게 먹게 되면 변비가 생길 수 있는데, 이때는 영아용 조제유를 약간 진하게 먹여 장을 활성화시킬 수 있도록 해 주면 없어지기도 한다. 모유수유보다 영아용 조제유를 먹이는 경우에 변비가 더 잘 생긴다. 하루에 서너 번 변을 보는 아기도 있지만 일주일씩 변을 보지 않는 아기도 있다. 변비를 판단하는 기준은 변을 보는 횟수보다 아기와 변의 상태가 더 중요하다. 변을 보는 횟수가 적더라도 아기가 변을 볼 때 힘들어하지 않고 변이 너무 딱딱하지 않으면 안심해도 된다. 하지만 변이 검거나 피가 섞여 나오거나 항문이 찢어져 피가 나오는 등의 심각한 경우에는 병원에 가서 정확한 진단을 받는다.

⑷ 기저귀 발진

아기는 기저귀를 뗄 때까지 평균 4,000번 이상 기저귀를 간다. 기저귀 발진(diaper rash)은 기저귀 채우는 부위의 피부가 빨갛게 되면서 심하면 피부가 벗겨지고 짓무르게 되는 증상이다. 기저귀 발진은 대변과 소변의 자극이 있거나 공기가 잘 통하지 않는 경우, 캔디다 알비칸스와 같은 곰팡이균에 감염되는 것이 주 원인이다(한국병원 의학상식, 2021. 5. 18. 인출). 그러므로 이를 예방하기 위해서는 아기의 피부를 항상 건조하고 청결하게 유지하고, 공기가 잘 통하게 해 준다.

⑸ 영아산통

영아산통(infantile colic)은 배앓이라고도 하는데 신생아가 별다른 이유 없이 신체에 병이 없는 데도 발작적으로 심하게 우는 증상이다. 영아산통은 아무리 달래도 울음을 그치지 않고 하루 3시간, 최소 한 주 동안 3회 이상 발생할 때로 정의한다(삼성 서울병원 소아청소년과, 2021. 5. 18. 인출). 특히 영아산통은 주로 늦은 밤에 발생하는 경우가 많고, 그 원인은 아직 밝혀지지 않았지만 소화기계가 미숙하여 발생한다고 본다. 이는 생후 3~4개월경에 아무런 합병증 없이 사라진다.

5) 육아 노이로제

대부분의 초보 부모는 아기가 조금만 이상해도 과민 반응을 보여 즉시 병원을 찾는 경향이 있다. 이런 과민 반응은 초보 부모에게 스트레스가 되어 육아 노이로제로 나타난다. 육아 노이로제는 처음에는 두통이나 불안감에 시달리다가 아기가 5일 정도 계속 아프면 무력감 때문에 드러눕기까지 하며, 심한 경우 불면증에 시달리기도 하는 증상이다. 특히 부모가 신경질적이거나 준비가 안 된 상태에서 부모가 되면 육아 노이로제에 더 걸리기 쉽다. 그러므로 처음부터 100점 만점의 부모가 되려고 하지 말고 70점 정도의 부모로서 만족하려는 좀 더 여유로운 생각을 하면 육아 노이로제는 쉽게 해결될 수 있다. 또한 아기를 키우고 돌보는 데 어려움이 있으면 이웃이나 친척의 도움과 협조를 구하고 육아전문기관이나 클리닉을 방문하여 자문을 구하는 것도 도움이 된다. 육아 노이로제에서 벗어나려면 무엇보다 자녀를 완벽하게 키우려는 마음을 버리는 것이 가장 중요하다.

3. 개월별 영아 발달과 부모 역할

생후 1년 동안 영아는 태어난 후의 다른 어느 시기보다 빠르게 성장하므로 부모는 발달에 대한 기본적 이해를 통해 영아에게 적절한 자극을 제공해 주도록 노력한다.

1) 1개월

(1) 대·소근육 발달
- 성인에 비해 심장박동 수나 호흡 수가 빠르고 복식호흡을 한다.
- 피부는 얇고 불그스레하며 탄력성이 부족하고 가늘고 부드러운 털이 나 있다.
- 생후 1주일경 배꼽이 떨어져 아문다.
- 손발이 불수의적으로 움직이며, 방향성이 없고, 주먹을 입으로 가져가 빨기도 하며, 발로 바닥을 밀 수 있고, 늘 주먹을 꽉 쥐고 있다.
- 여러 가지 반사 행동을 한다.
- 바닥에 엎드려 누이면 머리를 약간 들 수 있으나 머리를 가누지는 못한다.

• 젖 먹는 시간 외에 대부분 시간 동안 잠을 잔다.

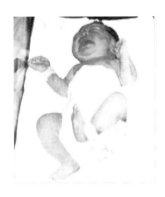

[그림 6-27] 생후 1일 된 아기

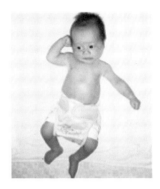

[그림 6-28] 생후 15일 된 아기

(2) 감각 발달

• 청각은 완전히 발달해 있으나 아직 속삭이는 정도의 낮은 소리는 듣지 못한다. 특히 사람 소리에 가장 민감하게 반응하고, 어머니의 목소리를 구별할 수 있으며, 생후 일주일 정도가 되면 큰 소리에 반응하기도 한다.
• 시각은 발달해 있으나 가시거리가 20~38cm 정도에 불과하여 가까이 있는 물체만을 식별한다. 명암과 색을 구별하지는 못하고, 1개월 말경 밝고 어두운 것을 구별하며, 한 물체에 시선을 고정하거나 초점을 잘 맞추지 못한다.
• 미각은 출생 시 거의 완전하게 발달해 있다.
• 후각이 발달해 있어 강한 냄새를 맡으면 얼굴을 찡그리며 고개를 돌린다.
• 촉각이 발달해 있어 안아 주거나 쓰다듬어 주면 안정된다.
• 통각이 발달해 있어 자극이 오면 움츠린다.
• 눈물샘이 발달해 있지 않아 울어도 눈물이 나지 않는다.

(3) 언어, 인지, 정서 · 사회성 발달

• 모든 의사소통이나 느낌을 울음으로 표현한다.
• 외부 소리와 사람 음성에 반응한다.

• 의미 있는 작은 소리를 내며, 사람의 얼굴을 보거나 목소리를 들으면 미소 짓는다.

(4) 부모 역할

• 황달이 10일 이상 지속되면 의사의 진찰을 받는다.

• 태어난 지 한 달이 되면 정기 건강검진을 받고 산모도 산후검진을 받는다.

• 목욕은 1일 1회 실시한다.

• 신생아 스스로 체온 조절을 못하므로 온도에 적합한 옷을 입혀 준다.

• 여름철에는 땀을 많이 흘리므로 물수건으로 자주 닦아 주고, 땀띠가 나지 않도록 파우더를 발라 준다.

• 겨울에는 방 안의 온도를 잘 조절하고 환기를 자주 한다.

• 손톱이 빨리 자라므로 손싸개를 해 준다.

• 기저귀, 의복 등이 피부를 자극하여 피부에 손상을 주지 않도록 제때 갈아 준다.

• 병에 대한 저항력이 약하므로 외부 출입을 자제하고, 1개월 말경부터 외기욕이나 일광욕을 시작한다.

[그림 6-29] 손싸개를 한 1개월 된 아기

• 주기적으로 체온을 재서 평상시보다 높으면 의사의 진찰을 받는다.

• 아기에게 책을 읽어 주거나 아기와 계속 이야기를 나눈다.

참고 ❸

일광욕

아기의 체중이 5kg 정도 되면 뼈와 잇몸의 발달에 절대 필요한 비타민 D의 피부 내 생성을 촉진하기 위해 일광욕을 시작한다.

• 팔과 다리부터 시작하여 점차 앞가슴과 등 전체에 실시한다.

- 아기의 피부는 약하기 때문에 자외선이 강한 오전 11시부터 오후 3시 사이는 피한다.
- 가능한 한 직사광선은 피하고 옅은 그늘에서 시킨다.
- 처음에는 하루 3분에서 시작하여 30분 정도까지 시간을 늘린다.
- 더운 여름이나 아기의 몸이 불편할 때는 피하는 것이 좋고, 겨울에는 감기에 걸리지 않도록 주의한다.

표 6-3 일광욕 신체 부위와 실시 시간 및 기간

단계	신체	시간	기간
1	발	약 3분	3~4일
2	무릎부터 아래	3~5분	3~4일
3	다리 전체	3~5분	3~4일
4	배부터 아래	3~5분	3~4일
5	가슴부터 아래	3~5분	3~4일
6	목부터 아래	3~5분	3~4일
7	목부터 아래와 등	5~10분	3~4일
8	목부터 아래와 등	10~20분	3~4일
9	목부터 아래와 등	20~30분	이후 계속

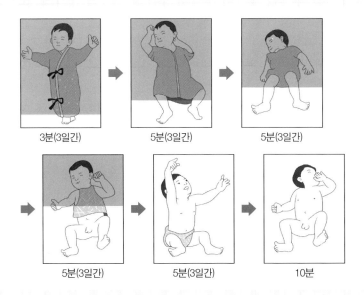

3분(3일간) 5분(3일간) 5분(3일간)

5분(3일간) 5분(3일간) 10분

[그림 6-30] 일광욕 실시 방법

2) 2개월

(1) 대·소근육 발달

- 머리, 어깨를 들고, 세워 안으면 머리를 똑바로 든다. 성장이 빠른 아기는 목 가누기를 한다.
- 하루 대부분의 시간 동안 잠을 잔다.
- 손에 있는 장난감을 잡을 수 있고 부분적으로 손을 편다.
- 주먹을 조심스럽게 쥐었다 폈다 하며, 주먹을 쥔 채로 입에 넣으려 한다.
- 안쪽으로 구부리고 있던 다리를 곧게 펴기 시작한다.

(2) 감각 발달

- 소리가 나는 방향으로 얼굴을 돌리며 물건을 보려 한다.
- 강한 색채, 가까운 빛을 볼 수 있어 장난감을 눈앞에서 흔들면 물체를 따라 눈동자를 움직인다.
- 사람 얼굴 처다보기를 좋아한다.

[그림 6-31]
소리 나는 쪽으로
눈동자를 움직이는
2개월 된 아기

(3) 언어, 인지, 정서·사회성 발달

- 다른 사람의 미소에 반응한다.
- 말하는 사람을 처다보고 미소 짓는다. '우~, 아~'와 같은 모음에 가까운 소리를 내기 시작한다.
- 울면 안아 준다는 등의 간단한 연상을 하기 시작한다.
- 낮과 밤을 구별하지 못한다.

(4) 부모 역할

- 안아 주는 것은 좋지만 울 때마다 안아 주면 습관이 될 수 있다. 특히 아기가 보채고 울 때 너무 세게 아기를 흔들면 흔들린 아기 증후군이 나타날 수 있으므로 주의한다.

- 밤중에 수유하는 것을 그만둔다.
- 땀구멍이 발달해 땀을 흘리므로 습진이 발생할 수 있어 피부 청결에 주의한다.
- 외부 온도가 영상일 때에는 15~30분간 신선한 공기나 햇볕을 쏘이는 외기욕과 일광욕을 하여 피부를 건강하게 단련시킨다.

참고 **4**

흔들린 아기 증후군

　　흔들린 아기 증후군(Shaken Baby Syndrome: SBS) 혹은 난폭증후군은 영아의 머리를 심하게 흔들면 목 근육이 약해 고정이 어려운 영아의 뇌가 두개골에 부딪혀 뇌출혈을 일으키거나 눈의 망막에 출혈이 생겨 심하면 사망하게 되는 것이다. 이는 미국에서 1974년에 처음으로 규정된 증후군으로서 미국에서는 아동학대로 분류되어 있다. 이 증후군은 영아가 생후 2~4개월일 때 가장 위험하고, 주로 울 때 발생한다. 특히 이 증후군이 잘 나타나는 시기가 영아 산통이 발생하는 시기와 일치하기 때문에 영아의 자연스러운 발달상의 문제가 자칫 사망으로 이어지지 않도록 조심한다. 이 증후군을 예방하기 위해 부모는 다음과 같은 점을 주의한다.

- 장시간 영아를 차에 태우지 않도록 하고, 장시간 영아를 차에 태워야 하는 경우에는 운전을 조심하고, 자주 차를 세워 휴식을 취한다.
- 아기를 달랠 때 양육자나 부모가 자제력을 잃고 있다고 생각되면 즉시 영아를 다른 사람에게 맡기고, 아기를 지나치게 흔들어 달래지 않는다.
- 아기를 업거나 무등을 태운 채 운동하는 등의 행동을 하지 않는다.

3) 3개월

(1) 대 · 소근육 발달

- 반짝이거나 움직이는 물건이 있으면 손을 뻗어 잡으려 한다.
- 머리를 안전하게 똑바로 들 수 있다.

- 딱딱한 표면에 발이 닿도록 세우면 발로 힘
  차게 바닥을 민다.
- 엎어 놓으면 머리와 가슴을 들어 올리려 한다.
- 두 눈동자가 하나의 대상에 초점을 맞출 수
  있다.

[그림 6-32] 머리와 가슴을 들어
올리려는 3개월 된 아기

(2) 감각 발달

- 얼굴 앞에서 물체를 위에서 아래로 수직으로 움직일 때 수직 추시가 가능하고, 가
  시거리가 향상되어 120cm 내에 있는 사람이나 물건을 볼 수 있다.
- 위험한 물체가 닿으면 눈을 깜박인다.

(3) 언어, 인지, 정서 · 사회성 발달

- 눈물샘이 발달하여 울면 눈물이 난다.
- 다른 사람의 말을 들으면 소리 내어 즐거움을 표시하며 웃기도 한다.
- 거울에 비친 자신의 모습을 보고 반응한다.
- 수유 중 부모 목소리에 반응한다.
- 언어 발달의 초기 단계인 끙끙거리기(cooing)를 한다.

참고 5

영아의 언어 발달

세상에 막 태어난 아기는 울음으로 욕구를 표현하며 의사소통한다. 이는 월령이 증
가하면서 분화되어 언어를 사용하게 되는데 일련의 발달단계를 거친다.

- 2개월경 끙끙대기 시작하는 모음으로 된 소리, 숨 쉴 때 호흡에 맞추어 내는 소리
  인 쿠잉을 한다.
- 3개월경 모음과 자음이 합쳐진 소리로 일종의 놀이며 발성 연습의 효과인 옹알이

(babbling)를 한다.
- 6개월경 자기 소리를 모방하면서 우연히 자신이 낸 소리를 계속 반복한다.
- 9개월경 주변 사람이 낸 소리를 의도적으로 모방하는 반향어를 하면서 타인의 소리를 모방한다.
- 12개월경 한 단어 문장(일어문)을 사용할 수 있다. 이는 하나의 단어로 자신의 생각이나 기분을 표현하는데 영아는 한 단어를 과잉 확대해서 모든 의사 표현에 적용한다.
- 2세 전후로 전보식 또는 전문식 언어인 두 단어 문장(이어문)을 사용하는데 200~300개 이상의 어휘를 사용할 수 있게 되면서 두 개의 단어를 조합하고 언어를 모방하는 능력이 빠르게 발달한다.

(4) 부모 역할

- 아기가 볼 수 있도록 모빌 등의 움직이는 장난감을 매달아 줄 수 있는데 이때 바람이 잘 통하여 움직일 수 있도록 설치한다.
- 깨어 있는 시간이 길어지므로 아기에게 다정한 목소리로 이야기하거나 스킨십을 자주 하여 아기가 정서적으로 안정된 느낌을 갖게 한다.
- 가능한 한 사람이 많은 곳이나 장시간의 외출은 피한다.
- 1일 5회 정도 수유한다.
- 직장이 있는 양육자는 「근로기준법」에 따른 출산휴가의 법적 휴가 기간인 90일이 끝나는 때이므로 아기를 돌봐 줄 수 있는 양육자나 양육기관을 알아본다.

참고 6

양육기관·양육자 선택

직장이 있는 부모는 산전·후 90일의 공식적인 출산휴가 기간이 끝나면 직장에 복귀해야 한다. 이를 위해 부모는 아기를 안심하고 맡길 수 있는 사람이나 장소를 알아보고 결정해야 한다. 우리나라는 주로 조부모나 친척이 돌봐 주거나 베이비시터를 고용하여 양육을 의뢰하는 경우가 많다. 이러한 양육자를 구하지 못하는 경우에는 영아전담어린이집을 선택할 수 있다. 어린이집을 선택하기 위해 부모는 직장이나 집 근처의 어린이집을 직접 방문하여 다음과 같은 여러 가지 기본 사항을 꼼꼼하게 살펴보고 결정해야 한다.

- 연령이 어린 영아일수록 양육자와의 정서적 유대관계 형성이 중요하므로 어린이집을 몇 차례 방문하여 교사가 영아와 직접 상호작용하는 상황을 관찰한다.
- 교사가 가정과 같은 분위기로 영아를 돌봐 주고 있는지 살펴본다. 교사가 사용하는 언어의 양과 수준이 양질의 교사-영아 상호작용에 중요한 요소이므로 부모는 교사가 깨어 있는 영아에게 끊임없이 올바른 언어로 이야기하는지 살펴본다.
- 자격을 갖춘 어린이집 교사인지 확인한다. 어린이집의 교사가 아동학이나 유아교육 및 이와 관련된 전공을 하였는지, 믿을 수 있는 기관에서 정규 교육을 받아 국가자격증을 취득했는지 등에 대해 살펴본다. 어린이집은 평가제를 통과한 기관인지 확인한다.
- 교사 대 영아비가 법정 기준을 준수하고 있는지 살펴본다. 「영유아보육법」에 의하면 교사 대 영아비는 0세 1:3, 1세 1:5이므로 한 명의 교사가 몇 명의 영아를 전담하고 있는지 확인한다.
- 영아를 위한 편의시설, 즉 기저귀 갈이대, 잠자는 곳, 수유 공간 등이 잘 갖추어져 있고 청결한지, 영아반이 1층에 있는지 등을 확인한다.
- 영아가 머무는 공간이 청결하고, 안전하며, 주변의 소음으로 소란스럽지 않고, 제공되는 장난감도 깨끗한 상태를 유지하고 있는지 살펴본다.
- 영아에게 제공되는 영아용 조제유나 이유식 관리 상태가 청결한지 확인한다.

4) 4개월

(1) 대·소근육 발달

- 앉아 있을 때 머리를 똑바로 들며 엎드려 놓으면 고개를 든다.
- 상체와 팔의 힘이 강해져 엎드려 있을 때 머리를 높이 들고 주변을 두리번거린다.
- 어른이 받쳐 주면 앉는다.

- 목을 가눌 수 있게 되어 머리를 가눈다.
- 침을 흘리기 시작한다.
- 반듯하게 누워 있다가 스스로 뒤집거나 옆으로 돌릴 수 있다.
- 무릎 위에 세워 놓으면 발딱발딱 뛰기 시작한다.
- 양손으로 물건을 잡으며 두 손을 함께 꽉 쥐거나 손과 손가락을 보며 논다.

[그림 6-33] 엎드려 머리를 드는
4개월 된 아기

(2) 감각 발달

- 손에 있는 장난감을 응시하고 입으로 가져간다.
- 손가락이나 공갈 젖꼭지를 빨면서 만족감을 얻으려 한다.
- 색깔과 거리의 차이를 구별하고 깊이도 인식한다.

(3) 언어, 인지, 정서 · 사회성 발달

- 미소를 지으면 반응하고, 계속 옹알이를 한다.
- 사람과 함께 있는 것을 좋아하고 큰 소리로 웃는다.
- 자기를 돌봐 주는 사람에게 강한 애착을 형성하면서 어머니를 알아본다.
- 낯선 사람이나 장소를 인식한다.
- 물건이 없어지면 그 지점에서만 물건을 찾는다.
- 장난감을 주면 손을 내밀어 붙잡고 흔들고 돌린다.

(4) 부모 역할

- 오후 10시쯤 수유하면 오전 6시까지 내쳐 자는 경우가 많고, 오전과 오후에 1~2시간씩 낮잠을 잔다.
- 과즙이나 곡물로 된 이유식을 소량 제공해 주어 아기의 상태를 관찰하면서 천천히 이유식을 시도해 본다.

- 이가 날 준비로 침 분비가 많아지므로 턱
받이를 해 준다.
- 손에 잡을 수 있는 크기의 장난감을 준다.
- 하루에 한 번 잠깐 산책하면서 신선한 공
기와 햇볕을 쐬어 준다.
- 옹알이를 많이 하므로 언어 발달을 위해
다양한 소리 자극을 제공해 준다.

[그림 6–34] 4개월 된 아기와 이야기하는
어머니

- 면역력이 조금씩 떨어져 감기에 걸릴 수 있으므로 주의한다.

5) 5개월

(1) 대 · 소근육 발달

- 목을 자유롭게 움직인다.
- 몸을 지지해 주거나 쿠션을 대 주면 혼자 앉는다.
- 손을 잡아 일으켜 주면 어깨에 힘을 주어 일
어나려고 한다.
- 손바닥에 물건을 놓으면 완전히 쥘 수 있다.
- 어른의 무릎 위에 앉아서 물건을 집는다.
- 한 손에서 다른 손으로 물건을 옮긴다.
- 엎어 놓으면 목을 번쩍 든다.

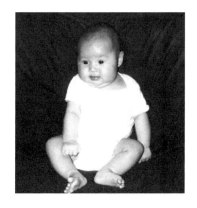

[그림 6–35] 쿠션을 대 주어 혼자
앉아 있는 5개월 된 아기

- 누워 있을 때 손으로 발을 붙잡아 입으로 가져간다.

(2) 감각 발달

- 땀을 많이 흘린다.

(3) 언어, 인지, 정서 · 사회성 발달

- 가지고 놀던 장난감이나 물건이 없어지면 불쾌한 감정이 드러나는 소리를 낸다.

- 변덕이 심하고 낯선 사람이 다가오면 발길질을 하고 옹알거리며 놀던 소리도 멈춘다.
- 다른 사람과 어머니의 얼굴을 구분하고, 어머니에게 더 오래 반응한다.
- 사물을 가지고 놀며 탐색하고, 성인이 주시하면 행동을 반복한다.
- 얼러 주면 반응하고, 기분이 좋으면 소리 내며 웃는다.
- 다른 사람의 입을 유심히 바라보며 억양을 흉내 내려 한다. '가, 다, 무, 우, 오'와 같은 소리를 사용하며, 친숙한 소리를 모방한다.

(4) 부모 역할

- 몸무게가 7kg 이상 되면 이유식을 시작한다. 1일 5회에 걸쳐 수유하고, 하루에 한 번 오전 중에 이유식을 주는데 알레르기가 나타나는지 살펴보면서 실시한다.
- 본격적으로 외기욕을 실시하여 피부를 단련시키고, 외부 자극에 대한 저항력을 길러 준다.
- 낮잠은 하루 두 번 정도 재우고, 밤에는 깨지 않고 잘 수 있도록 한다.

6) 6개월

(1) 대 · 소근육 발달

- 두위와 흉위가 비슷해진다.
- 치아가 나기 시작하여 아래 앞니 두 개가 나온다.
- 양손을 사용하여 두 개의 물건을 쥘 수 있다.
- 영아용 의자(high-chair)에 앉아 자기 팔이 닿는 거리에 놓인 물건까지 팔을 뻗을 수 있다.
- 혼자 앉을 수 있고, 기기 시작한다.

[그림 6-36] 기어 다니며 노는 6개월 된 아기

• 수유 후에는 1시간 정도 몸을 움직이며 논다.

(2) 감각 발달

• 이가 나면서 잇몸이 가려워 보채거나 침을 많이 흘리고 손을 자꾸 입에 넣기도 한다.
• 가시거리가 늘어나 3m 정도의 거리에 있는 물체를 볼 수 있으며, 물체의 뒤에 있는 것까지 자세히 볼 수 있다.

(3) 언어, 인지, 정서 · 사회성 발달

• 여러 개의 분명한 음절을 소리 내며 옹알거린다.
• 기쁘면 큰 소리를 낸다.
• 아픈 부위를 알기 시작한다.
• 입 모양을 바꿔 가며 새로운 소리를 낸다.
• 원인과 결과를 인식한다.
• 부분적으로 숨겨져 있는 물건을 찾아낼 수 있다.
• 공포심을 느끼고, 낯선 사람을 구별하면서 낯가림을 한다.

참고 ❼

낯가림

낯가림(stranger anxiety)은 영아가 부모와 애착이 형성되었다는 것을 나타내 주는 표시로서, 애착을 형성한 영아가 낯선 사람이 다가오거나 안으려 할 때 이를 회피하여 큰 소리로 우는 불안 반응이다. 이는 영아가 양육자와 낯선 사람을 구분할 수 있다는 발달적 증거이기도 하다. 낯가림은 6~8개월에 시작하여 1세경 최고조에 달한 후 점차 감소한다. 낯가림은 모든 영아에게 나타나는 보편적 현상은 아니며, 나타나는 시기도 영아에 따라 다양하다(장휘숙, 1997, p. 219). 낯선 사람에 대한 영아의 반응은 부모나 양육자가 얼마나 가까이 있고, 낯선 사람이 얼마나 가까이 접근해 오는지, 영아가 낯선 사람과 접촉한 경험이 얼마나 많은지 등에 따라 영향을 받는다. 낯가림을 줄이기 위해 부모는 다음과 같은 몇 가지 방법을 사용해 볼 수 있다.

- 영아를 놀라게 하지 말고 시간적 여유를 가지고 아기가 천천히 낯선 사람에게 익숙해지도록 한다.
- 영아에게 접근할 때는 영아의 주변을 서서히 맴돌다가 접근한다.
- 영아가 호기심으로 가까이 올 때까지 기다린다.
- 평소 영아가 낯선 사람과 만날 수 있는 기회를 자주 만든다.

(4) 부모 역할

- 영아의 말을 반복하거나 유아어를 사용하지 말고, 될 수 있는 한 어른이 사용하는 말을 한다.
- 영아가 낯선 사람, 낯선 곳에 민감한 반응을 보이면 낯선 사람에게 익숙해질 때까지 거리를 둔다. 특히 낯선 곳에서 영아가 놀라지 않도록 주의한다.
- 이동 능력이 발달하여 영아가 마음대로 이동할 수 있으므로 주변을 깨끗이 하고, 영아의 손이 닿는 곳에 위험한 물건을 두지 않으며 늘 주의 깊게 영아를 관찰한다.
- 혼자서도 노는 습관을 갖게 한다.

[그림 6-37] 장난감을 입으로 가져가　　[그림 6-38] 혼자 앉아 노는 6개월 된 아기
　　　　　노는 6개월 된 아기

- 보행기에 앉히면 마음대로 움직이므로 여기저기 부딪히거나 추락하는 등 위험할 수 있어 가능한 한 보행기는 사용하지 않도록 한다.
- 이유식을 규칙적으로 준다.
- 유치가 나면서 잇몸이 가려워 자주 입에 장난감이나 손을 넣으므로 입에 들어가도 무해한 장난감을 준다.

[그림 6-39] 보행기에 앉아 있는 6개월 된 아기

유치 관리

유치가 나면 가제나 면봉으로 입안과 이를 닦아 주고, 유치가 날 때 고열이 나면 의사의 진찰을 받는다. 유치 관리를 잘해야 후에 영구치도 건강하게 나므로 부모는 다음과 같은 점에 주의한다.

- 유치가 나면 일찍부터 작고 부드러운 칫솔로 이를 닦아 준다.
- 입안에 음식의 단 성분이 남아 있으면 균의 번식률이 매우 높아지므로 가능한 한 영아에게는 단 음식을 주지 않는다.
- 영아가 잠들기 전에 젖병이나 주스병 등을 입에 물고 자지 않도록 한다.

	*1~10 치아 맹출순서	맹출(Erupt) (개월)	사라짐(Shed) (세)
윗니	앞니	8~12	6~7
	앞니	9~13	7~8
	송곳니	16~22	10~12
	첫 번째 어금니	13~19	9~11
	두 번째 어금니	25~33	10~12
아랫니	두 번째 어금니	23~31	10~12
	첫 번째 어금니	14~18	9~11
	송곳니	17~23	9~12
	앞니	10~16	7~8
	앞니	6~10	6~7

[그림 6-40] 유치가 나고 빠지는 순서와 시기

출처: 조성연 외(2017). 영유아발달, p. 244.

7) 7개월

(1) 대 · 소근육 발달

- 한 손에서 다른 손으로 장난감을 옮겨 쥘 수 있고, 장난감을 흔든다.
- 물체를 꼭 쥐며 물건 때리기를 좋아한다.
- 두 발에 전 체중을 실을 수 있고, 서 있도록 잡아 주면 껑충껑충 뛰려 한다.
- 뭔가를 붙잡고 서려고 한다.
- 앉은 상태에서 물체를 집기 위해 몸을 돌릴 수 있다.
- 낮잠 자는 시간을 포함하여 하루 14~16시간 정도 자며, 깨어 있는 시간이 점점 길어진다.

[그림 6-41] 가구를 붙잡고 서려는 7개월 된 아기

- 몸을 뒤치기 시작하고, 앞에서 뒤로 구르기를 한다(4~8개월).
- 운동량이 늘어남에 따라 체중 증가가 둔해진다.

(2) 감각 발달

- 엄지와 손바닥으로 물건을 잡는다.
- 소리가 나는 방향을 정확히 안다.

(3) 언어, 인지, 정서 · 사회성 발달

- 목적 달성을 위해 소리를 낸다.
- 도리도리 짝짜꿍, 까꿍놀이를 좋아하고, 게임을 예측하며 반응한다.
- 각기 다른 음색과 억양을 인식한다.
- 감정 표현이 풍부해지며, 옹알이가 더욱 발달하고 의사 표시를 하려 한다. '맘마, 엄마' 등의 소리를 낸다.
- 분노와 불쾌를 우는 것과 다른 발성으로 표현한다.

(4) 부모 역할

• 운동을 시키고 혼자 노는 습관을 갖게 한다.
• 가정 내에서 안전사고가 많이 발생할 수 있으므로 물건을 안전하게 보관하고 주변을 깨끗하게 관리한다.
• 이유식은 다양한 맛을 느낄 수 있게 제공해 준다.
• 계속 일광욕과 외기욕을 시켜 준다.
• 면역성이 약해져 전염병이나 각종 질병에 걸리기 쉬우므로 주의한다.

8) 8개월

(1) 대·소근육 발달

• 손가락을 마음대로 움직이면서 물건을 떨어뜨리거나 던진다.
• 근육 조절 능력이 향상되어 안전하게 혼자 앉아 있을 수 있다.
• 잡아 주면 무릎을 쭉 펴면서 설 수 있고, 무엇을 붙잡고 일어나려고 한다.
• 걷기의 초보적인 움직임이 나타난다(5~11개월).

[그림 6-42] 잡아 주면 서는 8개월 된 아기

(2) 감각 발달

• 선명한 색상을 좋아하며 그림책을 좋아한다.
• 모든 손가락을 사용하여 물건을 움켜쥔다.

(3) 언어, 인지, 정서·사회성 발달

• 환경이나 활동에 대한 흥미가 증가하고 호기심이 많아진다.
• 기억력이 조금 있다.
• 낯선 사람에게 신경질적인 태도를 보인다.

- 가족에 대한 사랑과 애정을 나타내는 등 가족을 알아보며 애착을 형성한 사람이 오라고 할 때 손을 벌린다.
- 좀 더 폭넓은 음을 흉내 내기 시작하고, 말을 알아듣고 행동한다.
- 분리불안이 나타난다.

분리불안

　분리불안(separation anxiety)은 격리불안이라고도 하며, 영아가 부모나 양육자 등의 애착 대상과 떨어질 때 나타내는 불안 반응이다. 이는 8~9개월경 나타나기 시작하여 15개월경 절정에 달하다가 20~24개월경 사라진다. 분리불안은 영아가 부모나 양육자에게 강한 애착이 형성되었음을 나타내는 증거다. 안정 애착을 형성하고 수용적 태도를 지닌 부모나 양육자와 함께 있을 경우 영아는 분리불안을 덜 나타낸다.

(4) 부모 역할

- 이유식을 하루에 3회 정도 주며, 혼자서 크래커나 과자를 집어먹을 수 있도록 해 준다.
- 이유식으로 편식이 생길 수도 있으니 주의한다.
- 모유나 영아용 조제유 양은 점차 줄이고 이유식 양을 늘리면서 컵으로 영아용 조제유 먹는 연습을 시킨다.
- 오전과 오후 각 1회 정도로 낮잠 자는 시간을 정한다.
- 이가 나서 젖꼭지를 깨무는 경우가 있으므로 모유수유 시 주의한다.
- 이동이 원활해지므로 잠시도 영아에게서 눈을 떼지 않아야 한다.
- 기는 동작이 능숙해져 기어 다니면서 아무 물건이나 잡아당기고 쓰러뜨려 다칠 수 있으므로 주의한다.
- 잘 때 이불을 걷어차고 면역성이 약해져 감기에 걸리기 쉬우므로 많은 사람이 있거나 공기가 나쁜 곳에는 가능한 한 출입을 자제한다.

9) 9개월

(1) 대·소근육 발달

[그림 6-43] 한 손을 잡고 서서 장난감을 잡으려는 9개월 된 아기

• 손과 입의 협응이 잘되므로 젖병을 혼자 쥐고 먹을 수 있다.
• 자기 마음대로 입에 젖꼭지를 빼고 넣을 수 있다.
• 앉아 있다가 스스로 일어나려 하고, 붙잡고 서며, 도와주면 발을 옮길 수 있다.
• 서 있는 상태에서 무릎을 구부려 앉는 법을 배운다.
• 엄지손가락과 집게손가락을 이용하여 물건을 집을 수 있고, 한 손 사용을 더 좋아한다.

(2) 감각 발달

• 작은 물건을 집기 좋아하며, 물건을 그릇에 담은 후 다시 쏟아 내는 것을 반복한다.

(3) 언어, 인지, 정서·사회성 발달

• 언어를 모방하며, 일음절 문장을 사용한다.
• 어른이 화를 내면 반응하고, 야단치면 운다.
• 울지 않고도 자신의 감정을 표현한다.
• 자신의 이름을 부르면 알아듣는다.

(4) 부모 역할

• 수유와 반고형식의 이유식을 각각 하루 세 번씩 준다.
• 낯가림이 심해지므로 아기가 낯선 사람과 친숙해질 수 있도록 충분한 시간을 준다.

• 장난감은 손으로 쥘 수 있거나 움직일 수 있는 것을 준다.
• 영아가 여러 가지 소리나 행동을 흉내 내어 귀여움을 많이 받는 때이므로 영아를 장난감 취급하지 않도록 한다.
• 운동량이 많아지므로 옷은 움직이기 편한 것으로 입힌다.

10) 10개월

(1) 대·소근육 발달

• 위, 아래 앞니 4개의 유치가 난다.
• 잠자는 시간 외에 누워 있는 것을 별로 좋아하지 않으며, 깨어 있을 때는 잠시도 가만히 있지 않는다.
• 침대나 지지대를 잡고 서 있을 수 있으며, 가구를 잡고 옆으로 걷기 시작한다.
• 앉아 있는 자세가 매우 안정적이다.
• 몸을 마음대로 움직일 수 있다.
• 손잡이나 빨대가 있는 컵을 사용하여 영아용 조제유나 물을 마실 수 있으나 아직 서투르다.
• 혼자 모자를 벗을 수 있다.

[그림 6-44] 다양한 종류의 컵을 사용하는 영아

(2) 감각 발달

• 큰 크기의 블록을 잡고 끼우려 한다.

- 크래커 등을 잡고 먹을 수 있다.
- 색을 구별할 수 있다.
- 마음에 들지 않으면 갑자기 몸을 뒤로 젖히고 운다.

(3) 언어, 인지, 정서·사회성 발달

- 장난감을 거칠게 다룰 수 있고, 크레파스를 쥐고 끼적거리기를 할 수 있다.
- 대소변을 가리기 시작한다.
- 식사 때 장난을 치며 고집을 부리기도 한다.
- 사물의 크기를 측정할 수 있다.
- 작은 물건에 호기심을 갖는다.
- '엄마' '아빠' 등의 한두 단어를 말할 수 있고 어른의 억양을 모방한다.
- "빠이빠이."하면서 손을 흔들거나 "안 돼." 하면서 머리를 가로젓는 등 말과 행동을 함께 할 수 있다.
- 성인과 함께 간단한 놀이를 할 수 있다.

(4) 부모 역할

- 병에 걸리지 않도록 유의하고, 특히 감기, 소화불량 등에 주의한다.
- 방에 영아가 놀 수 있는 장소를 마련해 준다.
- 하루에 세 번 식사를 주고 편식과 체중의 증감에 주의한다. 젖을 떼는 시기로 접어들기 때문에 식사를 제때 주고 오전과 오후에 간식을 주면서 수유양을 줄인다.
- 체중 증가가 원활하면 일반 우유로 서서히 전환할 수 있는 시기므로 조금씩 일반 우유를 주면서 특별한 이상 반응 여부를 살펴본다.
- 놀면서 식사를 하지 않도록 한다.
- 젖병 대신 컵으로 우유나 주스 등을 먹게 한다.

11) 11개월

(1) 대 · 소근육 발달

• 잡지 않고 서 있을 수 있으며, 잡아 주면 걷고, 혼자서 붙잡고 걷는다.
• 책장 넘기기를 좋아한다.
• 문을 잡고 앞뒤로 흔들어 보기도 한다.
• 스스로 양말을 벗으려 한다.

(2) 감각 발달

• 대소변 누는 것을 느낀다.

(3) 언어, 인지, 정서 · 사회성 발달

• 눈, 코 등을 가리키며 좋아하고, 칭찬과 꾸지람을 구별한다.
• 여러 가지 재롱을 부린다.
• 단어를 흉내 내며 각기 다른 상황에서 각기 다른 단어가 쓰인다는 것을 알게 되고 단어의 뜻을 파악한다.

(4) 부모 역할

• 마루나 계단에서 떨어지거나 예기치 못한 안전사고가 발생할 수 있으므로 주의한다.
• 위험한 물건은 아기의 손이 닿지 않는 곳에 안전하게 보관한다.
• 책상이나 찬장 서랍을 열 수 있어 손가락을 다치는 경우가 있으므로 가구 서랍이 열리지 않도록 안전장치를 하거나 잠가 둔다.
• 이유식은 하루 세 번 준다.
• 화장실이나 방 한구석에 영아용 변기를 갖다 두어 호

[그림 6–45] 영아용 변기에 앉아 있는 11개월 된 아기

기심을 갖게 하면서 대소변 훈련을 단계적으로 자연스럽게 실시한다.
• 까꿍놀이 등을 통하여 영아와 계속 상호작용한다.

12) 12개월

(1) 대 · 소근육 발달

• 체중은 출생 시의 3배(8.9~9.6kg), 신장은 출생 시의 1.5배(74~75.7cm) 정도가 된다.
• 두위와 흉위가 거의 비슷해진다.
• 유치는 위에 4개, 아래 2개로 6개가 난다.
• 도움 없이 똑바로 서서 걸을 수 있으므로 손잡고 걷는 것이 가능해진다.

(2) 감각 발달

• 엄지손가락과 집게손가락으로 작은 물건을 정확하게 집고, 장난감을 다른 사람에게 전해줄 수 있다.
• 혼자 컵으로 우유나 물을 마시고, 숟가락을 사용하여 음식을 먹을 수 있으나 음식을 입안에 잘 넣지는 못한다.

(3) 언어, 인지, 정서 · 사회성 발달

• 자주 어리광을 부리며 놀아달라고 한다.
• 자신만 아는 짧은 문장을 옹알거리고, 2~8개의 단어를 말할 수 있다.
• 자아개념이 생기면서 자아중심적이고 자기주장이 강해져 간섭하면 싫어한다.
• 리듬에 맞추어 춤을 추는 것을 좋아한다.
• 움직이는 장난감을 좋아한다.
• 생식기를 발견한다.

(4) 부모 역할

• 숟가락 사용법을 연습시킨다.
• 대소변 가리기를 싫어하면 억지로 강요하지 말고 서서히 시킨다.
• 식사는 아침 · 점심 · 저녁으로 세 번 주되 어른보다 먼저 준다.
• 간식은 이유식을 주는 사이에 하루 1~2회 준다.
• 우유나 물을 컵으로 마실 수 있도록 한다.
• 장난감은 너무 많이 주지 않는다.

참고 ⑩

생후 1년동안의 운동 발달과 신체 발육 표준치

생후 1년간 영아는 놀라운 신체 발달과 감각, 언어, 인지, 정서 · 사회성 발달이 이루어진다. 특히 운동 발달은 놀라운 속도로 이루어지며, 잡기 기능은 매우 정교하게 발달한다.

1. 운동 발달

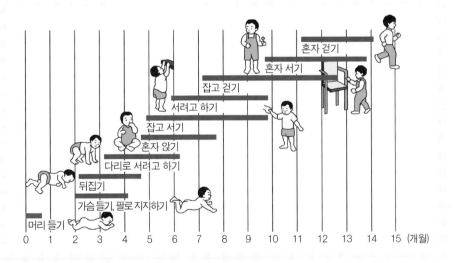

[그림 6-46] 영아의 운동 발달

출처: Santrock, J. W. (2008). *Life-span development*, p. 86.

2. 잡기 기능 발달

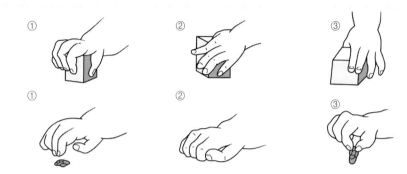

[그림 6-47] 영아의 잡기 기능의 발달 과정

출처: 송명자(1997). 발달심리학, p. 68.

3. 신체 발육 표준치

| 표 6-4 | 2017 소아청소년 성장도표 신체 발육 표준치 |

남자			나이	여자		
신장 (cm)	체중 (kg)	머리둘레 (cm)	(개월)	신장 (cm)	체중 (kg)	머리둘레 (cm)
49.9	3.3	34.5	0	49.1	3.2	33.9
54.7	4.5	37.3	1	53.7	4.2	36.5
58.4	5.6	39.1	2	57.1	5.1	38.3
61.4	6.4	40.5	3	59.8	5.8	39.5
63.9	7.0	41.6	4	62.1	6.4	40.6
65.9	7.5	42.6	5	64.0	6.9	41.5
67.6	7.9	43.3	6	65.7	7.3	42.2
69.2	8.3	44.0	7	67.3	7.6	42.8
70.6	8.6	44.5	8	68.7	7.9	43.4
72.0	8.9	45.0	9	70.1	8.2	43.8
73.3	9.2	45.4	10	71.5	8.5	44.2
74.5	9.4	45.8	11	72.8	8.7	44.6
75.7	9.6	46.1	12	74.0	8.9	44.9

출처: 한의학박사 김성훈블로그. 2021. 5. 18. 인출.

4. 예방접종

　신생아와 영아는 성장하면서 외부 세계의 다양한 질병에 대항할 수 있는 면역력이 떨어지기 때문에 각종 바이러스 질환과 치사율이 높은 세균성 질환을 막아 주기 위하여 예방접종을 실시해야 한다. 이런 예방접종의 가짓수는 의학의 발달과 함께 증가하고 있다.

1) 예방접종표

　예방접종은 국가에서 정한 국가 예방접종과 기타 예방접종이 있다. 국가 예방접종은 국가에서 권장하는 필수 예방접종으로 법을 통해 예방접종 대상 감염병과 예방접종 실시 기준과 방법을 정하여 그에 따라 국가 재원으로 지원하는 기본접종이다. 기타 예방접종은 국가 예방접종 이외의 전염병에 대해 민간 의료기관에서 접종 가능한 유료 예방접종이다. 예방접종을 할 때는 영아의 상태에 따라 실시해야 하므로 반드시 의사의 지시에 따라야 한다. 미숙아의 예방접종은 태어난 날짜를 기준으로 실시한다.

2) 예방접종 시 주의 사항

　신생아와 영아에게 예방접종을 실시하기 위해서는 접종 전과 후에 몇 가지 주의해야 할 사항이 있다(질병관리청 예방접종도우미, 2021. 2. 18. 인출; 〈참조 11〉 참조).

(1) 예방접종 전
① 가능하면 오전에 예방접종을 하여 만일의 상황이 발생할 경우 진료 시간 내에 병원에 갈 수 있도록 한다.
② 예방접종은 아기의 건강 상태를 가장 잘 알고 있는 사람이 동행한다.

③ 병원이나 보건소에 가기 전에 아기에게 열이 있는지 확인한다.

④ 아기의 예방접종 카드를 가지고 간다. 직장을 다니거나 이런 카드가 없는 부모는 아기에 대한 병력 사항이 기록된 차트를 볼 수 있도록 가능한 한 계속 다닐 수 있는 병원을 정하여 다니는 것이 좋다.

⑤ 예방접종 당일에는 목욕을 시키지 않는 것이 좋으므로 전날 목욕을 시킨다.

⑥ 예방접종을 하면 병이 악화되기도 하며 예방접종의 부작용이 강하게 나타나는 경우가 있으므로 다음과 같은 이상이 있을 경우에는 예방접종 전 반드시 의사와 상의해야 한다.

- 열이 있는 경우(단, 열이 없는 감기와 같은 가벼운 증상일 때는 금하지 않음)
- 심장, 신장, 간장에 관련된 병에 걸려 상태가 심한 경우
- 홍역, 볼거리, 수두 등이 걸린 후 1개월 이내
- 스테로이드와 방사선 치료 등의 면역 억제 치료를 받는 경우
- 예방접종 후 경련을 일으켰던 경우
- 과거에 알레르기 반응이나 과민 반응을 일으켰던 백신이 있는 경우

(2) 예방접종 후

① 예방접종 후에는 약을 골고루 퍼지게 해서 국소 반응을 줄인다.

② 예방접종 후 접종 기관에 20~30분 정도 머물러 아기의 상태를 관찰한 후 귀가하고, 귀가 후 최소 3시간 이상 주의 깊게 관찰한다.

③ 예방접종을 한 날에는 목욕을 시키지 않고, 접종 당일과 다음 날은 과격한 운동을 하지 않는다.

④ 예방접종 부위는 청결하게 관리한다.

⑤ 예방접종을 한 부위에 발적, 통증, 부종이 생기면 찬 물수건을 대주고, 그래도 많이 부으면 의사와 상의한다.

⑥ 예방접종 후 최소 3일은 특별한 관심을 가지고 관찰하여 고열, 경련이 있으면 즉시 의사의 진찰을 받는다.

⑦ 예방접종 후 아기는 반드시 바로 눕혀 재운다.

표 6-5 표준예방접종 일정표(기본접종, 2021)

구분	대상 감염병	백신 종류 및 방법	횟수	출생-1개월 이내	1개월	2개월	4개월	6개월	12개월	15개월	18개월	19-23개월	24-35개월	4세	6세	11세	12세
국가예방접종	결핵	BCG(피내용)①	1	BCG 1회													
	B형간염	HepB②	3	HepB 1차	HepB 2차			HepB 3차									
	디프테리아 파상풍 백일해	DTaP③	5			DTaP 1차	DTaP 2차	DTaP 3차			DTaP 4차				DTaP 5차		
		Tdap/Td④	1													Tdap/Td 6차	
	폴리오	IPV⑤	4			IPV 1차	IPV 2차		IPV 3차						IPV 4차		
	b형헤모필루스 인플루엔자	Hib⑥	4			Hib 1차	Hib 2차	Hib 3차	Hib 4차								
	폐렴구균	PCV⑦	4			PCV 1차	PCV 2차	PCV 3차	PCV 4차								
		PPSV⑧	-											고위험군에 한하여 접종			
	홍역 유행성이하선염 풍진	MMR⑨	2							MMR 1차				MMR 2차		
	수두	VAR	1							VAR 1회						
	A형간염	HepA⑩	2								HepA 1~2차					
	일본뇌염	IJEV(불활성화 백신)⑪	5								IJEV 1~2차		IJEV 3차		IJEV 4차		IJEV 5차
		LJEV(약독화 생백신)⑫	2								LJEV 1차		LJEV 2차				
	사람유두종바이러스 감염증	HPV⑬	2													HPV 1~2차	
	인플루엔자	IIV⑭	-									IIV 매년 접종					
기타예방접종	로타바이러스 감염증	RV1	2			RV 1차	RV 2차										
		RV5	3			RV 1차	RV 2차	RV 3차									

- 국가예방접종: 국가에서 권장하는 필수예방접종(국가는 「감염병의 예방 및 관리에 관한 법률」을 통해 예방접종 대상 감염병과 예방접종 실시 기준 및 방법을 정하고, 이를 근거로 재원을 마련하여 지원하고 있음)
- 기타예방접종: 예방접종 대상 감염병 중 지정감염병 이외 감염병으로 인간 의료기관에서 접종 가능한 유료 예방접종

① BCG(결핵): 생후 4주 이내 접종
② HepB(B형간염): 임신 중 B형간염 표면항원(HBsAg) 양성인 산모로부터 출생한 신생아는 출생 후 12시간 이내 B형간염 면역글로불린(HBIG) 및 B형간염 백신을 동시에 접종하고, 이후에 B형간염 접종 일정을 완료함(생후 1개월과 6개월에 각각 2차, 3차 접종 실시)
③ DTaP(디프테리아·파상풍·백일해): DTaP-IPV(디프테리아·파상풍·백일해·폴리오) 또는 DTaP-IPV/Hib(디프테리아·파상풍·백일해·폴리오·b형헤모필루스인플루엔자) 혼합백신으로 접종 가능
④ Tdap/Td(파상풍·디프테리아·백일해/파상풍·디프테리아): 11~12세 접종은 Tdap 또는 Td백신 사용 가능하나, Tdap 백신을 우선 고려
※ 이후 10년마다 Td 재접종(11세 이후 접종 중 한 번은 Tdap으로 접종)
⑤ IPV(폴리오): 3차 접종은 생후 6개월에 접종하나 18개월까지 접종 가능하며, DTaP-IPV(디프테리아·파상풍·백일해·폴리오) 또는 DTaP-IPV/Hib(디프테리아·파상풍·백일해·폴리오·b형헤모필루스인플루엔자)로 접종 가능
※ DTaP-IPV(디프테리아·파상풍·백일해·폴리오): 생후 2, 4, 6개월, 4~6세에 DTaP, IPV 백신 대신 DTaP-IPV 혼합백신으로 접종할 수 있음
※ DTaP-IPV/Hib(디프테리아·파상풍·백일해·폴리오·b형헤모필루스인플루엔자): 생후 2, 4, 6개월에 DTaP, IPV, Hib 백신 대신 DTaP-IPV/Hib 혼합백신으로 접종할 수 있음
⑥ Hib(b형헤모필루스인플루엔자): 생후 2개월~5세 미만 모든 소아를 대상으로 접종, 5세 이상은 b형헤모필루스인플루엔자 감염 위험성이 높은 경우(겸상적혈구증, 비장 절제술 후, 항암치료에 따른 면역저하, 백혈병, HIV 감염, 체액면역 결핍 등) 접종하며, DTaP-IPV/Hib(디프테리아·파상풍·백일해·폴리오·b형헤모필루스인플루엔자) 혼합백신으로 접종 가능

⑦ PCV(폐렴구균 단백결합): 10가와 13가 단백결합 백신 간에 교차접종은 권장하지 않음
⑧ PPSV(폐렴구균 다당질): 2세 이상의 폐렴구균 감염의 고위험군을 대상으로 하며, 건강상태를 고려하여 담당의사와 충분한 상담 후 접종
※ 폐렴구균 감염의 고위험군
  - 면역 기능이 저하된 소아: HIV 감염증, 만성신부전과 신증후군, 면역억제제나 방사선 치료를 하는 질환(악성종양, 백혈병, 림프종, 호지킨병), 고형 장기 이식, 선천성 면역결핍질환
  - 기능적 또는 해부학적 무비증 소아: 겸상구 빈혈 혹은 헤모글로빈병증, 무비증 혹은 비장 기능장애
  - 면역기능은 정상이나 다음의 질환을 가진 소아: 만성심질환, 만성폐질환, 당뇨병, 뇌척수액 누출, 인공와우 이식 상태
⑨ MMR(홍역·유행성이하선염·풍진): 홍역 유행 시 생후 6~11개월에 MMR 백신의 접종이 가능하나 이 경우 생후 12개월 이후에 MMR 백신으로 재접종
⑩ HepA(A형간염): 1차 접종은 생후 12~23개월에 시작하고, 2차 접종은 1차 접종 후 6~12(18)개월(제조사에 따라 접종간격이 다름) 간격으로 접종
⑪ IJEV(일본뇌염 불활성화 백신): 1차 접종 후 7~30일 간격으로 2차 접종을 실시하고, 2차 접종 후 12개월 후 3차 접종
⑫ LJEV(일본뇌염 약독화 생백신): 1차 접종 후 12개월 후 2차 접종
⑬ HPV(사람유두종바이러스) 감염증: 12세에 6개월 간격으로 2회 접종하고, 2가와 4가 백신 간 교차접종은 권장하지 않음
⑭ IIV(인플루엔자 불활성화 백신): 접종 첫 해는 4주 간격으로 2회 접종이 필요하며, 접종 첫 해에 1회 접종을 받았다면 다음해 2회 접종을 완료. 이전에 인플루엔자 접종을 받은 적이 있는 생후 6개월~9세 미만 소아도 유행주에 따라서 2회 접종이 필요할 수 있으므로 매 절기 이전에 국가예방접종 지원사업 관리지침'을 참고
  '예방접종도우미' 누리집(http://nip.kdca.go.kr) 예방접종 지식정보 지원

출처: 질병관리청 예방접종도우미. 2021. 2. 18. 인용.

표 6-6 미접종 소아의 예방접종 일정표(지연 시 예방접종: 4개월~6세)*: 미국 CDC의 권장사항임)

접종백신	최소 접종연령	1~2차 최소 접종간격	2~3차 최소 접종간격	3~4차 최소 접종간격	4~5차 최소 접종간격
B형간염①	출생 시	4주	8주(1차 접종 16주 후)	-	-
DTaP②	생후 6주	4주	4주	6개월	6개월
IPV③	생후 6주	4주	4주	6개월³(마지막 접종의 최소 연령은 만 4세)	-
Hib④	생후 6주	4주: 생후 12개월 미만에 1차 접종한 경우 / 8주(마지막 접종): 생후 12~14개월 사이에 1차 접종을 한 경우 / 더 이상 접종이 필요하지 않은 경우: 생후 15개월 미만에 1차 접종을 한 경우	4주: 현재 연령이 생후 12개월 미만이고 1차 접종을 7개월 미만에 한 경우 / 8주(마지막 접종): - 1차 접종을 7~11개월에 한 경우로 생후 12개월 이후 실시 - 또는 현재 연령이 생후 12~59개월이며 1차 접종을 생후 12개월 미만에 하고 2차 접종을 생후 15개월 미만에 한 경우 / 더 이상 접종이 필요하지 않은 경우: 이전 접종을 생후 15개월 이상에서 한 경우	8주(마지막 접종): 생후 12개월 이전에 3번의 접종을 한 생후 12~59개월 소아에게만 필요	-
PCV⑤	생후 6주	4주: 생후 12개월 미만에 1차 접종한 경우 / 8주(마지막 접종): 건강한 소아로 생후 12개월 이후에 1차 접종을 한 경우 / 더 이상 접종이 필요하지 않은 경우: 건강한 소아로 생후 24개월 이후에 한 1차 접종을 한 경우 / 단, PCV13으로 생후 24개월 이후에 한 경우 8주 간격으로 접종(마지막 접종)	4주: 현재 연령이 생후 12개월 미만인 경우 / 8주(마지막 접종): - 건강한 소아로 이전 접종을 생후 7~11개월에 한 경우로 생후 12개월 이후 실시 - 또는 현재 연령이 생후 12개월 이상이며 1회 이상 생후 12개월 이전의 접종을 한 경우 / 더 이상 접종이 필요하지 않은 경우: 건강한 소아로 이전 접종을 생후 24개월 이후에 한 경우	8주(마지막 접종): 생후 12개월 이전에 3번의 접종을 한 생후 12~59개월 소아로 또는 생후 12개월 이후에 접종을 한 고위험군	-
MMR⑥	생후 12개월	4주	-	-	-
수두	생후 12개월	3개월	-	-	-
일본뇌염(불활성화 백신)⑦	생후 12개월	7일	6개월	2년	5년
일본뇌염(약독화 생백신)⑧	생후 12개월	4주	-	-	-
A형간염⑨	생후 12개월	6개월	-	-	-
로타바이러스감염증⑩	생후 6주	4주	4주	-	-

* 지연된 예방접종이란 권장 접종시기보다 1개월을 초과하여 접종을 한 경우임. 접종이 지연되었더라도 처음부터 다시 접종하지 않고 지연된 접종부터 접종을 함

① B형간염: 3차 접종의 최소 연령은 생후 24주임
② DTaP: 4차 접종을 4세 이후에 접종하였다면 5차 접종은 생략
③ IPV: 3차 접종을 4세 이후에 실시한 경우에는 2차 접종과 3차 접종이 6개월 이상 간격을 유지해야 하고, 2차와 3차 접종이 6개월 이상 유지되지 않은 경우 4차 접종이 필요함
④ Hib: 5세 이상 건강한 소아에서는 일반적으로 권장하지 않음
⑤ PCV: 5세 이상인 건강한 소아에서는 일반적으로 권장하지 않음
⑥ MMR: 2차 접종의 표준 접종 시기는 4~6세지만 해당 감염병이 유행할 경우 상기 최소 접종간격으로 접종할 수 있음
⑦ 일본뇌염 불활성화 백신: 3차 접종 후 9세에 할 것을 4~9세에 할 경우는 4차 접종을 12세 이후에 실시하고 접종을 종료하며, 3차 또는 4차 접종을 10세 이후에 실시한 경우에는 더 이상 추가 접종을 하지 않음
⑧ 일본뇌염 약독화 생백신: 국내에서는 생후 12개월부터 접종하나 국외에서는 독일본과 생백신은 생후 8개월부터, 제조법에 따라서는 바이러스 약독화 생백신은 생후 12개월에 접종을 추천함
⑨ A형간염: 접종 간격은 제품에 따라 6~18개월이며, 접종받지 않은 소아는 2세 이상 소아는 6개월 간격으로 2회 접종
⑩ 로타바이러스 감염은 첫 접종의 최대 연령은 14주 0일 이며, 15주 0일 이후에는 접종을 시작하지 않음. 로타릭스(Rotarix)는 2회, 로타텍(Rotateq)은 3회 접종

출처: 질병관리청 정 예방접종도우미. 2021. 2. 18. 인출.

참고 ⑪

예방접종 시 주의 사항

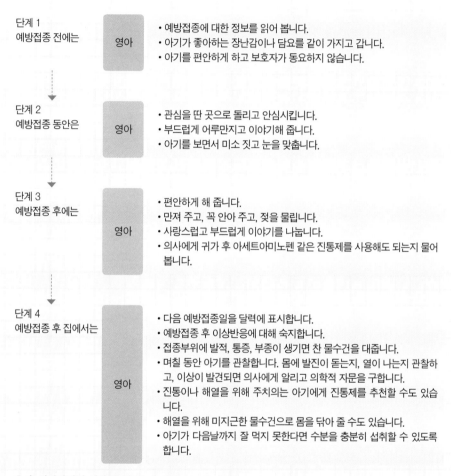

단계 1
예방접종 전에는

영아

- 예방접종에 대한 정보를 읽어 봅니다.
- 아기가 좋아하는 장난감이나 담요를 같이 가지고 갑니다.
- 아기를 편안하게 하고 보호자가 동요하지 않습니다.

단계 2
예방접종 동안은

영아

- 관심을 딴 곳으로 돌리고 안심시킵니다.
- 부드럽게 어루만지고 이야기해 줍니다.
- 아기를 보면서 미소 짓고 눈을 맞춥니다.

단계 3
예방접종 후에는

영아

- 편안하게 해 줍니다.
- 만져 주고, 꼭 안아 주고, 젖을 물립니다.
- 사랑스럽고 부드럽게 이야기를 나눕니다.
- 의사에게 귀가 후 아세트아미노펜 같은 진통제를 사용해도 되는지 물어 봅니다.

단계 4
예방접종 후 집에서는

영아

- 다음 예방접종일을 달력에 표시합니다.
- 예방접종 후 이상반응에 대해 숙지합니다.
- 접종부위에 발적, 통증, 부종이 생기면 찬 물수건을 대줍니다.
- 며칠 동안 아기를 관찰합니다. 몸에 발진이 돋는지, 열이 나는지 관찰하고, 이상이 발견되면 의사에게 알리고 의학적 자문을 구합니다.
- 진통이나 해열을 위해 주치의는 아기에게 진통제를 추천할 수도 있습니다.
- 해열을 위해 미지근한 물수건으로 몸을 닦아 줄 수도 있습니다.
- 아기가 다음날까지 잘 먹지 못한다면 수분을 충분히 섭취할 수 있도록 합니다.

출처: 질병관리청 예방접종도우미. 2021. 2. 18. 인출.

수유와 이유식

영아기는 다른 어떤 시기보다 인간의 생에 있어서 중요한 시기이므로 부모는 영아가 건강하게 성장하고 발달할 수 있도록 적절한 영양 공급을 제공해 주어야 한다. 생후 1년간 부모가 영아에게 제공해 주는 적절한 영양 공급은 영아의 뇌 속에 있는 신경연결관을 자극하여 인지 능력을 포함한 전인 발달에 필수적이다. 영아에게 제공해 줄 수 있는 영양 공급원은 모유와 인공영양인 조제유가 있다. 무엇보다 모유수유가 가장 완벽한 영양 공급원이지만 모유수유가 불가능하거나 어려운 경우에는 부득이 영아용 조제유를 줄 수밖에 없다. 또한 영아가 성장함에 따라 성인의 음식을 먹을 준비를 해야 하므로 이유식도 제공해 주어야 한다. 따라서 이 장에서는 영아의 발달을 위한 수유와 이유식에 대해 살펴보고자 한다.

1. 모유수유

영아의 성장과 발달을 위해 부모는 충분한 영양 공급을 해 주어야 한다. 무엇보다 신생아와 영아에게 가장 적합한 영양 공급원은 모유수유다. 그러나 우리나라의 모유수유율은 현저하게 낮다. 1970년대 우리나라의 모유수유율은 99.7%였으나, 해마다 감소하여 현재는 영아가 12개월이 되었을 때 43.9%에 불과하다. 이는 모유수유를 위한 모자동실(母子同室) 비율도 1.3%에 불과하다는 결과(대한모유수유의사회. 한국과 선진국 모유수유율 비교, 2021. 1. 1. 인출)에서도 잘 드러난다.

세계적으로 모유수유를 권장하기 위해 세계보건기구(WHO)와 국제연합 아동기금(UNICEF)은 공동으로 1992년 3월부터 '아기에게 친근한 병원 만들기 운동(Baby-Friendly Hospital Initiative: BFHI)'을 전개하고 있다. 이 운동은 모유가 영아에게 가장 우수한 영양 공급원임에도 그 비율이 낮아 이를 장려하고자 시작된 것으로, 우리나라에서는 1993년 부산의 일신기독병원이 아기에게 친근한 병원으로 선정된 이후 2021년 6월 25일 현재 10개가 선정되어 운영되고 있다(대한모유수유의사회, 아기에게 친근한 병원 명단, 2021. 7. 1. 인출). '아기에게 친근한 병원'으로 선정된 곳은 세계보건기구와 유니세프가 정한 '성공적인 모유수유 실천 10단계'를 실천하고, 모유대체품 제조사로부터 무료 샘플과 지원을 받지 않는다.

모유수유 기간은 모유수유가 주는 건강상의 혜택과 경제적 이익이 커서 미국소아과학회에서는 1년으로 연장하고, 신생아에게는 생후 4시간 안에 모유수유를 하도록 하며, 수유 횟수도 하루 12회를 하도록 권장한다. 모유수유는 출산 후 2~3일간 아기에게 어떻게 수유하느냐에 따라 성패가 좌우되며, 출산 후 30분 이내 엄마 젖을 물리거나 퇴원할 때까지 모자동실인 경우가 모유수유 성공에 큰 영향을 미친다.

참고 ❶

효과적인 모유수유 실천

1. 성공적인 모유수유 실천 10단계
① 병원은 의료요원을 위한 모유수유 정책을 문서화한다.
② 이 정책을 실행하기 위하여 모든 의료요원에게 모유수유 기술을 훈련한다.
③ 엄마 젖의 장점과 젖 먹이는 방법을 임산부에게 교육한다.
④ 출생 후 30분 이내에 엄마 젖을 빨리기 시작한다.

⑤ 임산부에게 엄마 젖 먹이는 방법과 아기와 떨어져 있을 때 젖 분비를 유지하는 방법을 자세히 가르친다.

⑥ 갓난아기에게 엄마 젖 이외의 다른 음식물을 주지 않는다.

⑦ 엄마와 아기는 하루 24시간 같은 방을 쓴다.

⑧ 엄마 젖은 아기가 원할 때마다 먹인다.

⑨ 아기에게 인공 젖꼭지나 노리개 젖꼭지를 물리지 않는다.

⑩ 엄마 젖 먹이는 모임을 만들도록 도와주고 퇴원 후 모임에 참여하도록 해 준다.

2. 엄마에게 친근한 일터가 되기 위한 10단계

① 출산 후 최소 3개월 이상 출산휴가를 보장한다. 이 외에 급여의 일부를 지급하는 장기 출산휴가나 육아휴직 등을 선택할 수 있어야 한다.

② 모유수유를 하는 직원에게 파트타임 근무나 근무시간 조정, 업무 분담 등 탄력적인 근무 여건을 제공한다.

③ 하루 1시간 모유수(착)유를 위한 시간을 제공한다.

④ 직장 내에 혹은 직장 근처에 아기를 맡길 수 있는 어린이집을 지원한다.

⑤ 모유를 짜거나 보관할 수 있는 시설을 제공한다.

⑥ 모유수유를 하는 직장 여성에 대해 긍정적이고 수용적인 태도를 지니도록 동료와 경영진을 독려한다.

⑦ 근무 환경을 깨끗하고 안전하게 유지한다.

⑧ 여직원과 노조에 출산휴가 정책과 기타 권리에 대해 알려 준다.

⑨ 육아휴직 후 직장 복귀, 또는 탄력 근무 시 여성에게 완전한 취업을 보장한다.

⑩ 모유수유와 일을 병행하도록 도와줄 수 있는 직원 지원 네트워크를 만든다.

출처: UNICEF KOREA. 모유수유 단계별 실천 방법. 2021. 2. 18. 인출.

1) 모유수유 장점

많은 여성은 모유수유에 대해 잘못 알고 있거나, 심지어 모유수유를 창피하게 생각하는 경우도 있다. 특히 공공장소에서 모유수유를 어떻게 할 것인지에 대해 걱정

하면서 모유수유를 기피하기도 한다. 그러나 공공장소에
서는 수건이나 아기 겉싸개 등을 이용하여 모유수유를 할
수 있다. 즉, 모유수유 시 가슴을 감출 수 있도록 덮개를
어깨에 걸친 후 아기를 안고 있지 않은 손으로 옷을 열어
아기가 편안하게 젖을 빨 수 있도록 젖을 물리면 된다.

모유수유는 시간과 장소에 구애받지 않고 실시할 수
있고, 영양가가 높을 뿐만 아니라 아기에게 최적의 식품
이므로 적극적으로 실시해야 한다. 심지어 함몰유두거나
유두가 납작해도 아기가 유륜 전체를 입에 넣어 젖을 빨
기 때문에 모유수유를 할 수 있다.

[그림 7-1] 공공장소에서의
모유수유 방법

무엇보다 모유는 영아가 생후 첫 16주간 생명을 지탱할 수 있는 모든 것이 함유되
어 있고, 질병을 막아 주는 항체까지 포함되어 있어 영아에게 최적의 식품이다. 신
체적인 이점 외에도 모유는 영아와 어머니 간의 스킨십을 통해 영아에게 정서적 안

표 7-1 모유와 조제유의 영양 비교

영양소	영양 비교
수분 · 열량	• 수분의 함량이나 열량은 동일함
단백질	• 양적으로는 우유에 많지만, 질적으로는 모유가 우수함 • 모유는 양질의 소화가 잘되는 훼이(whey)가 많은 반면, 우유에는 소화가 잘 안 되는 카세인(casein)이 매우 많음 • 모유의 락토훼린(철결핍단백)은 장내의 대장균에 대한 저항력이 커 대장균 과다 번식을 막아줌 • 모유는 면역물질인 라이소자임이나 글로불린을 포함하고 있으며, 중추신경계 발육에 필요한 타우린도 우유보다 더 많이 함유하고 있음
지방	• 모유 속 지방은 불포화지방산으로 모유 열량의 50%를 차지하며, 우유는 포화지방산으로 성인병과 밀접한 관련이 있음
광물질	• 양적으로 비슷하나 생체 흡수율에 있어 모유 쪽이 더 우수함. 특히 모유 속의 철분이 우유의 철분보다 아기 장 내에서 흡수율이 더 높음

출처: 유니세프 한국위원회(2016). 유니세프 엄마젖먹이기 브로슈어, p. 8.

정감과 만족감을 주어 영아와 어머니 간의 유대감을 향상시켜 준다. 이 외에 모유수유는 영아와 산모 모두에게 좋은 점이 많다(유니세프 한국위원회, 2016, pp. 6-8, 〈표 7-1〉 참조).

(1) 영아

첫째, 모유는 무균 상태로 아기에게 신선하게 영양 공급을 해 줄 수 있다. 특히 출산 후 7~10일 동안 분비되는 초유에는 면역물질과 면역 세포 등 각종 영양분이 농축되어 있다.

둘째, 모유 속의 면역물질은 영아를 질병으로부터 보호해 준다. 모유를 먹고 자란 영아는 귀와 호흡기, 위장 질환, 발진, 설사, 폐렴, 세균성 뇌막염, 영아 돌연사 증후군, 소아당뇨 등의 질병에 덜 걸리고, 영아사망률도 14배나 낮다.

셋째, 모유는 영아가 알레르기에 걸릴 확률을 감소시킨다. 소아 알레르기는 조제유 속에 있는 베타락토글로블린(β-lactoglobulin)으로부터 시작하는데 모유에는 이 성분이 없다.

넷째, 모유를 먹은 아동의 IQ가 조제유를 먹고 자란 아동보다 더 높다. 모유 속에는 뇌를 비롯한 중추신경계 발달과 관계되는 DHA, 타우린, 유당이 풍부하다. 이런 차이는 미숙아에게서 더 두드러진다.

다섯째, 모유는 빈혈과 성인병을 예방하고 치아를 튼튼하게 해 준다. 모유에 들어 있는 철분은 조제유에 비해 흡수율이 더 높아 철분 결핍으로 인한 빈혈을 예방할 수 있다. 또한 모유에 들어 있는 다량의 콜레스테롤을 유아기에 소화하기 때문에 영아가 성인이 된 후에도 고혈압, 고지혈증, 심혈관질환, 당뇨병 등의 성인병에 걸릴 확률이 낮아진다. 뿐만 아니라 영아가 모유를 빨 때는 턱을 앞뒤로 움직이며 잇몸으로 젖을 빨기 때문에 조제유를 빨 때보다 60배 정도의 힘이 더 들어가고, 건강한 치아를 만들어 준다.

여섯째, 모유를 먹은 영아는 먹는 양을 스스로 조절할 수 있어 비만이나 과체중이 될 확률이 조제유를 먹은 영아에 비해 더 낮다. 또한 모유는 아동기와 성인기의 골밀도도 증가시킨다(Santrock, 2012, pp. 118-119).

일곱째, 모유수유는 영아의 시력과 신경 발달, 인지, 언어 및 신체 발달도 증진시킨다(Santrock, 2012, pp. 118-119).

(2) 산모

첫째, 산모의 산후 자궁 회복을 촉진시키고, 모체의 유방암, 난소암, 성인병(고혈압, 고지혈증, 심혈관질환, 당뇨병 등)을 예방하는 데 효과적이다. 모유수유 기간이 1년 늘어나면 유방암이 4.3% 감소하고, 12개월만 모유수유해도 유방암과 난소암이 28% 감소한다.

둘째, 아기가 산모의 젖꼭지를 빨면 젖분비를 위한 프로락틴(prolactin)과 옥시토신(oxytocin)의 분비가 촉진되면서 자궁을 수축시키고 산후 출혈을 감소시킨다.

셋째, 모유수유를 한 여성은 산후 체중 감소가 빠르다. 모유수유를 한 산모의 경우 평소보다 더 많이 먹어도 체내의 지방을 분해하는 것이 용이하여 체중 조절이 되어 산후 비만이 감소하며, 피부의 탄력성이 증가한다.

넷째, 모유수유를 하면 모체의 배란 형성을 억제하여 완벽하지는 않지만 피임 효과도 있다. 모유수유만으로 98% 정도의 피임 효과가 있으며, 무월경 기간 동안 체내 철분 저장으로 빈혈을 예방할 수도 있다.

다섯째, 수유 시간을 절약해 주며, 외출이나 여행 시 편리하고, 경제적이다. 모유는 아기가 울거나 보챌 때 즉시 수유할 수 있으며, 특별한 준비물이나 소독이 필요 없어 외출이나 여행 시 편리하고, 조제유와 우유병 등의 기구 구입 비용 등도 들지 않아 경제적이다. 모유를 6개월간 먹이면 60만 원 이상 절약된다는 통계도 있다(유니세프 한국위원회, 2016, pp. 6-8).

여섯째, 아기와의 유대감 증진뿐만 아니라 옥시토신과 프로락틴 분비로 모성애가 생긴다. 또한 모유수유 시 산후우울증과 아동학대 비율도 감소한다.

일곱째, 모유수유아는 새로운 맛을 더 잘 받아들인다. 모유는 모체가 먹은 음식에 따라 다른 맛을 내기 때문에 영아가 모유를 먹을 때마다 다른 맛을 경험할 수 있다.

⑶ 모유수유가 곤란한 경우

아무리 모유수유가 산모와 영아 모두에게 장점이 많더라도 이를 실시할 수 없는 경우가 있다.

첫째, 어머니가 산후합병증이 있거나 산후우울증 등의 정신적 스트레스가 있는 경우, 젖꼭지가 갈라지거나 유선염이 의심되는 경우, 만성질환이 있는 경우, 에이즈나 모유를 통해 전염될 수 있는 감염성 질환에 걸린 경우, 활동성 결핵균 보균자인 경우, 모체가 영아에게 유해한 약물을 복용하는 경우 등이다.

둘째, 영아가 모유 알레르기가 있거나 모유 성분과 관련하여 선천성 아미노산 장애가 있는 경우, 선천적으로 구개가 파열된 경우 등이다(Santrock, 2012, pp. 118–119).

2) 모유수유 단계

모유수유를 처음 해 보는 산모는 어떻게 아기를 안아야 하는지, 어떤 자세가 편안한지 등에 대해 잘 몰라 혼란스러운 경우가 종종 있다. 모유수유를 효과적으로 실시하기 위해 산모는 무엇보다 먼저 유방 관리를 잘해야 하고, 중간에 포기하지 않고 꼭 모유수유를 해야겠다는 마음가짐을 갖는 것이 중요하다. 임신 중에는 젖샘 조직의 발달로 유륜에서 분비물이 생성되는데 하루 한 번 정도 따뜻한 물로 씻거나 샤워를 하면서 유방 관리를 한다. 또한 아기의 젖 빠는 힘이 가장 강할 때가 출산 후 30분~1시간 이내이므로 젖이 잘 돌도록 아기에게 젖을 물린다(유니세프 한국위원회, 2016, pp. 10–13). 이런 점을 고려하여 모유수유는 다음과 같은 일련의 단계로 실시한다.

- 1단계: 젖 먹이기에 편안한 자세를 취한다. 일반적으로 앉아서 모유수유할 경우에는 팔걸이가 있는 의자에 앉아서 젖을 물리는 것이 좋다.
- 2단계: 아기의 입에 유륜의 일부까지 넣어 젖을 물린 후 아기의 코와 턱이 젖가슴에 닿을 정도로 아기를 바싹 당겨 안는다.
- 3단계: 아기가 스스로 뺄 때까지 젖을 먹인다. 불가피하게 젖 먹이기를 중단해야

한다면 젖꼭지 옆, 아기 입의 모퉁이에 어머니의 검지손가락을 넣어 젖꼭지를 뺀다.

- 4단계: 젖을 빼고 난 후 잠시 젖꼭지에 공기를 쐬어 물기를 완전히 말린 다음 브래지어를 착용한다. 젖을 짜낸 후라면 짜낸 젖을 젖꼭지와 유륜에 약간 묻힌 후 말리는 것이 좋다.

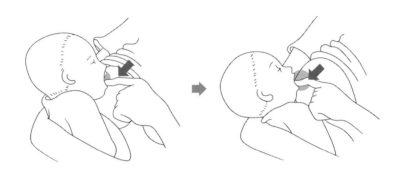

[그림 7-2] 젖꼭지 빼는 방법

출처: 조성연(2006). 예비부모교육, p. 289.

3) 모유수유 자세

모유수유 자세는 네 가지가 대표적이다. 어떤 자세가 바람직하다고 말할 수는 없지만 산모는 자신에게 가장 편한 자세를 택한다(조성연, 2006, pp. 292-294).

첫째, 요람 안기 자세는 산모가 편하게 앉아 아기의 머리를 유방 앞에 두고 어머니의 팔로 아기를 안고 아기 몸을 산모의 무릎 위에 놓는 자세다. 이 자세는 가장 보편적인 자세로서 산모가 편하게 수유하기 위하여 아기 밑에 쿠션이나 큰 베개를 두거나 산모의 발 밑에 발판을 둔 후 수유한다.

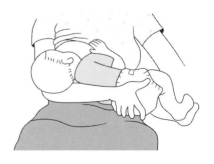

[그림 7-3] 요람 안기 자세

둘째, 눕기 자세는 아기를 산모 쪽을 향하도록 옆으로 눕힌 채 수유하는 자세다. 이 자세는 산모가 쉬고 싶을 때, 혹은 밤에 수유하고자 할 때, 제왕절개로 분만함으로써 일어나 앉아 수유하는 것이 어려울 때 적절하다.

셋째, 풋볼 안기 자세는 아기의 몸을 산모의 팔과 평형되게 하고 아기의 다리를 산모의 옆구리에 감듯이 하고 앉아 산모가 아기의 어깨를 받쳐 주고 귀밑의 머리 쪽을 잡아서 수유하

[그림 7-4] 눕기 자세

는 자세다. 산모는 최대한 아기를 유방에 가까이 할 수 있도록 한다. 이 자세는 산모가 아기의 젖 먹는 모습을 잘 볼 수 있어 아기가 미숙아거나 작을 때, 수유 시 아기가 젖꼭지만 빨려고 하거나 아기가 유륜까지 넣어 잘 빨지 못할 때, 산모의 유방이 클 때, 아기가 수유하면서 자주 잠들 때, 산모가 제왕절개 분만 후 상처 부위에 아기를 놓기 어려울 때 적합하다.

넷째, 고정 체위 자세는 아기를 산모의 팔과 평행되게 안는 자세다. 이 자세는 산모가 아기를 안는 체위를 바꾸지 않고 한쪽 유방에서 다른 쪽 유방으로 아기를 편하게 옮길 수 있으며, 산모가 아기의 머리를 조절하기 쉽다. 이 자세는 조산으로 아기가 작거나 아기가 젖꼭지를 잘 물지 못하는 경우에 도움이 된다.

[그림 7-5] 풋볼 안기 자세

[그림 7-6] 고정 체위 자세

4) 모유수유 시 주의 사항

모유수유는 아기가 태어난 후 즉시 실시하는 것이 좋은데, 신생아는 1일 8~12회로 아기가 원할 때마다 수유한다. 생후 1주일까지 아기는 한두 시간마다 젖을 찾지만 그 후부터는 비교적 규칙적으로 젖을 찾는다. 대부분의 아기는 젖꼭지를 문 지 5분 이내에 전체 수유량의 80~90%를 먹기 때문에 1회 수유 시간은 20분 정도면 충분하다. 아기가 젖을 먹고 나서 3~4시간을 계속 자면 충분히 먹은 것이라 생각할 수 있다.

모유수유 시 아기는 공기를 함께 들이마실 수 있고, 아기의 위가 수직위이므로 수유 후 5~10분쯤 아기를 세워 트림을 시킨다. 트림을 시키지 않으면 아기가 먹은 젖을 모두 토해 내기 쉽고, 위 속에 공기가 있어 불편한 압력을 느낄 수 있다. 트림은 생후 6개월까지는 해 주는 것이 좋다.

① 세우기   ② 눕히기   ③ 앉히기

[그림 7-7] 트림시키는 방법

출처: 조성연(2006). 예비부모교육, p. 290.

모유수유 시 산모는 단백질, 칼슘, 철분 등이 풍부한 식품을 섭취하고, 염분이 많은 음식을 피하며, 음주나 흡연 등은 절대로 하지 말아야 한다. 다음 번 수유는 전에 먹였던 마지막 쪽부터 먹이는 것이 좋으므로 마지막으로 젖을 먹였던 쪽의 브래지어나 옷에 옷핀 등으로 표시를 해 둔다.

모유수유 시 산모는 아기에게 주는 모유가 부족한 것은 아닌지 걱정하기도 한다.

수유 여성 중 5% 정도는 충분한 모유를 생산하지 못한다. 출산 후 다음과 같은 경우에는 아기에게 줄 모유량이 부족한 것이므로 확인하고 조제유를 보충해 주어야 한다(뉴스위크 특별호 한국판 3, 2000. 9. 23., p. 19).

- 임신 중 유방에 변화가 거의 없을 때
- 출산 닷새째에도 모유가 나오지 않을 때
- 아기에게서 젖을 삼키는 소리가 들리지 않을 때
- 아기 몸무게가 출생 당시보다 10% 이상 빠졌을 때
- 출산 사흘 뒤 아기에게 하루 갈아주는 기저귀가 여섯 장이 안 될 때
- 출산 나흘 뒤 아기의 하루 대변 횟수가 3~4회가 안 될 때
- 아기가 젖을 계속 빠는 것 같지만 결코 만족한 표정이 아닐 때

생후 1개월 때까지는 모유가 조금 부족하다 해도 서둘러 조제유를 보충할 필요는 없다. 그러나 생후 1개월이 지나서도 아기에게 다음과 같은 상황이 계속되면 모유 부족이라 생각하고 조제유를 보충해 주는 혼합영양을 실시한다.

- 수유를 시작한 지 20분 이상 지나도 아기가 젖을 놓지 않으며 억지로 빼면 울 때
- 다 먹고 난 후 언제나 언짢은 울음을 울 때
- 매회 먹고 난 지 1~2시간이 지나지 않았는데도 젖을 달라고 보챌 때
- 산모의 젖이 불지 않을 때
- 체중은 하루에 20~30g 정도 증가하는 것이 정상인데, 생후 1개월이 지났는데도 체중이 늘지 않거나 정상적으로 체중이 증가하지 않을 때
- 대변 횟수가 적을 때

5) 직장 여성의 모유수유

직장 여성은 모유수유를 하고 싶어도 어려운 경우가 있다. 그러나 직장 여성도 위

생적으로 젖을 짜서 보관한 후 아기에게 모유수유를 할 수 있다(대한모유수유의사회. 위생적으로 젖을 짜고 보관했다가 아기에게 먹이는 방법, 2021. 1. 1. 인출). 직장 여성이 모유수유를 위해 주의해야 할 사항은 다음과 같다.

- 젖을 짜기 전, 수유 혹은 기저귀 갈기 전후에는 언제나 손을 비누로 15초 이상, 특히 손톱 밑과 그 주위를 깨끗이 닦는다.
- 짠 젖을 보관할 때는 항상 깨끗하게 씻어 잘 말린 밀폐 보관 용기를 사용한다. 보관 용기로는 돌려서 잠글 수 있는 병이나 뚜껑을 꼭 닫을 수 있는 플라스틱이나 유리로 만든 병 혹은 모유 전용 보관 용기를 사용한다. 깨끗한 식품 보관 용기도 꼭 맞는 단단한 뚜껑이 있는 것이라면 사용할 수 있다.
- 뚜껑을 꼭 닫아 냉장실에 보관한 젖은 가능하면 24시간 이내에 먹인다. 8일 동안 냉장 보관을 할 수 있다고 하지만 가능하면 72시간 이상 보관하지 않는 것이 좋다.
- 짠 지 24시간 이내에 먹이지 않을 젖은 냉동하는 것이 좋다. 젖이 얼면 부피가 커지기 때문에 용기에 젖을 꽉 담지 말고 3/4 정도만 채운다. 냉동한 젖은 3개월 이내에 먹이는 것이 좋다. 젖은 냉동실 안쪽 깊이 보관하고 문에 보관해서는 안 된다. 보관 용기에 젖을 짠 날짜와 시간을 적어 놓고 가장 오래된 것부터 먹인다.
- 보통 한 번에 60~120cc 정도씩 얼리면 좋은데 아기가 한 번에 먹는 양에 따라 얼리는 양을 달리 한다.
- 냉동했던 젖을 녹일 때는 최대한 빠른 속도로 녹이는 것이 좋다. 37℃ 이하의 따뜻한 물이 담긴 그릇 안에서 물이 뚜껑에 닿지 않도록 주의하면서 부드럽게 흔들어 지방층이 잘 섞이도록 녹인다. 젖이 녹아 일단 액체가 된 후에는 곧장 먹이지 않을 경우라면 아직 차가울 때 병 표면의 물기를 완전히 닦아낸 후 냉장 보관한다. 냉동한 젖을 실온에서 서서히 해동할 수도 있지만 이때는 완전히 녹기 전, 얼음 크리스탈이 아직 남아 있는 상태에서 냉장 보관해야 한다. 해동한 젖은 상온에 두어서는 안 되고 반드시 냉장 보관해야 하며, 24시간 이내에 먹이고 한 번 녹인 젖은 다시 얼리지 않는다.

- 전자레인지로는 젖이 균일하게 데워지지 않아 아기에게 화상을 입히기 쉽고 젖의 성분, 특히 면역 성분을 포함한 단백질과 비타민을 파괴할 수 있으므로 피한다. 또한 전자레인지에 너무 오래 데울 경우에는 병이 폭발할 위험도 있다.
- 먹다가 남긴 젖은 다시 먹이지 않고 버린다.

참고 **②**

신생아 모유수유 성공과 실패

1. 모유수유 성공 팁

- 산전에 수유 자세와 젖 물리는 방법을 배워 인형으로 정확히 연습해 두기
- 24시간 모자동실인 산부인과와 산후조리원으로 정하기
- 출산할 병원에서 모유수유를 도와줄지 확인하기
- 제왕절개는 모유수유에 불리하므로 의학적 이유가 없다면 자연분만하기
- 조기 만삭아는 모유수유에 불리하므로 의학적 이유가 없다면 분만을 39주 이전으로 앞당기지 않기
- 출생 후 되도록 빨리 아기와 피부 접촉을 하면서 모유수유 시작하기
- 아기가 배고파할 때마다 젖 먹이기(요구 수유)
- 신생아는 자다가 깨면 배고픈 것이므로 울기 전에 젖 먹이기
- 젖이 돌기 전 첫날부터 하루에 적어도 8~12회 젖 먹이기
- 매 수유 시 한쪽 젖을 15분 이상 충분히 먹이고 나서 반대쪽도 먹이기
- 먹다가 덜 먹고 잠들면 손바닥, 발바닥을 지압하듯 눌러 주어 깨워서 충분히 먹이기
- 밤에도 어머니가 데리고 자면서 직접 수유하고 4시간 이상 자면 깨워서 먹이기
- 24시간 내내 직접 수유하고 의학적 이유가 없으면 젖을 짜서 우유병으로 먹이지 않기
- 산후 24시간 이내에 손으로 젖 짜는 방법을 배우기
- 분만 후 3~4일째 젖양이 많아져 유방이 단단해질수록 수유 자세와 젖 물림을 정확히 해서 직접 수유하기
- 모유만 먹이고 의학적으로 필요한 경우가 아니면 조제유를 먹이지 않기(물, 설탕물, 보리차는 모두 금지)
- 모유 외에 우유병이나 노리개 젖꼭지는 빨리지 않기

2. 모유수유 실패 이유

① 젖 돌기 전까지 조제유 먹이기

젖 돌기 전 첫 2~3일은 원래 젖이 조금 나온다. 첫날은 한 번에 5cc, 둘째 날은 한 번에 10cc 정도로 적지만 신생아에게 적합한 양이고 꼭 필요한 면역 성분과 영양이 농축되어 있는 엑기스다. 초유를 먹여야 아기가 건강하게 자라고 모유도 잘 나오게 된다. 조제유를 먹이는 만큼 젖은 적게 만들어진다.

② 먹다 남은 젖 짜기

수유 후 남은 젖은 짜지 않는 것이 원칙이다. 젖양이 부족하다고 진단된 경우가 아닌데 남은 젖을 짜면 불필요하게 젖이 많아져서 아기와 엄마가 모두 고생하게 된다.

③ 직접 수유 대신 짜서 먹이기

의학적인 이유가 없다면 직접 수유 대신 젖을 짜서 먹여서는 안 된다. 짜서 먹이면 젖양이 잘 늘지 않을 뿐만 아니라 시간과 노력이 두세 배 더 든다. 유축한 젖은 직접 수유하는 젖과 성분에도 다소 차이가 있다.

④ 신생아에게 포도당 먹이기

신생아 시기에는 모유를 제외하고는 물, 설탕물, 조제유, 보리차도 먹이지 않아야 한다. 이런 것을 먹이면 모유를 효과적으로 늘릴 수 없으며 아기에게도 해가 된다.

⑤ 황달 때문에 젖 끊기

황달이 있다고 모유수유를 중단해서는 안 된다. 예외적으로 드물게 심한 황달일 경우 치료 목적으로 1~2일 정도 중단할 수 있지만, 이때도 아기가 먹던 횟수만큼 젖을 짜서 젖양을 유지한다.

⑥ 설사한다고 젖 끊기

설사를 해도 모유수유를 끊어야 하는 경우는 거의 없다. 오히려 보채거나 졸릴 때마다 짧게 젖을 물리지 말고 배고파 할 때 깨워가며 한 번에 충분히 먹인다.

⑦ B형간염 보유자 수유 금지

만성 B형간염 산모라도 출생 직후에 헤파빅과 간염 예방접종을 하면 모유수유에 문제가 없다.

⑧ 체중 잘 안 는다고 젖 끊기

체중이 잘 늘지 않고 모유가 많이 부족한 경우 젖을 끊고 대신 조제유로 바꾸는 것은 권하지 않는다. 젖양이 적다면 규칙적으로 젖을 짜서 모유량을 늘리는 방법을 적극적으로 시도하고, 젖을 충분히 늘리기 전까지 적절하게 보충 수유를 한다.

⑨ 울면 젖 먹이기

신생아는 울기 전에 젖을 먹여야 한다. 우는 것은 배고프다는 마지막 표현이며 자다가 깨는 것 자체가 배고픈 신호다. 반면, 신생아 시기가 지나면 우는 것이 모두 다 배고픈 것은 아니므로 아기의 신호를 정확히 이해하는 것이 중요하다.

⑩ 보챌 때마다 무조건 젖 먹이기

배고파하면 물론 먹여야 한다. 그러나 아기가 보채거나 우는 경우는 기저귀가 젖었거나, 졸리거나, 심심하거나, 반대로 외부 자극이 너무 많은 경우 등 여러 가지 이유가 있으므로 무조건 젖부터 물릴 생각은 버려야 한다.

⑪ 시간 맞춰 먹이기

신생아는 젖을 몰아서 먹기도 한다. 먹은 지 30분도 안 되어 또 먹겠다고 하다가도 어떤 때는 4시간 이상 자기도 하므로 배고플 때마다 먹인다.

⑫ 입꼬리에 손을 대 보고 빨 때마다 먹이기

아기가 언제 배고픈지 몰라서 손가락을 아기의 입 근처에 대 보고 아기가 빨려 하면 배고픈 것으로 착각하고 젖을 먹이는 것은 곤란하다. 아기는 배가 고프지 않아도 입에 닿는 것은 반사적으로 빤다.

⑬ 신생아에게 밤에 조제유 먹이기

산후 조리를 하는 동안 산모가 밤에 쉬기 위해 아기를 신생아실에서 재워 조제유를 먹이는 경우가 많다. 신생아 때 밤에 젖을 안 먹이면 젖이 제대로 늘지 않거나 유방 울혈이 생기고 배고픈 때를 놓쳐 직접 수유하지 못해 젖을 짜야만 하는 악순환이 반복된다. 그리고 밤에 조제유를 배불리 먹은 아기가 아침에 엄마 젖 빠는 것을 만족하지 못해 모유를 거부하기도 한다.

⑭ 젖 먹이고 나서 또 조제유 먹이기

아기는 아무리 배불리 먹어도 입에 닿는 것은 무조건 빨기 때문에 모유수유 후 우유병을 빤다고 해서 반드시 젖이 부족하다고 볼 수 없다.

⑮ 유축기로 젖양 가늠하기

유축기로 젖을 짜면 건강한 아기가 먹는 것보다 일반적으로 적게 나오므로 젖이 적다고 생각하고 무조건 조제유를 먹이는 것은 적절하지 않다.

⑯ 약 먹는다고 젖 끊기

거의 대부분의 약이 모유수유 중 안전하게 사용할 수 있고 필요하면 안전한 대체 약을 찾을 수 있다. 필요시 담당 의사와 상의하여 안전한 약을 처방받아 복용하면 된다.

⑰ 울 때 노리개 젖꼭지 빨리기

신생아 시기에 노리개 젖꼭지(공갈 젖꼭지)를 빨리면 유두 혼동이 생길 수 있고, 젖양도 줄 수 있으므로 빨리지 말아야 한다.

출처: 대한모유수유의사회. 신생아 모유수유 실패 지름길 17가지. 1. 1. 인출.

2. 조제유

아기에게는 모유수유든, 조제유든 어떤 방법으로든 영양 공급을 해 주어야 한다. 아무리 모유수유가 최상의 영양 공급원이라 할지라도 불가능하다면 아기에게 조제유를 줄 수밖에 없다. 즉, 임신 전에 유방 축소나 확대 수술로 인하여 유선이 잘려져 유즙 분비가 어려운 경우, 유방에 염증이 있거나 모체에 심각한 질병이 있는 경우 등에는 부득이 조제유를 줄 수밖에 없다.

1) 조제유의 종류

조제유는 생후 6개월 미만 영아용과 6개월 이상 성장기용으로 나뉘며 모유 대용으로 아기에게 제공해 줄 수 있는 식품이다. 영아용 조제유는 원유 또는 유가공품을

원료로 하여 모유의 성분과 유사하게 제조·가공한 분말상(유성분 60.0% 이상) 또는
액상(유성분 9.0% 이상)의 것을 말한다(한국소비자원 보도자료, 2019. 3. 26., p. 3). 분
말상이나 액상은 영양 면에서는 차이가 없다.

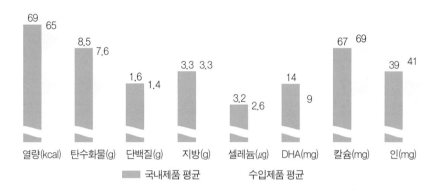

[그림 7–8] 국내·수입 조제유의 100ml 영양성분 함량 비교

출처: 한국소비자원 보도자료(2019. 3. 26.). 조제유, 구매 전 영양성분 꼼꼼히 살펴봐야, p. 1.

분말상의 조제유는 우리나라에서 보편적으로 많이 이용하고 있는 것으로 국가에
서 정한 엄격한 영양성분을 포함하고 있으며 모유 성분과 비슷하게 만들어져 있다.
이러한 영양성분 함량은 국내 제품과 수입 제품 간에 큰 차이가 없으나 유럽연합은
2020년 2월 22일부터 영유아용 조제분유(infant & follow-on formula)에 DHA 첨가
를 의무화하고 있다.

한편, 바로 먹일 수 있도록 되어 있는 액상의 조제유는 실온상태에서 보관하다가
개봉 직후 직접 젖병에 담아 바로 영아에게 먹일 수 있어 외국에서는 보편적으로 사
용하고 있다. 이것은 조유 농도가 정확하고, 칼슘, 철분 강화 등의 이점이 있어 외출
이나 여행 시 편리하다. 그러나 액상의 조제유는 체온에 맞는 온도로 아기에게 먹일
수 없고, 유통 과정에서 문제가 생길 수도 있으며, 가격은 다소 비싼 편이다.

표 7-2 영아용 조제유(infant formula)의 주요 영양성분 국내외 기준·규격

| 항목 | 국내 | | 국외 | | | |
| | 식품공전[1] | CODEX[2] | 유럽 | | 호주·뉴질랜드[5] | 미국[6] |
			현행[3]	개정[4]		
열량(kcal/100ml)	60~70		60~70		60~75	-
수분(%)	5.0 이하 (액상 제외)		-	-	-	-
단백질(g/100kcal)	1.8~3.0		1.8~3.0	1.8~2.5	1.9~3.0	1.8~4.5
지방(g/100kcal)	4.4~6.0		4.4~6.0	4.4~6.0	4.4~6.3	3.3~6.0
탄수화물(g/100kcal)	9.0~14.0		9.0~14.0	9.0~14.0	-	-
칼슘(mg/100kcal)	50 이상 최대 140		50~140	50~140	50 이상	60 이상
인(mg/100kcal)	25 이상 최대 100 *칼슘 : 인=1 : 1~2 : 1		25~90	25~90	25~105	30 이상
셀레늄(μg/100kcal)	1.0~9.0		1.0 이상 최대 9.0	3.0~8.6	1.1~5.0	2.0~7.0
DHA(mg/100kcal)	-	최대 0.5%* (지방산의)	-	20~50	-	-

1) 「식품의 기준 및 규격」(식품의약품안전처 고시 제2019-16호)
2) CODEX STAN 72-1981
3) Commission Directive 2006/141/EC
4) Commission Regulation (EU) 2016/127
5) Australia, New Zealand Food Standard 2.9.1 (Infant formula product), 100kcal=4.2KJ기준
6) FD&C Act (21CFR 107.100) infant formula, nutrient specifications
* 선택사항(Optional ingredients)

출처: 한국소비자원 보도자료(2019. 3. 26.). 조제유, 구매 전 영양성분 꼼꼼히 살펴봐야, p. 3.

2) 조제유의 장·단점

(1) 장점

• 산모가 젖이 부족하거나 잘 나오지 않는 경우, 질병이 있거나 약물 복용을 하는 경우, 직장 여성이거나 출장 등으로 장기간 모유수유를 할 수 없는 경우에 모유를 대신해 줄 수 있다.

- 모유는 어머니가 움직여야 하기 때문에 오래 수유할 수 없으나, 조제유는 어머니 외의 다른 사람이 아기에게 수유해 줄 수 있어 더 오래 만족감을 줄 수 있다.
- 아기가 섭취한 양을 알 수 있다.
- 어머니에게 상대적으로 더 많은 자유를 준다.
- 수유 시 아버지의 참여를 유도할 수 있다.

(2) 단점

- 수유 준비물이 많고, 이를 구입하는 비용이 많이 든다.
- 아기의 발달 단계나 특징, 아기의 치아에 미치는 영향 등을 고려하여 수시로 젖꼭지를 바꿔 주어야 한다.
- 매번 젖병과 젖꼭지를 소독해야 한다.
- 분말상인 경우에는 아기가 울 때 즉시 수유하기 어렵다.
- 출산 후 산모의 산후 회복에 아무런 도움을 주지 못한다.
- 우유 알레르기가 있는 아기에게는 수유가 곤란하다.
- 젖병에서 미세플라스틱 등의 물질이 배출될 수 있다. 아일랜드 트리니티 칼리지 더블린대의 존 볼랜드(J. Boland) 교수 연구진은 아기가 먹을 우유를 준비하는 도중 젖병에서 1L당 평균 400만 개의 미세플라스틱이 떨어져 나오는 것을 확인했다. 이는 아기가 먹는 우유 양으로 따지면 생후 첫해에 매일 158만 개씩의 미세플라스틱을 섭취하는 셈이 된다(조선일보, 2020. 10. 20.).

3) 조제유 수유 시 주의 사항

조제유는 소화하기 어렵고 공기 중에 있을 때 상하기도 쉬워 늘 세심한 주의를 기울여야 한다.

- 젖꼭지의 구멍 크기에 주의하여 아기의 월령이 증가함에 따라 젖꼭지를 바꿔 주어야 한다. 보통 신생아 때는 1초에 3방울 정도 떨어지는 것이 적합하다.

- 조제유의 온도가 너무 뜨겁지 않도록 온도를 조절(37°C 정도)한다.
- 사카자카이균 감염을 막고 식중독균과 같은 병원균을 차단하기 위해 조제유는 70°C 이상 가열한 물에 타서 먹여야 한다. 사카자카이균은 병원성 미생물의 일종으로 특히 조제유와 결합해 질병을 일으키는 경우가 많다. 영아가 사카자카이균에 감염되면 사망률이 20~50%에 달하고 생존하더라도 심각한 후유증을 겪게 되며, 특히 12개월 이하와 미숙아, 저체중아가 위험하다.
- 물에 탄 조제유는 오래 보관하지 말고 즉시 타서 먹이는 것이 좋으며, 물에 타는 준비 시간도 가능한 한 줄이는 것이 좋다.
- 물에 탄 조제유는 다 먹이려 하지 말고 먹다 남은 조제유는 버린다. 모유와 달리 조제유는 물에 탄 것은 모두 먹여야 한다고 생각하는 부모가 많다. 아기가 더 이상 배고프지 않다는 신호를 보내는데도 부모는 이를 무시하고 계속 먹도록 강요하기 쉬워 모유수유아에 비해 비만이나 과체중의 위험이 높다.
- 조제유를 수유할 때는 아기를 45°로 안고 젖병 속의 공기가 아기에게 들어가지 않도록 젖병을 45° 이상으로 세워 천천히 20분 정도 수유한다.
- 조제유를 먹인 후 10~15분간은 아기를 똑바로 세운 자세로 안고 반드시 트림을 시킨다.
- 사용한 젖병과 젖꼭지는 병원균의 감염을 막기 위해 세척한 후 반드시 소독한다.
- 플라스틱 젖병 사용 시 젖병을 직접 가열하거나 흔드는 과정을 줄여 미세플라스틱 방출을 줄인다. 그러므로 분말상의 조제유를 따뜻한 물에 탈 때는 플라스틱이 아닌 용기에서 따로 탄 후 소독한 젖병에 담는다(조선일보, 2020. 10. 20.).

4) 조제유 타는 방법

아기에게 조제유를 먹일 경우에는 분말상과 액상에 따라 필요한 준비물을 챙겨 수유 준비를 한다.

- 손을 비누로 깨끗이 씻는다.

- 간혹 젖병을 소독한 후에 엎어 놓지 않아서 젖병 속에 물이 있는 경우가 있으므로 물이 있으면 버린다.
- 끓인 물을 완성된 조제유 양의 2/3 정도가 되도록 젖병에 담는다.
- 조제유 스푼을 이용하여 잘 깎아서 요구된 양대로 정확하게 측정하여 젖병 속에 넣는다.

[그림 7–9] 조제유 스푼 이용 방법

- 거품이 나지 않도록 바닥에 원을 그리듯이 잘 흔든다.
- 아기가 먹을 양만큼의 물을 더 보충한다. 젖병 뚜껑을 닫고 너무 뜨겁지 않게 체온 (약 37˚C) 정도로 식힌다. 이때 젖꼭지는 직접 손으로 만지지 않도록 주의한다.

5) 젖병과 젖꼭지 관리

물에 탄 조제유나 액상형의 개봉한 조제유는 공기 중에 그대로 두면 상하기 쉽고 젖병에 담겨져 있을 경우에는 찌꺼기가 젖병에 붙어 미생물의 번식을 촉진시킨다. 그러므로 수유 후 젖병과 젖꼭지는 솔로 깨끗이 씻은 다음 맑은 물로 헹군 후 소독해 둔다. 씻을 때 젖꼭지가 미끄러우면 뒤집어서 소금으로 씻는다.

젖병과 젖꼭지는 사용 후 끓이거나 소독제 등을 사용하여 소독해 두어야 한다. 끓는 물에 소독할 경우에는 젖병과 젖꼭지는 물에 충분히 담가 20~25분 정도 끓이는데 젖꼭지는 5분 정도 끓인 후 먼저 꺼낸다. 소독 후 물기를 빼서 뚜껑을 덮어 두거나 포유박스에 보관하며, 젖꼭지에 손이 닿지 않도록 주의하고, 반드시 젖병에 끼워 뚜껑을 덮어 둔다. 젖병 소독제를 사용할 경우에는 젖병과 젖꼭지를 소독액에 푹 잠기게 한 후 지시에 따라 지시된 시간만큼 담근 후 꺼내어 맑은 물에 헹궈 사용한다. 전자레인지를 사용할 경우에는 젖병과 젖꼭지를 넣은 후 약 1분간 소독하고 꺼내거나, 찜통 속에 포유병, 젖꼭지 등을 거꾸로 세워 두고 증기로 약 10분간 찐 후 뚜껑을 덮은 채로 보관할 수도 있다.

3. 모유수유나 인공수유에서 생우유로의 전환

아기들이 어느 정도 자라고 체중이 증가하면 모유나 조제유에서 생우유(일반 우유)로 전환해야 한다. 생우유는 단백질 농도가 너무 높아 소화하기가 어렵고, 단백질 대사를 활발하게 할 수 없으며, 소화계에 손상이 생겨 미미하지만 만성적으로 혈액 손실이나 알레르기 반응을 야기할 수도 있다. 그러므로 영아가 6개월 이하인 경우에 생우유는 절대 주어서는 안 된다(Lovejoy, Jr., & Estridge, 1987, p. 29). 너무 일찍 생우유를 먹이는 것은 바람직하지 않고 영아의 체중과 성장 속도에 맞추어 대개 10~12개월경부터 의사와 상의한 후 먹일 수 있으나 1세 이전에 주는 것은 철분 결핍의 위험이 있으므로 권장하지는 않는다. 생우유로 전환할 때 특히 다른 음식에 대한 거부 반응을 나타낸 경험이 있는 영아는 반드시 의사와 상의한 후 제공해 준다.

4. 이유식*

생후 4~6개월이 되면 모유나 조제유만으로 영아의 성장과 발달에 필요한 영양소를 충분히 공급해 줄 수 없고, 이가 나기 시작하여 씹어 먹는 음식의 섭취와 이를 먹는 훈련이 필요하다. 그러므로 부모는 이 시기에 영아의 성장·발달 속도, 건강 상태, 체질 등을 고려하여 영아에게 이유식을 제공해 주어야 한다. 이유식을 너무 일찍 주게 되면 음식을 제대로 소화·흡수하지 못해 위험을 초래할 수도 있으므로 부모는 성급하게 이유식을 주려고 서두르지 말고 영아의 상태를 충분히 고려하여 제공해 준다.

....
* 이 부분은 조성연(2006). 예비부모교육, pp. 343-352의 내용을 수정·보완하여 제시함.

1) 이유식의 필요성

이유식 혹은 보충식(complementary feeding)은 발달에 필요한 영양소의 충분한 공급을 위해 모유나 조제유 대신 영아에게 씹어 먹을 수 있는 반고형식의 음식(solid food)이나 액체다. 이유식을 주는 시기는 영아의 발달 속도에 따라 차이가 있어 영아마다 다르지만 대체로 몇 가지 징후가 나타나면 시작할 수 있다.

- 이가 나기 시작할 때
- 하루 수유 횟수가 7, 8회 이상 되고, 수유 양도 1,000cc가 넘을 때
- 수유 후에도 배고파하거나 자주 먹여도 만족하는 것 같지 않을 때
- 4~5개월 때까지 늘던 체중이 줄고, 1주일 정도 충분히 수유해도 별다른 변화를 보이지 않을 때
- 영아의 체중이 6~7kg 정도 되고, 어른의 식사하는 모습을 보고 먹고 싶어 하는 반응을 보일 때

이러한 징후가 보이는 시기는 대개 생후 4~6개월이 되는데, 이때쯤 영아는 체내에 있는 철분이나 칼슘 등의 무기질이 모두 소모되고, 운동량도 많아져 각종 영양소에 대한 요구량이 증가하기 때문에 모유나 조제유로 이를 충당하기에 부족하다. 그러므로 영아는 이를 보충할 수 있는 새로운 음식이 필요할 뿐만 아니라 치아와 턱의 발달을 위해 빨아먹는 방법에서 씹어 먹는 방법으로의 전환을 통해 씹는 훈련이 필요하다.

이유식을 시작하면서 영아는 새로운 음식에 대한 적응과 올바른 식습관 형성 및 그에 따른 태도가 형성된다. 그러나 이유식을 너무 일찍 혹은 너무 늦게 실시하는 것은 바람직하지 않으므로 정상적인 기간 동안 천천히 젖병을 떼면서 자연스럽게 이유식을 실시한다. 이유식을 너무 늦게 실시하면 다음과 같은 여러 가지 부정적인 현상이 나타날 수 있다.

- 신체적으로 젖병을 오래 빨게 되어 치아의 발달에 좋지 않고, 이가 잘 썩고, 턱 모양이 바뀔 수 있다.
- 성격적으로 고집이 세어지고, 버릇이 나빠지며, 섭식장애를 일으킬 수도 있다.
- 행동과 식습관 형성에서 밥을 잘 먹으려 하지 않고, 편식이 생기고, 숟가락 사용도 늦어진다.
- 생리적 측면에서 소아당뇨의 위험성이 높아지고, 변비가 될 가능성이 많으며, 영양소 부족으로 빈혈이 생길 수도 있다.

한편, 이유식을 너무 일찍 시작해도 다음과 같은 여러 가지 부정적인 현상이 나타날 수 있다.

- 시간과 노력이 많이 들고, 영아에게 이유식을 먹이는 것이 힘들어진다.
- 일찍부터 단백질을 준 결과로 구토, 설사, 피부 발진 등의 알레르기가 나타날 수 있다.
- 비만, 염분과 당분의 과잉섭취, 소아당뇨 등으로 이어질 수 있다.
- 우유를 잘 먹으려 하지 않아 균형 잡힌 영양 공급이 되지 않을 수 있다.

2) 이유식 제공 시 주의 사항

이유식은 영아의 성장·발달 속도와 월령에 따라 음식의 종류와 형태, 질감과 공급 방법을 달리하여 제공해 준다. 이유식을 줄 때는 강제적으로 하지 말고 일련의 단계를 거쳐 천천히 실시한다.

첫째, 강제로 이유식을 실시하게 되면 영아에게 심리적인 스트레스를 주어 정서적인 불안감을 줄 수 있으며, 때로는 음식을 먹지 않으려 할 수도 있다. 이유식을 주면 처음에는 혀로 밀어내는 경우가 있는데, 이는 음식을 싫어한다기보다 받아먹는 방법에 익숙하지 않기 때문이므로 포기하지 말고 잠시 멈췄다가 다시 시도하면 잘 먹을 수 있다.

둘째, 이유식을 시작하면서 모유나 조제유를 바로 중단하는 것이 아니라 1년간은 모유나 조제유를 병행해서 준다. 모유나 조제유의 양은 시간이 지남에 따라 조금씩 줄이고 이유식의 양이나 횟수는 늘린다. 알레르기 질환의 가족 병력이 있는 경우는 생후 5개월 이후에 이유식을 시작할 것을 권장한다.

셋째, 처음에는 영아의 민감한 위에 장애를 일으키지 않도록 미음과 같은 유동식에서 반고형식의 부드러운 음식으로, 최종적으로 고형식의 음식을 준다. 이유식 재료도 영아가 음식을 삼키다가 잘못되어 질식하지 않도록 부드러운 재질을 사용한다. 이유식을 먹일 때는 물을 함께 먹이고 갈증은 우유가 아닌 물로 보충해 준다.

넷째, 이유식은 모유나 조제유를 수유하기 전에 매일 일정한 시간을 정해 놓고 일정한 장소에서 준다. 처음 이유식을 주는 시간은 영아가 심하게 배가 고프지 않고 졸리지도 않은 오전 10시경이 적합하고, 그 시간은 20~30분을 넘지 않도록 한다.

식사와 간식을 3~4시간 간격으로 배치하고 정해진 식사와 간식 시간 사이에 물 이외에는 아무것도 주지 않는다. 올바른 식습관 형성을 위해 식사나 간식을 위한 영아용 의자(high-chair)에 앉혀 먹인다. 이유식을 주고 난 후 모유나 조제유로 부족한 양을 채워 준다.

[그림 7-10] 영아용 의자에 앉아 있는 6개월 된 영아

다섯째, 처음 이유식을 줄 때는 여러 가지 재료를 섞지 말고 한 번에 한 가지 음식만을 준다. 여러 가지 재료를 섞어 먹이면 설사나 알레르기 발생 시 그 원인을 알기 어렵다. 시간이 지남에 따라 다양한 종류의 음식을 먹어 볼 수 있도록 이유식을 만들어 주되, 새로운 음식을 첨가할 때는 영아가 다른 음식에 적응할 시간적 여유를 주기 위해 약 1주일 간격을 둔다. 이유식은 칼로리가 높고 영양가는 낮은 인스턴트식품은 삼가며, 그 양은 처음 찻숟가락의 1/4이 되는 양에서부터 큰 숟가락 3~4개의 분량이 되도록 제공한다. 영아가 배부름을 느끼고 숟가락을 놓을 수 있도록 자연스럽게 양을 늘리고, 부모는 준비한 이유식을 다 먹이려는 생각은 갖지 않는다.

여섯째, 영아의 위나 장은 아직 튼튼하지 않기 때문에 조금만 균이 들어와도 배탈이 날 수 있으므로 손은 깨끗이 씻고, 모든 조리기구는 소독하여 청결하게 조리한다. 이유식 조리 시에는 소금이나 설탕 등의 조미료는 첨가하지 않으며, 맵거나 지방이 많고 향료가 든 음식, 지나치게 달거나 씨가 있는 음식, 카페인이나 알코올이 있는 음식, 꿀 등도 주지 않는다. 이유식 후기의 고형식을 줄 때 소시지, 당근, 땅콩 종류는 사레가 들리기 쉽고 기도 내로 흡입되어 호흡 곤란을 초래할 수 있으므로 피한다. 다량의 우유나 주스는 영양가가 있는 식품에 대한 식욕을 제한할 수 있다. 특히 오렌지 주스를 많이 먹게 되면 알레르기를 유발할 수 있고, 후에 영아가 우유를 먹지 않으려는 경향이 있으므로 양을 제한한다.

일곱째, 이유식을 줄 때는 반드시 숟가락을 사용하고 앉혀서 먹인다. 숟가락을 사용하여 처음 이유식을 먹일 때 영아가 삼키는 것이 익숙하지 못해 혀로 내뱉는 일이 흔히 있는데, 이는 영아의 혀 운동 능력이 미숙하여 비롯되는 것이므로 계속 숟가락을 사용하여 먹이는 습관을 들인다. 숟가락을 사용하는 이유는 영아가 숟가락에 적응하게 하는 것뿐만 아니라 음식을 먹으면서 영아에게 쉬는 시간이 생겨 먹는 데도 여유를 가질 수 있기 때문이다.

[그림 7-11] 숟가락으로 이유식을 주는 모습

출처: 아주대학교병원. 2021. 2. 18. 인출.

여덟째, 처음부터 영양가를 너무 따지지 말고, 음식을 먹는 방법을 익히는 데 역점을 둔다. 과거에는 과즙부터 먼저 주는 것으로 이유식을 시작하였으나 최근에는 과즙의 당분으로 인해 영아가 다른 음식을 먹지 않으려 하는 경향이 있고 알레르기를 일으킬 수 있다고 하여 과즙은 6개월 이후에 준다. 이유식을 만들 때는 영아가 한 번에 먹는 양이 적으므로 가족의 식사 준비 중 일부를 영아에게 맞게 만들어 주어도 된다.

아홉째, 생후 12개월쯤 되면 덩어리 음식을 먹을 수 있게 되고, 우유도 컵으로 마실 수 있다. 그러므로 영아가 혼자 식사하는 습관을 들이도록 핑거푸드(finger food)를 줄 수도 있다. 핑거푸드는 부드러운 재질의 음식을 잘게 썰어 영아가 손으로 집어먹을 수 있도록 제공해 주는 것이다. 핑거푸드로는 식빵, 과일, 치즈, 고구마, 바나나, 단호박 등을 줄 수 있다. 영아가 음식을 먹을 때 부모는 영아의 옷과 손이나 얼굴 등이 지저분해지더라도 상관하지 말고 허용한다.

[그림 7-12] 혼자 손을 이용하여 식사하는 영아

열째, 함께 식사하는 가족이 식사를 마칠 때까지 식탁에 함께 앉아 있을 수 있도록 하는 것이 좋다. 아기가 아무리 많은 양을 먹는다해도 식사 시간을 연장하지 않는다. 지나치게 식사 시간이 길어지거나 쫓아다니면서 오랜 시간에 걸쳐 먹이는 것은 다음 식사에 영향을 미치고 바른 식습관 형성에도 방해가 된다.

열한째, 주변 환경을 정돈하고 식탁에서 자신의 배고픔과 음식 섭취에만 집중할 수 있도록 장난감은 치우고, TV, 스마트폰, 태블릿PC 등은 보여 주지 않는다. TV나 스마트폰, 태블릿PC 등을 보여 주면 영아가 TV에 집중하게 되어 자신의 배고픔과 배부름 등 신체 내부의 욕구에 집중할 수 없다.

열두째, 식사 중 돌아다니거나 음식이나 식기를 던지는 행동, 음식을 갖고 노는 행동을 하지 않도록 한다. 또한 식사를 방해할 정도의 너무 많은 대화는 하지 말고 영아가 식사에 집중할 수 있도록 해 준다.

열셋째, 직장을 다니는 여성의 경우에는 2일 정도 먹일 수 있는 분량의 이유식을 만들어 한 번 먹을 양만큼 담아 냉장고에 보관하여 데워 먹일 수 있다. 데울 때는 중탕으로 체온 정도의 온도가 좋으며, 전자레인지는 음식이 너무 뜨겁게 데워지거나 고루 데워지지 않으므로 사용하지 않는 것이 좋다.

3) 단계별 이유식

이유식은 유동식에서 고형식으로 일련의 단계를 거쳐 진행되는데 그 기본은 엷은

맛이다. 진한 양념은 소화기가 미숙한 영아에게 부담스러우며, 진한 맛에 익숙해지면 유아기에 편식하는 경향을 나타낼 수도 있다.

(1) 제1단계

이 단계는 이유식을 실시하기 위한 준비기로서 생후 4개월경의 영아에게 아주 소량의 미음을 준다. 미음의 농도는 마시는 플레인 요구르트 정도며, 영양 공급에 신경을 쓰기보다는 기존의 모유나 조제유보다 다른 음식의 맛에 적응하고 숟가락 사용에 재미를 붙이며, 음식 먹는 법을 연습하는 데 역점을 둔다. 이 단계에서의 이유식은 하루 1번 정도 쌀미음으로 시작해 1회 30~80ml 정도 준다. 이유식을 준 후 부족한 부분에 대해서는 모유나 조제유로 보충해 준다.

(2) 제2단계

이 단계는 본격적으로 이유식을 실시하는 생후 4~6개월로 모유나 조제유 외의 음식에 습관을 들인다. 이때는 하루에 2회 정도 이유식을 준다. 이유식을 시작할 때는 곡류를 4~5찻숟가락 정도 준다. 이 시기의 주 영양 공급원은 여전히 모유나 조제유이므로 이유식을 잘 먹는다고 한꺼번에 무리하게 많이 주지 않도록 하고, 점차 양을 늘려 가며, 달걀 노른자, 야채 스프 등의 반유동식 음식을 번갈아 가며 조금씩 준다. 과일즙은 6개월 이후에 갈거나 즙으로 줄 수 있는데 오렌지나 토마토 등은 알레르기를 유발할 수 있으므로 주의한다.

(3) 제3단계

이 단계는 생후 7~9개월로 영아는 한 번에 열 숟가락 정도 먹을 수 있고, 더 먹으려고 보챈다. 이 시기는 식품을 통한 철분 보충이 필요하고 단백질 섭취가 중요한 시기로서 묽은 죽, 으깬 채소, 간단한 크래커나 생선살 등의 반고형식의 음식을 하루에 세 번 준다. 이유식은 초기 원료에 한 가지 채소를 섞어 농도를 높인 미음이나 입자가 고운 죽 형태로 시작해 점차 작은 알갱이가 씹힐 정도의 죽으로 진행한다. 고기와 생선을 줄 때 처음에는 주로 흰살생선을 이용하여 채소와 함께 반유동식으로 갈아서 준다. 8개월경에는 씹을 수 있는 간식을 주거나 손가락으로 집을 수 있는 크기의 과일이나 스낵을 줄 수도 있다.

(4) 제4단계

이 단계는 생후 10~12개월의 기간으로 이유식의 마지막 단계다. 이 단계에서 영아는 혼자 숟가락질을 하고, 음식을 먹는 것에 의욕을 보인다. 이 시기는 씹고 소화시키는 영아의 능력이 향상되어 하루에 3회 이상 이유식을 주고 한 번에 먹는 양도 150ml 이상이므로 모유나 조제유의 양은 조금씩 줄여 가고, 오전과 오후에 간식을 준다. 이때 주는 음식은 다양한 재료를 사용하여 된죽, 잘게 썬 채소, 다진 고기 등의 고단백으로서 농도가 더욱 되직한 고형식이거나 간단하게 씹을 수 있는 정도고 너무 딱딱하지 않으며 자극성이 적은 것을 택한다. 이 시기에는 영아가 혼자 숟가락을 사용하도록 연습시키고, 식사를 마칠 때까지는 가능한 한 이유식을 좀 더 많이 먹을 수 있도록 지도한다.

(5) 완료기

12개월이 지나면 영아는 구강과 소화기관이 발달하고, 먹을 수 있는 재료도 다양해져 2배 진밥으로 조리된 음식을 먹을 수 있다. 부모는 영아에게 다양한 식품을 경험하게 해 주고 영양을 골고루 섭취할 수 있도록 어른과 같이 하루 세 번 밥을 먹이고, 오전과 오후에 간식을 준다. 이때 모유나 조제유는 아침과 밤에만 주고, 조제유는 하루에 400ml 정도 준다. 예전에는 이유식을 줄 때 생선은 돌 이후, 쇠고기는 후기 단계에 사용하도록 권장했지만, 최근에는 생후 4~6개월경 태어날 때 산모에게 받은 철분이 소진되고 체중이 늘면서 빈혈에 걸릴 우려가 있어 쇠고기가 들어간 이유식을 초기부터 사용할 것을 권하고 있다.

표 7-3 영아의 월령에 따른 이유식

구분	초기		중기		후기		완료기
	첫째 달	둘째 달	첫째 달	둘째 달	첫째 달	둘째 달	전체
이유식 형태	쌀·물 10배죽	쌀·물 8배죽	쌀·물 5배죽	된죽	아주 진밥	진밥	진밥
이유식 총량	아기에 맞게 서서히 늘려 간다.				150~220ml		60~70g
먹는 시간	두 번째 수유		오전 10~12시 오후 5~6시		아침 8~9시 점심 1~2시 저녁 5~6시		
끼니 수	한 끼		두 끼		세 끼		네 끼
수유 횟수	6회		5회	4회	4회	3회	간식 2회
분유/모유량	800~1,000ml		700~800ml		500~600ml		400~ 500ml

출처: 머니투데이(2017. 5. 16.). [아!편육] 첫 이유식 실패… 이렇게 바꾸니 "얌얌". 2021. 1. 1. 인출.

제8장

영아의 안전생활

생후 1년 동안 영아는 놀라운 발달 속도를 나타냄에 따라 누워만 있던 상태에서 뒤집고, 기고, 잡고 서고, 혼자 걸을 수 있게 되면서 주변을 적극적으로 탐색하며 호기심도 많아져 주변의 많은 것을 입에 넣어 보고 만져 보려 한다. 이런 이유로 영아기에는 안전사고가 많이 발생하는데, 이는 바깥보다 가정에서, 부모가 있는 상황에서 더 많이 발생한다. 또한 아동학대 사건도 빈번하게 발생하면서 부모는 무엇이 아동학대인지를 알고, 이를 예방하기 위해 노력해야 한다. 따라서 이 장에서는 부모나 양육자가 영아의 안전생활과 아동학대 예방을 위해 알아 두어야 할 사항에 대해 살펴보고자 한다.

1. 영아의 안전생활*

생후 1년 동안 영아는 실내외에서 크고 작은 안전사고를 경험할 수 있다. 가정에서의 안전사고 발생률이 가장 높아 아동의 안전사고 중 2/3는 가정에서 발생하고, 안전사고의 2/3는 3세 이하에서 발생한다(SAFEKiDSKorea. 어린이 안전사고 통계자

....
* 이 장은 조성연(2006). 예비부모교육, pp. 305-336의 내용을 수정·보완하여 제시함.

료, 2021. 6. 21. 인출). 특히 가정의 바닥재, 침실과 거실 가구, 문, 주방가구 등이 위험하고, 물리적 충격과 식품 및 이물질로 인한 사고가 2/3나 되며, 부상 부위도 머리와 얼굴이 전체 사고의 2/3를 차지한다. 영유아는 다른 연령에 비해 근육 발달이 미숙하고, 머리가 다른 신체 부위에 비해 상대적으로 크고, 협응력은 낮으면서 호기심은 왕성하여 입에 넣어도 좋을 것과 넣어서는 안 될 것을 구별하지 못하여 손에 잡히는 것은 무엇이든 입으로 가져가 확인해 보려는 특성이 있어 사고 위험에 더 많이 노출될 수 있다. 그러므로 부모는 영아가 기기 시작하고 걷게 되어 주변을 탐색하기 시작하면 항상 주변을 깨끗하고 안전하게 관리하여 만일의 위험 사태로부터 영아를 보호해야 한다. 요즘에는 영아를 위한 다양한 안전용품이 제작ㆍ시판되고 있으므로 조금만 주의를 기울이면 가정 내 안전사고는 예방할 수 있다.

1) 실내 안전생활[*]

가정은 영아에게 가장 안전한 곳이어야 하지만 영아에게 위험한 물건들로 가득한 곳이기도 하다. 부모는 영아의 건강하고 안전한 생활을 위해 가정 내의 위험한 물건을 최대한 영아의 눈에 띄지 않도록 관리해야 한다.

[그림 8-1] 영아에게 위험한 가정 내 물건

[*] 이 장에서 제시한 실내 안전장치와 관련한 사진 중 일부는 Gmarket(http://item.gmarket.co.kr/)에서 캡처하여 제시함.

(1) 침구

 과거에 비해 아기침대가 많이 사용되고 있으므로 아기침대를 선택할 때는 주의가 필요하다. 아기침대는 영아의 머리가 끼지 않도록 칸막이의 난간살 간격이 6cm 이내고, 침대 높이는 65cm 이하하며, 매트리스와 침대 난간 사이에는 틈이 없이 겨우 손가락 하나 들어갈 정도여야 한다. 또한 아기침대 머리 부분의 장식이 요란하지 않고 각 부분의 나사가 안전하게 조여 있어야 한다. 아기침대의 칸막이는 영아가 놀거나 잠을 자다가 부딪쳐 다칠 수 있으므로 칸막이 안쪽에 스펀지나 이와 유사한 재질로 만들어진 보호대를 둘러 준다.

 아기침대의 매트리스는 다소 딱딱하다는 느낌을 받을 정도가 좋고 아기 요의 경우에도 너무 폭신하지 않아야 한다. 특히 매트리스나 요가 지나치게 폭신하면 영아를 엎어 재웠을 경우에 영아 돌연사 증후군을 유발할 수 있다. 아기 이불은 너무 부드럽지 않아야 하고 덮어 줄 때는 영아가 움직여 이불이 영아의 얼굴을 가리지 않도록 가슴 부위까지만 덮어 준다. 간혹 아기침대 안에 봉제완구나 베개 등을 두는 경우가 있는데 이는 영아의 얼굴을 덮어 호흡을 어렵게 할 수 있으므로 두지 않고, 영아의 손이 닿는 곳에 모빌이나 매달아 두는 장난감도 떨어질 우려가 있으므로 1년 이하의 영아인 경우에는 주의가 필요하다.

 아기침대를 설치할 경우에는 전등을 켤 수 없고 주변에 전선이나 블라인드, 커튼 등이 없는 곳을 선택한다. 영아가 뒤집고 기기 시작하면 뛰어놀거나 기어오르면서

[그림 8-2] 보호대를 두른 아기침대와 그 안에 있는 영아

끈이나 줄을 목에 걸고 놀려는 습성이 있어 블라인드 줄이 목에 감길 수 있으므로
위험하다. 블라인드 줄로 인한 영아의 안전사고를 예방하기 위해서는 블라인드 안
전키트를 설치하는 것이 좋다. 또한 밤중에 기저귀를 갈거나 수유하기 위해 야간 등
을 켜 놓을 때는 화재 예방을 위하여 아기침대에서 1m 정도 떨어진 곳에 설치한다.

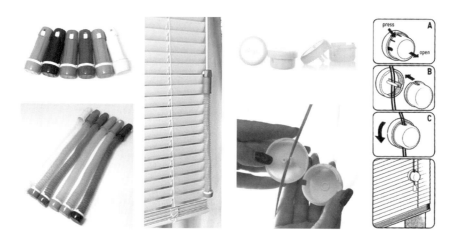

[그림 8-3] 다양한 블라인드 안전장치와 설치 후 모습

(2) 가구

가구는 영아의 안전을 위협하는 원인이 될 수 있다. 무엇보다 신체 조절 능력이 원
활하지 못한 영아는 기거나 걸으면서 책상이나 거실용 테이블, 식탁 등 각종 가구의
모서리나 가장자리에 머리나 신체 각 부위를 부딪혀 다치기 쉽고, 떨어지기도 쉽다.
영아의 낙상사고는 전체 사고의 절반을 차지할 정도로 그 비중이 높다. 가구로 인한
영아의 안전사고를 예방하기 위하여 부모는 가구 모서리 보호대를 부착하거나 가장
자리를 천이나 스펀지 등으로 감싸 둔다.

식탁이나 책상을 덮은 식탁보나 책상보 혹은 그 위에 올려져 있는 유리 덮개도 영
아가 기어 다니거나 잡고 일어서려는 행동을 할 때 위험한 일이 발생할 수 있다. 즉,
식탁보나 유리 덮개가 있는 식탁 위에 뜨거운 커피나 물 혹은 음식 등이 놓여 있을
때 영아가 잡아당겨 위에 놓인 그릇이나 음식이 떨어져 화상을 입거나 다칠 수도 있

[그림 8-4] 다양한 가구 모서리 보호대와 설치 후 모습

다. 그러므로 식탁이나 책상 위의 유리 덮개는 움직이지 않도록 미끄럼 방지 패드를 끼워 두고, 식탁보나 책상보는 영아의 손이 닿지 않도록 한다. 또한 바퀴 달린 가구는 영아가 잡고 일어서려다 가구가 움직여 다칠 수 있으므로 사용하지 않도록 한다.

영아는 주변의 모든 물건에 대해 호기심이 많다. 영아는 서랍이나 장식장을 열어 보고 잡아당겨 본다. 시판되는 가구의 서랍이나 장식장은 매우 부드러워 아주 작은 힘만 들여도 쉽게 열리고 닫히므로 순발력이 없는 영아는 미처 피할 시간도 없이 서랍과 장식장 문이 닫혀 그 사이에 손가락이 끼거나 머리를 부딪힐 우려가 있다. 그러므로 서랍과 장식장 문은 열리지 않도록 잠금 장치를 해 두고, 서랍 속에는 영아가 만지거나 입에 넣어 해가 되는 물건은 보이지 않는 곳에 보관한다.

[그림 8-5] 장식장 문(좌), 냉장고(중), 서랍(우)에 설치한 잠금 장치와 설치 후 모습

(3) 문

영아기에 발달하는 개념 중 하나가 대상영속성(object permanence)이다. 대상영속성은 어떤 물건이 눈에 보이지 않는다 해도 그 물건이 항상 그 자리에 있다는 사실을 아는 것인데, 이는 2세 말이 되면 완전하게 습득한다. 대상영속성 개념이 형성되지 않은 영아는 문을 열고 닫으면서 물건이나 사람이 사라졌다 나타나는 현상이 반복되는 것을 즐거워하는데 이런 즐거움을 위해 문을 여닫다가 문 사이에 손가락이 끼는 사고가 종종 발생한다. 이를 예방하기 위해 부모는 문 고정 장치를 설치하거나 문 안쪽에 단단한 재질을 끼워두어 문이 닫히지 않도록 해 둔다. 또한 일반 주택이나 아파트 거실의 베란다로 향하는 유리문도 영아가 기거나 걷다가 부딪히는 경우가 종종 발생하므로 유리문에 스티커나 그림 등을 부착하여 유리문이 있다는 것을 알게 하고, 거실의 유리문은 항상 잠가 두어 영아가 베란다에서 추락하는 사고를 예방해야 한다. 현관문, 화장실 문, 지하실 문 등은 영아가 밖으로 나가거나, 변기의 물을 먹거나, 굴러 떨어질 우려가 있으므로 항상 닫아 둔다.

실내 창문도 외부를 볼 수 있어 영아에게는 호기심의 대상이므로 영아가 열거나 몸을 밖으로 내밀 수 없도록 평상시 닫아 둔다. 창문 밑에 침대나 소파 등의 가구가 배치되어 있어 유아가 뛰어놀다 창문 밖으로 튕겨져 나가 사망하거나 크게 다치는 사고가 발생하곤 한다. 그러므로 창문은 영아의 손이 닿지 않는 높이여야 하고, 만약 창문이 열려 있다면 영아가 밖으로 떨어질 우려가 있으므로 열리지 않도록 창문 고정 장치를 해 둔다. 창문은 영아 힘으로 열리지 않고 열리더라도 약간만(15cm

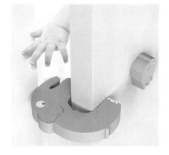

[그림 8-6] 각종 문 고정 장치

정도) 열릴 수 있도록 해 둔다. 창문에 설치한 커튼의 길이는 짧게 하고 블라인드를 잡아당기는 줄도 영아의 손이 닿지 않도록 높게 해 둔다. 창문 근처에는 영아의 추락을 예방하기 위해 올라설 수 있는 의자나 받침대 등을 두지 않는다.

[그림 8-7] 다양한 창문 고정 장치

(4) 전기 콘센트

영아는 구멍이 있으면 무엇이나 끼워 넣어보려고 하는 경우가 있다. 영아의 눈높이에 있는 대표적인 구멍이 벽에 설치되어 있는 전기 콘센트다. 전기 콘센트는 감전의 우려가 있어 매우 위험하므로 사용하지 않을 경우에는 영아가 콘센트 구멍에 이물질을 넣을 수 없도록 콘센트 안전 덮개를 끼워 둔다. 멀티탭을 사용할 경우에는 영아가 쉽게 열 수 없도록 덮개가 있는 안전 멀티탭을 사용한다. 가능한 한 전기 콘센트는 가구 뒤로 숨겨 놓아 영아가 접근할 수 없도록 한다.

[그림 8-8] 전기 콘센트 안전 덮개

(5) 부엌

부엌은 부모가 오랜 시간 머무는 공간으로서 영아가 자주 방문하는 곳인데 음식을 조리하기 위해 칼과 같은 위험한 물건과 불을 사용할 뿐만 아니라, 영아의 손이 닿을 수 있는 수납 공간에 세제 등의 다양한 약품 등을 보관해 두는 곳이기도 하다.

그러므로 부모는 영아의 안전을 위하여 오븐이나 레인지의 밸브를 돌리지 못하도록 레인지 잠금 장치를 해두고, 가스를 사용하지 않을 때는 늘 가스 밸브를 잠가 둔다. 그리고 가스레인지 위에서 요리한 그릇의 손잡이는 가스레인지의 정면과 반대쪽으로 돌려 두어 영아가 그릇의 손잡이를 잡아당길 수 없도록 하고, 가스레인지 앞에 영아가 레인지 위에 있는 그릇을 만질 수 없도록 안전 가드를 설치해 두는 것도 좋다. 특히 부엌은 조리용 화기를 많이 사용하는 공간이므로 화상 사고에 대한 주의가 필요하다. 우리나라의 조사 결과, 1세 이하의 영아 화상 사고 원인이 전기밥솥, 커피포트 등 주방제품이었다(SAFEKiDSKorea. 어린이 안전사고 통계자료, 2021. 6. 21. 인출).

[그림 8–9] 가스레인지 손잡이 돌림 방지 장치(좌)와 안전 가드(우)

영아의 안전한 생활을 위해 부모는 부엌 바닥을 늘 깨끗하게 유지하여 영아가 기거나 걸어 다니면서 바닥에 떨어져 있는 것을 입에 넣지 않도록 해야 하고, 미끄러지지 않도록 물기가 있으면 즉시 닦는다. 또한 부모는 주방세제나 유해한 약품, 혹은 칼이나 포크 등의 날카로운 물건, 음식물이나 유리 제품 등은 영아의 손이 닿지 않는 곳에 보관하고, 수납 공간의 문은 영아의 손이 닿기 쉬우므로 잠금 장치를 해둔다. 실제로 영아가 부엌 수납 공간에 둔 빙초산을 마시고 수술을 받은 사례도 보고되고 있어 부엌 수납 공간에 대한 부모나 양육자의 세심한 주의가 필요하다. 또한 냉장고에 붙여 놓는 과일, 과자 등의 음식 모양의 자석(마그넷)은 영아가 떼어 입에

넣을 수 있어 질식의 위험이 있으므로 부착하지 않도록 하고, 영아가 냉장고 안에
도 들어갈 수 있으므로 냉장고 문이 열리지 않도록 잠금 장치를 해 둔다([그림 8-5]
참조).

요즘은 부엌에 식기세척기를 설치하는 경우가 많은데 그 안에는 날카롭고 위험한
것이 많고, 사용되었던 세제 등이 남아 있을 수 있으며, 간혹 스위치를 잘못 조작하
여 기계가 작동될 수도 있으므로 사용 후에는 식기세척기 문이 열리지 않도록 잘 닫
아 두어야 한다. 또한 부엌에서 사용하는 쓰레기통도 영아에게 호기심을 자극할 수
있으므로 비교적 뚜껑이 무거운 쓰레기통을 사용하고, 쓰레기가 생기면 바로 비우
고 날카롭거나 유해한 물건을 버릴 때는 주의한다.

(6) 화장실

화장실은 늘 물을 사용하는 공간이기 때문에 영아가 좋아하는 장소 중의 하나고,
위험 요소도 많다. 욕실 바닥은 물로 인해 미끄러울 수 있어 고무 매트나 안전 발판
같은 미끄럼 방지 도구를 깔아 두거나 욕실바닥에 미끄럼 방지 패드를 부착한다. 생
후 12개월 이하 영아 익사 사고의 절반이 욕조에서 목욕 도중 발생하고, 화장실 변
기나 큰 물통에서도 발생하며, 기어 다닐 수 있는 7~15개월 된 영아는 마루를 닦거
나 집안일을 위해 쓸 물이 담긴 물통에서도 익사할 수 있다(SAFEKiDSKorea. 가정안
전, 2021. 1. 2. 인출). 간혹 영아는 변기 속에 손을 넣어 그 물을 먹기도 하고, 때로 몸

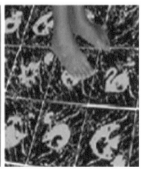
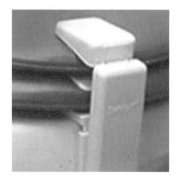

[그림 8-10] 욕실바닥 미끄럼 방지 패드(좌)와 변기덮개 잠금장치(우)

의 균형을 제대로 잡지 못해 빠지기도 하므로 변기 뚜껑은 항상 닫아 두고, 필요하면 변기 뚜껑을 닫아 두는 변기덮개 잠금장치를 설치하여 위험에 대비하고, 변기 청정제 등의 화학약품은 사용하지 않는 것이 좋다. 또한 목욕탕에 있는 헤어드라이어, 전기면도기 등의 각종 전기제품은 욕실 밖에 두는 것이 가장 안전하지만 욕실 내에 둘 경우라면 사용하지 않을 때는 플러그를 뽑아 두고, 사용한 비누, 치약, 샴푸는 영아가 먹을 수도 있으므로 영아의 손이 닿지 않는 곳에 보관한다. 형이나 언니 등 더 나이 든 자녀에게 물 옆에 있는 영아를 돌보도록 맡기는 일은 금해야 하고, 영아가 빠질 수 있으므로 평상시 욕조에는 물을 담아 두지 않는다.

영아가 6개월이 지나 혼자 앉을 수 있게 되면 성인 욕조에서 영아를 목욕시킬 수 있으므로 이를 위한 안전도구를 준비한다. 즉, 목욕 의자나 샴푸용 모자 등을 준비하여 영아가 안전하게 목욕할 수 있도록 하고, 영아가 수도꼭지를 임의로 조작하여 갑자기 뜨거운 물이 나와 화상을 입을 수도 있으므로 수도꼭지를 만질 수 없도록 안전장치를 해 둔다. 그리고 목욕 중 욕조에 부착된 수도꼭지에 영아의 머리가 부딪힐 수도 있으므로 이를 방지하는 장치를 해 두고, 욕조의 바닥도 미끄러지지 않도록 고무 매트를 깐다.

[그림 8-11] 영아용 목욕 의자(좌), 샴푸 모자(중), 수도꼭지 보호대(우)

(7) 계단

영아가 기거나 걷기 시작하면 계단 오르기를 좋아하여 계단이 있으면 올라가려

하므로 계단 초입과 위에 안전문을 설치하여 영아가 혼자 계단을 오르거나 위에서 내려오지 못하도록 해야 한다. 또한 영아가 계단을 오를 때 미끄러지지 않도록 계단 하나하나에 미끄럼 방지 장치를 해 두고, 계단 근처에는 장난감 등을 두지 않으며, 영아가 시선을 끌 수 있는 그림이나 사진 등도 계단 옆의 벽에 걸지 않는다. 영아가 10~12개월이 되면 뒤로 계단을 내려오는 것을 가르쳐 주는 것도 필요하다.

[그림 8-12] 안전문

(8) 보행기

영아가 어느 정도 목을 가누기 시작하면 부모는 일찌감치 영아를 보행기에 앉히려고 한다. 영아가 다리에 힘이 생기지 않았을 때는 보행기에 앉아만 있는 경우가 많지만 다리에 힘이 생기는 6개월 이후에는 발로 밀면서 자유자재로 보행기를 끌고 다니기 때문에 계단이나 마당 혹은 아파트의 현관에서조차 넘어지거나 추락하고 장애물에 부딪히는 등 크고 작은 안전사고가 발생할 수 있다.

보행기는 쉽게 뒤집어지지 않을 정도로 밑이 넓고 안전하고, 영아가 한곳에 머무를 수 있도록 고정 장치가 부착된 것을 선택한다. 부모는 영아가 보행기에 있는 동안 한시도 눈을 떼지 말고 영아를 관찰해야 하고, 가능한 한 영아를 오랫동안 보행기에 앉히지 않도록 한다. 영아를 보행기에 오랫동안 앉혀 두면 영아의 발달이 느려질 수 있다는 결과도 보고된 바가 있다. 또한 『소아과학회지

[그림 8-13] 보행기

(Pediatrics)』에 게재된 연구에 따르면 1990년부터 2014년까지 보행기 관련 부상으로 응급실에 실려 온 15개월 미만 영유아가 23만 676명이나 된다. 이 중 90% 이상이 머리에 부상을 입었고, 3/4이 계단에서 떨어졌다(POPULAR SCIENCE, 2018. 10. 1.). 이

런 이유로 미국소아과학회에서는 부모에게 가능한 한 보행기를 사용하지 말 것을
권하고 있다.

(9) 유모차

유모차는 부모가 영아를 데리고 외출할 경우
에 가장 많이 사용하는 도구다. 유모차는 영아가
앉을 때 편안하고, 밑부분이 넓어서 안정감이 있
으며, 견고하고, 안전벨트가 있고, 바퀴는 충격
을 흡수할 수 있어야 하며, 멈춰 있을 때 고정시
킬 수 있는 뒷바퀴 브레이크 장치와 앞바퀴 고정
레버가 있는 것이 좋다. 부수적으로 햇빛을 가릴
수 있는 차양이나 바람을 막아 주는 비닐캡, 작
은 바구니 혹은 주머니가 부착되어 있으면 사용

[그림 8-14] 안전벨트를 하고
유모차에 앉아 있는 영아

하는 데 편리하다. 영아가 어느 정도 몸을 가눌 수 있게 되면 유모차 안에서 이리저
리 몸을 움직이고, 설 수 있는 경우에는 서기도 하여 간혹 유모차에서 굴러떨어지거
나 유모차가 뒤집히는 경우가 생기므로 항상 안전벨트를 매어 두는 습관을 들이는
것이 중요하다. 최근 산업통상자원부 국가기술표준원의 사고ㆍ위해 우려가 높은 중
점 관리 품목 중 하나로 유모차 1개가 포함되었다(연합뉴스, 2021. 5. 31.). 영국왕립
사고예방협회(Royal Society for Prevention of Accidents: RoSPA)에서 조사한 바에 의
하면 영국에서만 한 해(2002년 기준) 유모차 관련 사고로 응급실에 접수된 건은 약
4,000건이며, 그중 5세 미만의 어린이가 절반인 약 2,000건으로 조사되었다. 사고
어린이의 대부분은 유모차 탑승 중 떨어지거나, 유모차에서 장난을 치다가 발생하
였다. 또한 캐나다 보건복지부(Public Health Agency of Canada)에서 조사한 유모차
관련 사고통계 자료에서도 1995년도에 병원 응급실에 접수된 6세 미만아의 유모차
와 관련된 사고의 71.8%가 유모차에서 떨어지거나 장난치거나 유모차가 굴러 넘어
져 다친 사례였다(연합뉴스, 2009. 11. 13.). 특히 유모차 관련 사고로 인한 신체 부위
상해는 85%가 머리 또는 얼굴에 집중되었다. 그러므로 유모차로 인한 사고를 예방

하기 위해서는 보호자 없이 유모차 안에 영아를 혼자 있게 하지 말고, 보호자는 항상 팔을 뻗치면 닿을 수 있는 거리에 있어야 한다.

(10) 장난감

장난감을 구입할 때는 안전성 여부를 확인하기 위해 뾰족한 부분이나 유독 성분이 있는지, 작은 조각들로 만들어졌는지, 줄이나 체인 등이 있는지, 칠이 잘 벗겨지는 것인지 등을 꼼꼼하게 살펴봐야 한다. 코로나19에 따른 사회적 거리두기로 영유아가 가정에서 보내는 시간이 늘어남에 따라 가정에서의 장난감 안전사고도 늘고 있다. 한국소비자원에서 발표한 '가정 내 장난감 안전사고'에 따르면, 최근 3년간 장난감으로 인한 안전사고의 2/3가 가정에서 발생했다. 또한 장난감 사고 중 5세 미만 영아가 3/4이었는데, 사고 유형은 작은 크기의 장난감을 삼키거나 삽입해 발생하는 '삼킴과 삽입' 관련 사고가 가장 많았고, '부딪힘' 사고, '추락' 사고, '예리함과 마감 불량'으로 인한 사고의 순이었다(키즈현대, 2020. 12. 2.). 이런 이유로 선진국에서는 지름이 3.2cm 이하, 길이가 5.6cm 이하의 부속품을 가진 장난감은 만들지 못하도록 규제하고 있다. 영아에게 있어 장난감 사고는 주로 찰과상 정도로 그치지만 심각한 열상이나 상처가 남을 수 있으므로 부모의 주의가 필요하다. 그러므로 부모가 영아를 위한 장난감을 고를 때는 안전을 최우선으로 고려하여 여러 개의 작은 조각으로 되어 있지 않는 것, 고무풍선처럼 터지지 않는 것, 칠이 벗겨지지 않는 것, 무독성 재질로 만들어진 것, 움직이는 것이라면 안전벨트가 있는 것 등을 선택한다.

참고 ❶

장난감 사용 시 안전 수칙

1. 질식
• 단추나 유리로 되어 있는 장난감은 피하여 구매하기
• 목구멍이나 귀, 코에 들어갈 정도의 작은 조각으로 나누어지지 않는 장난감 구매하기
• 분해되는 장난감은 주지 않기
• 작고 동그란 장난감, 눌렀다가 퍼지는 장난감은 주지 않기
• 인형의 눈, 코 등 부속품이 떨어지지 않았는지 확인하고 긴 리본이나 끈은 자르기

2. 낙상
• 장난감을 높은 곳(가구 위 등)에 올려 두지 않기
• 바닥에 충격 완화 제품을 설치하기
  *매트 위로 떨어져도 골절 위험이 있으므로 주의 관찰하기
• 지지대, 봉이 있는 대형 완구는 부품이 빠질 수 있으므로 제품별 주의사항을 확인하고 자녀가 놀 때 주의하여 관찰하기
• 미끄럼틀, 그네 등 대형 완구에 자녀를 혼자 두지 않기
• 미끄러져 내려오는 완구인 경우, 내려오는 방향에 있는 장식장 테이블 등의 위험 요소는 미리 치우기

3. 장난감 구매 시 체크리스트
• 독성이 없는 물질로 제작되었는지 점검하기(행복드림 열린소비자포털을 통해 판매 금지 혹은 리콜 제품인지 확인)
• 제품의 상세 정보(KC마크, 사용 가능 연령, 사용자 주의사항, 판매자 연락처) 등 제품의 중요 사항 점검하기
• 완구를 가지고 노는 도중 장난감을 입에 넣거나 빨지 않도록 하고 사용 후에는 손 씻기
• 제품사고 발생 시 한국소비자원에서 운영하는 소비자위해감시시스템에 관련 사례 제보하기

출처: 키즈현대(2020. 12. 2). 가정 내 장난감 사고 주의! 안전한 장난감 사용법과 올바른 구매요령, 2021. 6. 25. 인출.

(11) 화장품과 각종 약품

영아는 부모가 하는 모든 행동에 관심이 많고 호기심을 나타내기 때문에 부모는 영아가 보는 앞에서 화장을 하거나 약을 먹는 등의 행동을 할 때 특별히 주의를 기울일 필요가 있다. 영아는 부모의 행동을 관찰하면서 부모가 사용한 물건이나 약품은 안전하다고 생각하여 두려움 없이 만져 보고 바르고 입에 넣어 볼 수 있다. 부모가 사용한 화장품이나 약품은 영아의 연약한 피부에 부작용을 일으킬 수 있고, 인체에 해를 끼쳐 중독의 위험도 있을 수 있다. 그러므로 부모는 영아가 보는 앞에서 약을 먹거나 화장하는 것을 자제하고, 화장품이나 약품은 뚜껑이 쉽게 열리지 않도록 잘 닫아 두고, 약품은 반드시 정해진 장소에 잠금 장치가 된 곳에 보관하여 영아가 쉽게 만질 수 없도록 한다.

(12) 비닐 봉투와 줄

가정에서는 비닐 봉투와 줄 등을 흔히 볼 수 있는데 이런 비닐 봉투와 줄을 함부로 보관하게 되면 영아가 가지고 놀다 얼굴에 뒤집어써서 질식하거나 목이나 발에 감고 놀다가 넘어지는 등 위험한 상황이 발생할 수 있다. 그러므로 부모는 비닐 봉투와 줄을 영아의 손이 닿지 않고 보이지 않는 곳에 보관한다.

(13) 화분이나 애완동물

영아는 호기심은 많지만 무엇이 안전하고 위험한지 구분할 수 없어 부모의 주의가 필요하다. 화초가 심어진 화분이 영아의 눈높이나 키 높이에 맞는 위치에 있다면 영아가 화분의 흙을 먹거나 만질 수 있으므로 영아의 손이 닿지 않는 곳에 두고, 애완동물도 영아에게 감염 위험이 있거나 물리거나 긁힐 수 있으므로 영아가 있는 동안에는 되도록 키우지 않는 것이 좋다.

이 외에도 실내에 벽난로가 있는 경우에는 보호막을 설치하고, 선풍기 등은 안전 커버를 씌워 둔다. 가정은 영아의 안전사고를 초래할 수 있는 것이 매우 많으므로 부모는 영아가 깨어 있어 활동하는 경우에 늘 세심하게 주의를 기울여야 한다.

참고 ❷

가정 안전 점검 체크리스트

문항	체크
옥상, 베란다 등에 견고한 추락방지용 난간을 설치합니다.	
바닥에 기름, 물이나 장애물 등 위험 요소가 없도록 항상 살핍니다.	
계단이나 현관 등 어두운 장소에는 조명을 밝게 설치합니다.	
가정용 세제, 약품, 술, 담배 등은 아동의 손이 닿지 않는 곳에 보관합니다.	
칼이나 가위 등 날카로운 물건은 아동의 손에 닿지 않는 곳에 보관합니다.	
한 개의 콘센트에 여러 개의 전기, 전열 기구를 연결해 두지 않습니다.	
각종 전기, 전열 기구 코드선 손상 또는 벗겨진 곳이나 파손 여부를 항상 살피고 보수합니다.	
가정용 소화기를 비치해 두고 작동요령을 숙지합니다.	
집에 불이 났을 때 밖으로 나가는 길을 두 가지 이상 알아 둡니다.	
부모나 보호자는 심폐소생술이나 인공호흡법 등 생활 응급처치법을 알고 있습니다.	
가정 내 응급상황을 대비하여 119 등 긴급구조 전화번호를 전화기 옆에 붙여 둡니다.	

출처: SAFEKiDSKorea. 가정안전, 2021. 1. 2. 인출.

2) 실외 안전생활

(1) 교통사고

자동차의 증가와 더불어 영아의 교통사고 발생률이 높아 이에 대한 부모의 주의가 필요하다. 2019년 9월 어린이보호구역(스쿨존)에서의 아동 사망 사건으로 스쿨존 내에서의 교통사고 가해자 처벌을 강화한 민식이법(「도로교통법」, 「특정범죄 가중처벌 등에 관한 법률」)이 통과되어 2020년 3월 25일부터 그 법이 발효되어 시행되고 있다(한국일보, 2020. 3. 25.). 어린이 교통사고 사망률을 낮추기 위해 정부는 2003년부터 13세 이하의 아동이 차량에 탈 경우에는 안전 장구 착용을 의무화하였다. 그러나 여전히 많은 부모는 영아를 위한 차량 안전 장구를 갖추지 않은 채 영아를 차에 태워 이동한다. 사고는 예기치 못한 상황에서 발생하므로 부모는 교통사고로부터 자녀를 보호하기 위해 차량 안전 장구를 반드시 갖추어야 한다.

첫째, 영아를 차에 태울 경우에는 반드시 차량 안전 장구 또는 카시트(car seat)를 이용한다. 카시트는 영유아의 발달 단계에 따라 연령에 맞춰 영아의 키와 체중을 고려하여 튼튼하고 안전한 것을 선택하여 사용한다. 1세 이하의 영아용 카시트는 등받이가 영아 머리보다 높고, 측면보호대가 깊고, 앉는 위치가 낮아 안정적인 것을 선택한다. 자녀의 연령이 많아지면 영아가 앉아서 이동할 수 있는 카시트를 구입하여 사용한다.

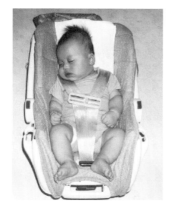

[그림 8-15] 영아용 카시트(좌)와 유아용 카시트(우)

둘째, 영아용 카시트는 반드시 뒷좌석에 후방을 보도록 설치한다. 그 이유는 뒷좌석은 만일의 충돌사고 시 머리를 가장 멀리 둘 수 있는 자리고, 영아의 얼굴이 자동차 등받이를 향하여 충격을 최소화할 수 있기 때문이다. 만일 영아용 카시트를 앞좌석에 설치하면 사고 시 에어백이 터질 경우 터진 에어백이 영아의 얼굴을 덮어 영아가 질식사할 위험이 있다. 미국소아과학회는 1세 미만의 영아의 체중이 20파운드

(약 9kg)가 될 때까지는 카시트를 반드시 뒷좌석에 후방을 보도록 설치하고 에어백이 장착된 좌석에는 절대로 영아를 앉히지 못하도록 권장하고 있다. 또한 영아가 9kg 이상이거나 1세 이상인 경우 영아가 잘 앉을 수 있다면 정면을 바라보면서 등받이가 있는 유아용 카시트를 뒷좌석에 설치하여 앉히고, 영아가 어느 정도 커서 혼자 앉을 수 있으나 너무 작아서 안전벨트를 맬 수 없는 경우에는 등받이가 없

[그림 8-16] 뒷좌석에 후방을 보도록 설치한 영아용 카시트

는 유아용 카시트에 앉히도록 권장한다. 미국의 경우 어떤 경우에도 자동차의 앞좌석은 위험하여 12세 미만은 앞좌석에 앉지 못하도록 규정하고 있다.

셋째, 영아를 절대 차에 혼자 두지 말아야 한다. 이 경우 영아가 질식하거나 사고를 초래할 위험이 있다. 특히 여름철 차 안에 영아를 두었다가 날씨가 더워 영아가 질식사하는 사고가 종종 발생하고 있다.

넷째, 운전 중에는 자동차 문을 잠그고 영아로부터 가장 가까이 있는 창문은 반드시 닫아 둔다.

다섯째, 실내의 재떨이는 영아가 만질 수 있으므로 항상 깨끗하게 치워 두고 닫아 둔다.

여섯째, 영아와 함께 장거리 여행을 할 경우에 영아가 차 안에서 지루해하지 않도록 이야기 · 동요 테이프나 CD, 간단한 책, 영아가 좋아하는 장난감, 우유와 간단한 음료나 스낵, 과일 등을 준비한다. 또한 흔들린 아기 증후군을 예방하기 위하여 자주 쉬면서 영아가 신선한 공기를 마실 수 있도록 해 주고, 영아가 먹고 있는 약이 있다면 충분하게 챙기며, 만일의 사고에 대하여 응급처치용 약품 등도 준비한다.

(2) 미아

영아를 데리고 외출 시 만일의 사태를 위해 영아에게 집 주소와 전화번호, 영아 이름 등이 새겨져 있는 목걸이나 팔찌 등을 해 주는 것이 좋다. 또한 부모가 영아를

데리고 외출할 때 영아와 부모가 함께 있을 수 있도록 손목을 연결시키는 끈과 아기의 몸에 옷처럼 입힐 수 있는 끈이나 가방 등의 제품, 혹은 미아 방지용 위치추적기 등을 장착할 수도 있다.

[그림 8-17] 손목용 안전끈(좌), 몸에 입는 안전끈(중), 안전끈이 부착된 영아 배낭(우)

(3) 놀이시설물

영아가 걷기 시작하면 부모는 영아를 데리고 가까운 유원지나 공원, 놀이터 등을 방문할 수 있다. 그럴 경우에 영아는 더 나이 든 아이들과 부딪히거나 낡은 시설물로 인해 다칠 수 있으므로 부모는 늘 주의를 기울여야 한다. 한국소비자보호원의 조사 결과, 1세 미만의 낙상사고는 영아가 시설물에서 떨어지는 경우로 전체사고의 48.6%를 차지하고 있다(SAFEKiDSKorea. 가정안전, 2021. 1. 2. 인출). 또한 놀이시설물이 너무 낡았거나 녹이 슬은 경우에는 영아가 만지면서 손에 녹이 묻은 채 이를 입에 넣기 때문에 중독의 위험이 있을 수도 있다. 뿐만 아니라 놀이터의 바닥면도 평평하지 않아 걷다가 넘어질 수 있고, 돌부리, 유리 조각, 혹은 동물의 분비물 등도 있을 수 있으므로 부모는 주변을 주의 깊게 살펴보아야 한다.

(4) 동물이나 곤충

영아는 동물이나 곤충에 대한 두려움이나 공포가 없어 쉽게 다가가기 때문에 물리거나 다칠 수 있고, 피부가 연약하여 벌레나 해충에 물리기도 쉽다. 그러므로 영아를 데리고 야외에 나갈 때 부모는 영아에게 긴 옷을 입히는 것이 좋다. 또한 야외에 있을 때 영아 주변에 동물이 있는 경우 영아가 만져 보려고 하다가 물릴 수 있으므로 부모는 특별히 주의를 기울여야 한다.

3) 응급처치

영아는 실내외의 여러 장소에서 넘어져 다치거나 골절, 화상 등 각종 사고를 당할 수 있다. 대부분의 사고는 부모가 조금만 주의를 기울이면 피할 수 있지만 이미 사고가 난 경우라면 부모는 침착하고 능숙하게 응급처치를 해야 한다. 만일의 사태에 대비하여 가정에는 소독약, 암모니아, 항히스타민 연고, 면봉, 반창고, 붕대, 삼각건, 탈지면, 화상 연고, 일회용 반창고, 상처에 바르는 연고, 암모니아수 등을 상비해 둔다.

(1) 넘어지거나 높은 곳에서 떨어지거나 미끄러진 경우

영아의 머리는 전신의 20~25%로 크고 무거워서 넘어지거나 굴러 떨어지면 머리를 쉽게 다친다. 영아가 머리를 다쳤을 경우 안아 주어 금방 울음을 그치면 큰 문제가 없다고 볼 수 있고, 일시 파랗게 되더라도 즉시 안색이 제대로 돌아온다면 머리를 차게 한 후 상태를 관찰한다. 증세가 나중에 나타날 수도 있으므로 2~3일 정도 영아의 상태를 관찰한다. 그러나 영아가 평상시와 다른 울음소리를 내고 구토와 경련을 보이며, 15분 이상 울거나 안색이 창백해지면 머리를 다쳤을 가능성이 있으므로 즉시 병원에 데려가야 한다. 또한 영아가 가볍게 미끄러진 경우에는 별 문제가 없을 수 있으나 달려가다가 심하게 미끄러져 머리를 부딪혀 기절하여 의식이 없거나, 토하거나 경련을 일으키거나, 머리에 함몰이 생겼거나, 심하게 놀라서 울면 뇌진탕이 우려되므로 즉시 병원에 데려가야 한다.

신체 부위에 외상이 생겨 출혈이 있는 경우에는 상처를 소독하고 깨끗한 거즈로 가볍게 압박해서 지혈하여 안정시키고, 부딪힌 곳을 만져 봐서 혹이 생겨 있다면 차가운 수건으로 냉찜질해 준다. 넘어져 피가 난 경우에 작은 상처는 금방 멈추지만 피가 계속해서 많이 쏟아지면 빨리 멈추게 해야 한다. 소독된 거즈를 여러 장 겹쳐 세게 눌러 준 후 소독하고 붕대로 단단히 감아 준다. 상처 부위가 손이나 발일 경우에는 심장보다 높게 들어 주면 빨리 멎지만 그래도 멈추지 않는다면 병원에 데려간다.

(2) 위험한 것을 삼킨 경우

영아가 위험한 것을 삼킨 경우에는 즉시 우유나 물 한 컵 정도를 먹여 그 자리에서 손가락을 입 안에 넣고 자극시켜 토하게 한다. 대부분의 경우 이물질을 삼켰을 때는 위장관을 거쳐 자연 배출되곤 하지만 큰 이물질인 경우에는 내시경이나 수술로 제거해야 할 수도 있다. 혹시 땅콩과 같은 것이 목이나 기관지에 걸린 경우에는 질식할 우려가 있으므로 영아를 옆으로 누이고 손가락으로 혀의 안 부분을 눌러 토하게 하거나 어른의 한쪽 무릎에 영아를 엎어 놓고 등을 가볍게 두드려 주면 대개는 걸렸던 것이 나온다. 그러나 강한 산이나 독성이 있는 화학물질을 삼켰다면 토하게 해서는 안 되며 먹을 것을 주지 말고 즉시 병원에 데려간다.

[그림 8-18] 영아가 이물질을 삼켰을 때 토하게 하는 방법

(3) 화상

영아가 화상을 입으면 어른보다 더 위험하다. 광범위한 화상이 아니고 가벼운 경우에는 흐르는 물에 20~30분간 상처 부위를 식혀 주거나 얼음주머니로 진통을 완화시킨 후 병원에 데려간다. 몸에 화상을 입었을 경우에는 열기를 식혀 주기 위하여 먼저 차가운 수돗물을 틀어 광범위하게 15~20분 동안 그 부위를 식혀 준다. 다만, 겨울철에는 몸 전체가 차가워지지 않도록 시간을 단축해야 한다. 옷을 입은 상태에서 화상을 입었다면 옷을 벗길 때 피부가 같이 떨어져 나갈 수 있으므로 옷을 입은 채로 물을 뿌리거나 몸을 물에 담가 환부를 식힌 후 병원에 데려가야 한다. 화상 면적이 몸 표면적의 10% 이상인 경우, 얼굴, 목, 눈, 귀, 외음부, 손이 화상을 입은 경

우, 뜨거운 연기를 마신 경우 등에는 즉시 병원에 가야 한다. 가벼운 화상이라도 화상 부위가 넓다면 큰 천 등으로 몸을 감싸고 병원에 데려가야 한다.

참고 ③

화상 사고시 응급처치

1. 열에 의한 화상 사고

- 상처에 차가운 물을 빨리 끼얹거나 차가운 물에 담가서 상처의 열을 식혀 준다. 그러나 오래 찬물에 담그면 저체온증에 빠질 수 있으므로 10분 이상 담그지 않는다.
- 흐르는 수돗물로 상처를 식힐 때 물줄기가 너무 세면 상처에 흠집이 생길 수 있으므로 물을 약하게 튼다.
- 물집이 생겼을 경우 터뜨리지 않도록 주의한다. 터진 부위로 세균이나 먼지가 들어가 상처 부위를 악화시킬 수 있다.
- 더러운 물건이나 먼지는 2차 감염의 원인이 될 수 있으므로 화상 부위에 닿지 않도록 한다.
- 열을 식힌 후 화상에 바르는 크림이나 거즈를 붙여 상처를 보호해 준다. 이때 절대로 열이 식지 않은 상태에서 연고나 크림을 바르지 않는다.
- 심한 화상을 입었을 때, 옷을 입은 상태로 옷을 억지로 벗거나 벗기려고 하지 않는다. 피부가 같이 떨어져 상처를 악화시킬 수 있다.
- 간장이나 된장을 상처 부위에 바르면 세균에 감염될 수 있다.
- 상처에 소독 솜이나 기름 등을 사용하면 안 된다. 소독 솜이 붙어 떨어지지 않고, 기름은 상처를 악화시킨다.
- 화상 입은 부위가 크면 반드시 병원에 데려가야 한다.
- 2도 화상의 경우 화기를 제거하기 위한 경우를 제외하고 신체 표면의 20%(아동은 10%) 이상을 차갑게 하지 않는다.
- 3도 화상의 경우 화상 부위의 열기가 없어지기 전에 연고, 항생연고, 기름, 버터, 크림, 분무기, 민간 약제 등을 바르지 않는다. 이러한 것은 살균되어 있지 않아 감염의 위험이 있고, 열기를 내보내지 않기 때문이다.

2. 전기에 의한 화상 사고

• 아동이 감전되면 바로 아동을 만지지 말고 전기를 빨리 차단시켜야 한다.
• 전기 차단이 어려우면 전기가 통하지 않는 물건(고무장갑, 잘 마른 막대, 플라스틱 등)을 이용해서 전기로부터 아동을 떼어 놓는다.
• 아동이 숨을 쉬는지 확인하고 몇 초가 지나도 호흡을 하지 않으면 즉시 인공호흡을 실시한다.
• 119에 신고하고 구조대가 올 때까지 아동의 몸을 담요 등으로 덮어 따뜻하게 한 후 눕힌다.

3. 약품에 의한 화상 사고

• 사고 후 시간을 지체하지 말아야 한다. 화학약품에 의한 화상은 응급상황이다.
• 약품을 조직 안으로 깊이 밀어 넣게 되므로 높은 수압의 물로 씻지 않는다.
• 약품 용기에 적혀 있는 중화 방법이 틀릴 수도 있으므로 화상을 입힌 화학약품이 무엇인지 알더라도 중화를 시키지 않는다. 중화제를 사용하면 열이 발생하여 상처가 더 심해질 수 있다. 용기를 버리지 말고 화상을 입힌 화학약품을 알기 위해 라벨도 버리지 않는다.
• 양잿물을 마셨을 경우에는 토하게 하지 말고 우유를 먹인 후 병원으로 옮겨야 하고, 분말 화학 약품인 경우에는 먼저 약품을 털어 내고 물로 씻어낸다.

4. 장시간 노출에 의한 화상 사고

• 의식이 확실히 있는 상태라면 물을 조금씩 먹게 한다.
• 발 부위를 조금 올리고 편안히 눕힌다.
• 경련이 일어난 부분을 마사지하거나 주물러 준다.
• 옷을 느슨하게 하고 찬 물수건으로 몸을 씻어 주거나 찬물에 몸을 담근다. 이때 얼음을 사용하면 저체온증으로 오히려 위험할 수 있다.
• 습기를 유지하면서 에어컨을 켜거나 선풍기, 찬 물수건으로 주위를 차게 해 준다.
• 빨리 병원에 데려간다.

출처: SAFEKiDSKorea. 가정안전, 2021. 1. 2. 인출.

⑷ 눈, 코, 귀에 이물질이 들어간 경우

① 눈

눈에 이물질이 들어간 경우, 눈을 비비면 각막을 다칠 우려가 있으므로 영아가 눈을 비비지 않도록 하는 것이 중요하다. 가능한 한 눈물을 많이 흘리게 한다. 만일 인체에 해로운 액체가 눈에 들어간 경우에는 다량의 식염수나 깨끗한 물로 안구 위에 충분히 부어서 씻어 낸 후 병원에 가야 한다. 이런 경우에는 병원에 갈 때 눈에 들어간 세제나 약을 가지고 간다. 이물질이 눈에 박힌 경우에는 응급처치 없이 눈을 감게 한 후 즉시 병원에 데려가야 한다.

② 코

코에 이물질이 들어간 경우, 면봉으로 콧구멍을 간질이면 대개 재채기를 하면서 쉽게 나오고, 성인이 입으로 빨면 밖으로 나오기도 한다. 그러나 콩 등이 들어가 오래되면 불어서 부피가 커져 쉽게 빼낼 수 없으므로 병원에 데려가야 한다.

③ 귀

귀에 이물질이 들어간 경우, 부모가 억지로 빼내려고 하면 오히려 더 깊숙이 들어갈 수 있으므로 병원에 가는 것이 가장 좋다. 벌레가 귀에 들어간 경우에는 방을 어둡게 한 후 손전등을 귀에 비춰 주면 빛을 따라 벌레가 나오기도 한다. 귀에 물이 들어간 경우에는 영아의 머리를 옆으로 한 후 반대쪽의 머리를 가볍게 톡톡 두드려 준다.

⑸ 코피가 난 경우

코피가 난 경우에는 담요나 쿠션으로 머리를 높게 하여 눕힌 후, 피가 나는 쪽의 코끝을 위로 향하게 하여 양쪽 콧구멍을 가운데 칸막이뼈를 향해 4~5분 정도 눌러 지혈해 준다. 그래도 멈추지 않을 경우에는 얼음주머니나 차가운 물수건으로 코 주위와 머리, 이마 등에 찜질해 주면 지혈이 되기도 한다.

⑹ 상처가 난 경우

상처가 난 경우에는 어떤 물건에 상처를 입었는지 알아보고, 상처의 크기, 깊이, 출혈량 등을 확인한다. 작은 상처인 경우에는 생리식염수가 있다면 이를 이용하여 세척한 후 지혈하고 항생제가 포함되어 있는 연고를 발라 준다. 상처가 덧나지 않게 항생제 치료를 잘 하고 물이 들어가거나 감염이 되지 않도록 하는 것이 흉터를 줄일 수 있다. 얼굴에 걱정할 정도로 깊은 상처가 난 경우에는 가능한 한 성형외과로 가서 치료해야 흉터가 남지 않는다. 일반 응급실이나 정형외과에서는 성형외과보다는 상처가 난 부위를 꼼꼼하게 꿰매지 않기 때문에 흉터가 남을 수 있다.

⑺ 문틈에 끼었거나 무엇에 맞은 경우

냉수나 비닐주머니에 얼음을 넣어 상처 부위를 차갑게 해 준다. 통증이 좀처럼 가라앉지 않고 점점 더 부어오르거나 움직일 때 아파하면 병원에 데려가야 한다. 영아의 손가락이 부자연스럽게 굽은 경우에는 골절일 수 있으므로 부목을 대고 병원에 데려간다.

⑻ 벌레나 동물에게 물린 경우

벌레나 동물에게 물린 경우에는 물린 부위를 흐르는 물에 깨끗이 씻고 벌과 같은 독충에 물리면 독을 짜내고 연고를 발라 준 후 영아가 상처 부위를 긁지 못하게 한다. 상처 부위에 세균이 들어가 농가진이 생긴 경우 빠르게 주변 부위로 번지므로 초기에 치료해야 한다. 물린 부위의 통증과 출혈이 심하거나 부은 경우, 개에게 물린 경우에는 즉시 병원에 데려간다.

2. 아동학대

부모가 자녀를 훈육하는 것과 학대하는 것에 대한 구분을 제대로 하지 못해 자녀를 학대하는 경우가 종종 발생한다. 아동학대를 예방하기 위해 국가에서는 「아동복지법」 「아동학대범죄의 처벌 등에 관한 특례법」 등을 제정하여 시행하고 있다. 국제적으로도 유엔은 1989년에 아동권리협약을 제정하여 국내법에 준하는 기준을 제시하여 운영하고 있고, 우리나라도 유엔아동권리협약의 비준국가다. 유엔아동권리협약은 국내법과 동일한 효력을 갖는다. 아동학대와 관련한 자료는 '아동권리보장원 홈페이지(https://www.ncrc.or.kr)'를 통해 보다 자세하게 살펴볼 수 있다.

아동권리보장원

아동은 한 인간으로서 고유한 존재며, 스스로가 권리의 주체 자임을 인식하고, 적극적인 참여를 통해 자신의 권리를 향유하고, 자신의 권리를 온전하게 보장받을 수 있어야 한다. 이를 위해 유엔아동권리협약은 아동에 대한 네 가지 기본 원칙과 네 가지 권리를 제시하고 있다. 아동에 대한 기본 원칙과 권리가 지켜지지 않을 경우에 아동학대로 이어질 수 있으므로 부모는 아동학대 예방과 방지를 위해서도 아동에 대한 네 가지 기본 원칙과 네 가지 권리에 대한 이해가 필요하다. 아동에 대한 네 가지 권리는 생존권, 보호권, 발달권, 참여권으로서 이는 이 책의 '제2장 부모 역할의 이해' 중 '5. 부모와 자녀의 권리와 의무'의 〈참고 3〉 내용을 참조하기 바란다. 아동에 대한 네 가지 기본 원칙은 다음과 같다.

• 무차별의 원칙: 모든 아동은 동등한 권리를 누려야 한다.
• 아동 이익 최우선의 원칙: 아동에게 영향을 미치는 모든 것을 결정할 때는 아동의 이익을 최우선으로 고려해야 한다.
• 생존 및 발달 보장의 원칙: 아동은 생존과 발달을 위해 다양한 보호와 지원을 받아야 한다.
• 참여의 원칙: 아동은 자신의 능력에 맞게 적절한 사회활동에 참여할 기회를 가지며, 자신의 생활에 영향을 주는 것에 대하여 의견을 말할 수 있어야 하고 그 의견을 존중받아야 한다.

1) 아동학대와 아동학대 범죄의 정의

우리나라의 「아동복지법」과 유엔아동권리협약에 따르면 아동은 18세 미만의 자다. 아동학대는 보호자를 포함한 성인이 아동의 건강 또는 복지를 해치거나 정상적 발달을 저해할 수 있는 신체적·정신적·성적 폭력이나 가혹 행위를 하는 것과 아동의 보호자가 아동을 유기하거나 방임하는 것을 말한다(「아동복지법」제3조 제7호). 아동학대 범죄는 「아동학대범죄의 처벌 등에 관한 특례법」제2조 제4호에 따른 보호자에 의한 아동학대다. 그에 따라 아동학대를 했다고 해서 바로 처벌하여 아동학대자가 범법자가 되는 것이 아니라 아동학대를 한 정도나 법률 위반 정도에 따라 처벌 대상이나 상담·교육 대상이 될 수 있다. 우리나라에서 발생하는 아동학대 가해자는 주로 부모고, 대부분 가정에서 발생하고 있으며, 정서학대, 신체학대 순으로 많이 발생하고 있다(매일경제, 2021. 6. 3.). 아동학대가 많이 발생함에 따라 국가에서는 다양한 법률에서 아동학대를 다루고 있고, 사법 처리가 필요한 경우에는 일련의 절차에 따라 사건을 처리한다.

참고 4

아동학대 관련법과 사법 처리 절차

1. 아동학대 관련 법률
- 「아동복지법」
- 「아동학대범죄의 처벌 등에 관한 특례법」
- 「아동·청소년의 성보호에 관한 법률」
- 「성폭력방지 및 피해자보호 등에 관한 법률」
- 「가정폭력범죄의 처벌 등에 관한 특례법」
- 「청소년 보호법」
- 「아동보호심판규칙」
- 「형법」
- 「교육기본법」
- 「초·중등교육법」
- 「정신보건법」
- 「경찰관 직무집행법」

2. 아동학대 사법 처리 절차

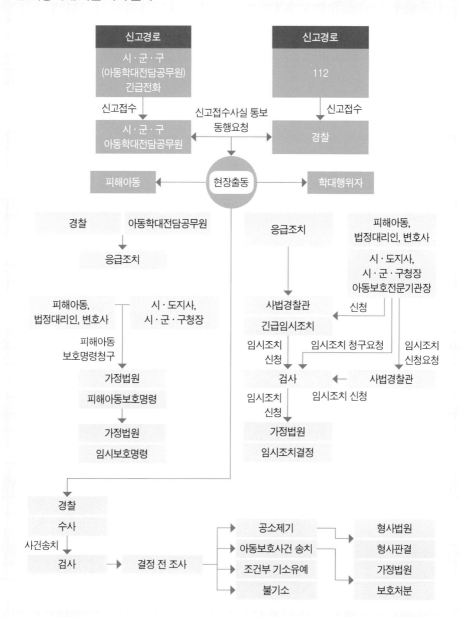

출처: 아동권리보장원. 아동학대 예방 및 보호: 사업내용, 2021. 6. 27. 인출

2) 아동학대의 유형

(1) 신체학대

신체학대(physical abuse)는 보호자를 포함한 성인이 우발적인 사고가 아닌 상황에서 아동에게 신체적 손상을 입히거나 신체적 손상을 입도록 허용한 모든 행위를 말한다. 이에는 직접 혹은 도구를 사용하여 신체에 가해지는 행위, 완력을 사용하여 신체를 위협하는 행위, 신체에 유해한 물질로 신체에 가해지는 행위 등이 포함된다. 신체학대를 당한 아동은 어른과의 접촉을 회피하고, 다른 아동이 울 때 공포를 나타내며, 공격적이거나 위축된 극단적 행동을 하고, 부모에 대한 두려움과 집에 가는 것을 두려워하고, 위험에 대해 지속적으로 경계하는 등의 행동적 징후를 나타낸다.

(2) 정서학대

정서학대(emotional abuse)는 보호자를 포함한 성인이 아동에게 행하는 언어적 모욕, 정서적 위협, 감금이나 억제, 기타 가학적인 행위로서 언어적·정신적·심리적 학대라고도 한다. 이에는 원망적·거부적·적대적 또는 경멸적인 언어폭력, 잠을 재우지 않는 것, 벌거벗겨 내쫓는 행위, 형제나 친구 등과 비교, 차별, 편애하는 행위, 가족 내에서 왕따시키는 행위, 아동이 가정폭력을 목격하도록 하는 행위, 아동을 시설 등에 버리겠다고 위협하거나 짐을 싸서 쫓아내는 행위, 미성년자 출입 금지 업소에 아동을 데리고 다니는 행위, 아동의 정서 발달과 연령상 감당하기 어려운 것을 강요하는 행위(감금, 약취 및 유인, 아동 노동 착취), 다른 아동을 학대하도록 강요하는 행위 등이 포함된다. 정서학대를 당한 아동은 특정 물건을 계속 빨고 있거나 물어뜯기, 행동장애(반사회적·파괴적 행동장애), 신경성 기질장애(놀이장애), 정신 신경성 반응(히스테리, 강박, 공포), 언어장애, 극단행동, 과잉행동, 자살 시도, 실수에 대한 과잉 반응, 부모와의 접촉에 대한 두려움 등의 행동적 징후를 나타낸다.

(3) 성학대

성학대(sexual abuse)는 보호자를 포함한 성인이 자신의 성적 충족을 목적으로 아동에게 행하는 모든 성적 행위를 말한다. 이에는 성인이나 보호자가 자신의 성적 만족을 위해 아동을 관찰하거나 아동에게 성적인 노출을 하는 행위, 아동을 성적으로 추행하는 행위, 아동에게 유사성행위를 하는 행위, 성교를 하는 행위, 성매매를 시키거나 성매매를 매개하는 행위 등이 포함된다. 성학대로 인해 아동에게 나타나는 행동은 성적 행동지표와 비(非)성적 행동지표가 있다.

- 성적 행동지표
    - 나이에 맞지 않는 성적 행동
    - 해박하고 조숙한 성 지식
    - 명백하게 성적인 묘사를 한 그림
    - 타인과의 성적인 상호관계
    - 동물이나 장난감을 대상으로 하는 성적인 상호관계

- 비(非)성적 행동지표
    - 위축, 환상, 유아적 행동(퇴행 행동)
    - 자기파괴적 또는 위험을 무릅쓴 모험적 행동
    - 충동성, 산만함, 주의집중장애
    - 혼자 남아 있기를 거부하거나 외톨이
    - 특정 유형의 사람이나 성에 대한 두려움
    - 방화/동물에게 잔혹함(주로 남아의 특징)
    - 비행, 가출
    - 약물과 알코올 남용
    - 자기파괴적 행동(자살 시도)
    - 범죄 행위
    - 우울, 불안, 사회관계의 단절
    - 수면장애
    - 유뇨증/유분증

- 섭식장애(폭식증/거식증)
- 야뇨증
- 외상 후 스트레스 장애
- 저조한 학업 수행

(4) 방임 · 유기

방임(neglect)은 보호자가 아동에게 위험한 환경에 처하게 하거나 아동에게 필요한 의식주, 의무교육, 의료적 조치 등을 제공하지 않는 행위를 말하며, 유기(neglect)는 보호자가 아동을 보호하지 않고 버리는 행위를 말한다. 방임 · 유기는 물리적 방임, 교육적 방임, 의료적 방임, 유기 등의 유형이 있다. 방임 · 유기된 아동은 계절에 맞지 않는 부적절한 옷차림, 음식을 구걸하거나 훔치거나 비행 또는 도벽, 학교에 일찍 등교하고 집에 늦게 귀가, 지속적인 피로나 불안정감 호소, 잦은 결석, 수업 중 조는 태도 등의 행동적 징후를 보인다.

- 물리적 방임
  - 기본적인 의식주를 제공하지 않는 행위
  - 불결한 환경이나 위험한 상태에 아동을 방치하는 행위
  - 아동의 출생신고를 하지 않는 행위, 보호자가 아동을 가정 내 두고 가출한 경우
  - 보호자가 친족에게 연락하지 않고 무작정 아동을 친족 집 근처에 두고 사라진 경우
  - 아동을 병원에 입원시키고 사라진 경우 등

- 교육적 방임
  - 보호자가 아동을 특별한 사유 없이 학교(6년의 초등교육과 3년의 중학교 의무교육)에 보내지 않거나 아동의 무단결석을 방치하는 행위
  - 학교에 취학할 예정인 아동이나 취학 중인 학생이 입학 · 재취학 · 전학 또는 편입학 기일 이후 2일 이내에 입학 · 재취학 · 전학 또는 편입학하지 않는 경

우, 정당한 사유 없이 계속하여 2일 이상 결석하는 경우, 학생의 고용자에 의하여 의무교육을 받는 것이 방해당하는 경우

- 의료적 방임
  - 아동에게 필요한 의료적 처치와 개입을 하지 않는 행위

- 유기
  - 아동을 보호하지 않고 버리는 행위
  - 시설 근처에 버리고 가는 행위

3) 아동학대 발생 원인과 후유증

아동학대는 부모와 가정환경 및 지역사회 환경에서 그 원인을 찾아볼 수 있고, 그로 인해 피해아동은 정신적·신체적 후유증을 경험한다.

(1) 발생 원인
① 부모와 가정환경
- 양육에 대한 지식 부족
- 그릇된 아동관과 양육관
- 영유아에 대한 지나친 기대
- 부모 자신의 어린 시절의 학대 경험
- 불안, 우울증, 기타 정신질환
- 미성숙하거나 자존감이 낮은 경우
- 알코올중독, 약물중독
- 분노나 감정 조절을 못하는 경우
- 가족관계 문제
- 자녀에 대한 소유의식
- 사회적 고립과 사회적 지지 체계 결여

② 지역사회 환경

• 신체적 체벌에 허용적인 문화

• 아동을 존중하지 않는 문화

⑵ 후유증

① 정신적 후유증

• 지능발달의 결함

• 충동조절이 안 되고 여러 가지 충동적인 행동을 보임

• 불안하거나 우울하고, 심한 감정 기복 등 감정이 불안정함

• 또래관계와 대인관계 형성과 유지의 어려움

• 잦은 학교 결석, 학교생활에의 부적응

• 반응성 애착 장애, 외상 후 스트레스 장애, 급성 스트레스 장애, 적응 장애 등의
  각종 정신 장애

② 신체적 후유증

• 신체 일부의 변형이나 피부의 결손

• 자상이나 화상, 기능 손실 등의 신체 손상

• 신장이나 체중 미달의 발육 부진

4) 아동학대 신고 의무

아동학대 사실을 알게 된 경우나 그것이 의심되는 경우에 발견한 사람은 아동보
호전문기관이나 수사기관에 즉시 신고해야 한다. 특히 국가에서는 직무상 아동학대
범죄를 인지할 가능성이 높은 24개 직군을 선정하여 이들에게 아동학대 범죄의 신
고 의무를 부여하고 있다. 24개 아동학대 신고 의무자 직군은 〈표 8-1〉과 같다(보
건복지부, 중앙아동보호전문기관, 2019, p. 28).

표 8-1 아동학대 신고 의무자 직군(24개)

• 가정위탁지원센터	• 가정폭력 관련 상담소 및 피해자보호시설
• 아동복지전담공무원	• 아동복지시설
• 건강가정지원센터	• 다문화가족지원센터
• 사회복지 전담공무원 및 사회복지시설	• 성매매피해상담소
• 구급대원	• 응급구조사
• 보육교직원, 육아종합지원센터	• 의료기관의 장 및 의료인, 의료기사
• 유치원 교직원 및 강사	• 청소년시설 및 청소년단체
• 장애인복지시설	• 청소년보호·재활센터
• 한부모가족복지시설	• 아이돌보미(「아이돌봄 지원법」)
• 학원 및 교습소	• 입양기관

• 취약계층아동에 대한 통합서비스지원 수행인력(드림스타트)
• 정신의료기관, 정신질환자사회복귀시설, 정신요양시설 및 정신보건센터
• 「초·중등교육법」의 교직원 및 전문상담교사, 산학겸임교사(교육복지사 포함)
• 성폭력피해상담소, 성폭력피해자보호시설, 성폭력피해자통합지원센터

아동학대 신고 의무자는 아동학대 신고 시 보호자에게 신고 내용을 알리는 등 아동학대 증거가 은폐되지 않도록 주의해야 한다. 아동학대 신고 의무자의 신고 절차는 [그림 8-19]와 같다.

학대의심징후   응급상황 시   아동학대신고   현장조사 및   사후지원 및 서비스
(상흔, 증언 등)   아동의 안전 확보   112   사례개입   협조
발견   협조

[그림 8-19] 아동학대 신고 의무자 신고 절차

출처: 보건복지부, 중앙아동보호전문기관(2019), p. 38.

제4부

부모 양육태도와
맞벌이 가족의
부모 역할

부모 양육태도와 부모 역할

자녀를 임신하여 출산하거나 입양하게 되면 누구나 부모가 된다. 부모가 된다는 것은 생각만큼 쉽거나 단순하지 않고, 임신하는 순간부터 부모로서의 역할을 수행해야 한다. 자녀를 출산한 이후 부모는 자녀와 직접 상호작용하기 때문에 어떤 태도나 신념으로 부모 역할을 수행하는지에 따라 자녀의 전인 발달에 중요한 영향을 미친다. 특히 부모로서 어떤 양육태도를 가지고 부모 역할을 수행하는지에 따라 자녀는 성격이나 삶의 태도에 직접적인 영향을 받을 수 있다. 따라서 이 장에서는 부모 양육태도의 유형과 자녀의 발달 단계와 기질에 따라 부모가 수행해야 하는 역할뿐만 아니라 일상에서 많이 실시되고 있는 부모교육 방법에 대해 살펴보고자 한다.

1. 부모 양육태도

부모 양육태도는 부모가 자녀를 양육하는 과정에서 보편적으로 나타내는 태도와 행동이다. 이는 부모-자녀 관계의 형성과 자녀의 발달에 중요한 영향을 미치며 학자마다 다양한 기준으로 그 유형을 분류한다.

1) 쉐퍼의 부모 양육태도

쉐퍼(E. S. Schaefer)는 어머니와 자녀 간의 상호작용을 연구하여 부모 양육태도를 애정-거부, 자율-통제의 두 차원을 중심으로 네 가지 유형으로 제시하였다. 즉, 애정적이고 자율적인 양육태도, 애정적이고 통제적인 양육태도, 거부적이고 자율적인 양육태도, 거부적이고 통제적인 양육태도다(조성연 외, 2018, pp. 95-98).

[그림 9-1] 쉐퍼의 부모 양육태도

출처: 조성연 외(2018). 부모교육(2판), p. 96.

첫째, 애정적이고 자율적인 양육태도는 네 가지 양육태도 중 가장 바람직한 양육태도로서 부모가 자녀에게 애정을 가지고 자녀가 자율적으로 행동하는 것을 허용한다. 부모가 자녀와 민주적이고 협동적으로 상호작용하기 때문에 자녀는 독립적이고 능동적이며 사회 적응력이 높은 사람으로 성장한다. 그러나 부모가 자녀를 자율적으로 대하기 때문에 때로 자녀가 고집스러운 행동을 보이기도 한다.

둘째, 애정적이고 통제적인 양육태도는 자녀에게 애정적 태도를 보이지만 자녀의 행동에 대해 제약이나 통제도 많이 한다. 부모는 때로 자녀를 과잉보호할 수 있어 자녀의 행동을 간섭하고 자녀를 언어적·심리적으로 통제하기도 한다. 이런 양육태도는 고학력의 부모에게서 많이 나타나는데, 이 경우 자녀는 때로 의존적이어서 창의성이 부족할 수도 있다.

셋째, 거부적이고 자율적인 양육태도는 자녀를 수용하지 않으면서 자녀가 원하는 대로 행동하도록 허용함으로써 자녀에 대해 무관심하거나 소홀하다. 부모는 자녀와 함께하는 시간이 거의 없으며 자녀 양육에 태만하다. 이런 양육태도를 지닌 부모의 자녀는 정서적 문제나 미성숙한 행동과 공격성을 나타내기도 한다.

넷째, 거부적이고 통제적인 양육태도는 자녀를 수용하지 않고 자녀의 행동에 대해 심리적·언어적 통제와 체벌을 하기도 한다. 부모는 자녀에 대해 독재적인 태도를 보여 자녀는 공격적이며 반항적인 태도와 정서적으로 불안정한 경향을 보인다.

2) 바움린드의 부모 양육태도

부모 양육태도로 최근 가장 많이 사용되는 것은 바움린드(D. Baumrind)가 제시한 양육태도다. 그는 자녀에 대한 애정과 통제를 기준으로 부모 양육태도를 분류하였다. 바움린드는 부모 양육태도를 권위적(authoritative) 양육태도, 허용적(permissive) 양육태도, 독재적(authoritarian) 양육태도의 세 가지로 분류하였는데, 이후 매코비(E. E. Maccoby)와 마틴(J. A. Martin)이 방임적(neglectful) 양육태도를 추가하였다(조성연 외, 2018, pp. 98-101).

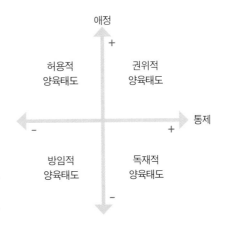

[그림 9-2] 바움린드의 부모 양육태도

출처: 조성연 외(2018). 부모교육(2판), p. 99.

첫째, 권위적 양육태도의 부모는 자녀의 자율성을 인정하여 합리적 사고로 자녀를 통제한다. 이 유형의 부모는 자녀에게 체벌을 사용하지 않고 자녀의 발달 수준에 적합한 행동을 요구한다. 자녀는 전반적으로 명랑하고 책임감이 있으며 또래와 잘 어울린다.

둘째, 허용적 양육태도의 부모는 자녀의 가치관이나 행동에 대해 수용적이며, 자녀의 행동을 통제하지 않는다. 이 유형의 부모는 자녀를 과보호하지만 통제 수준은 낮아 자녀가 독립심, 자아통제력 등이 낮을 수 있다.

셋째, 독재적 양육태도의 부모는 자녀에게 규칙을 따르게 하고 체벌을 사용하기도 하며 자녀를 종속적인 존재로 인식한다. 이 유형의 부모는 자녀에게 애정 표현을 잘 하지 않고 자녀의 자율성을 제한하여 자녀는 수동적이고 독립심이 부족한 경향이 있다.

넷째, 방임적 양육태도의 부모는 자녀에게 관심이 없으며 자녀 양육에 최소한으로만 관여한다. 이 유형의 부모는 자녀의 행동에 대해 요구나 통제를 거의 하지 않아 자녀는 불안정하고 무기력하며 자아존중감이 낮다.

2. 자녀의 발달 단계별 부모 역할

갈린스키(E. Garlinsky)는 부모가 자녀를 양육하면서 자녀와 함께 성장한다고 강조함으로써 부모의 성장 단계를 여섯 단계로 설명하였다(조성연 외, 2018, pp. 101-102).

- 이미지 형성 단계: 임신 직후부터 출산하기까지로 자녀에 대한 이미지 형성 기간
- 양육 단계: 자녀 출생부터 생후 2세까지로 부모로서의 정체감 형성 기간
- 권위 단계: 자녀가 2세에서 4~5세로서 부모의 감정 조절이 필요한 기간
- 설명 단계: 자녀가 초등학교에 다니는 시기로서 자녀에게 다양한 것을 설명해 주는 기간
- 상호의존 단계: 자녀가 청소년기로서 자녀를 독립된 인격체로 존중해야 하는 기간
- 떠나보내는 단계: 자녀가 청년기에 진입하여 독립된 생활을 하게 되는 기간

부모도 자녀가 발달함에 따라 영향을 받으므로 부모는 자녀의 발달 단계마다 그에 적합한 역할을 수행해야 한다. 이 책은 영아기까지의 부모 역할에 초점을 두므로 여기서는 태내기와 영아기 자녀의 부모 역할에 대해서만 살펴보고자 한다.

1) 태내기

태내기는 인간의 생애 중 성장이 가장 빠른 시기이므로 부모는 좋은 태내 환경을 제공해 주는 것이 중요하다. 이를 위해 부모는 임신을 긍정적으로 받아들이고 편안한

정서 상태에서 자신에게 적합한 태교 방법을 선택하여 부부가 함께 좋은 태내 환경을 만들어 주기 위해 노력한다. 그리하여 남편과 아내는 상호 정서적 지지를 통해 서로의 요구와 변화를 이해하면서 분만을 준비한다. 이 기간 동안 아내는 건강한 아기를 출산하기 위해 노력하고, 남편도 아버지로서의 책임감을 갖고 아내에게 정서적 지지를 해 줌으로써 미래 어머니인 아내의 심신 안정과 태아와 애착을 형성하도록 노력한다. 이러한 과정을 통해 부부는 서로 협력적인 부모 역할을 수행하면서 부모됨을 준비한다.

2) 영아기

영아기는 출생 후 1개월의 신생아기를 거쳐 생후 2세까지의 기간이다. 이 시기에 영아는 신체, 언어, 인지, 정서, 사회성 등의 전인 발달이 급속하게 이루어진다. 특히 신체 발달은 빠른 속도로 이루어져 2세 때는 출생 시 체중의 약 4배가 되고, 신장은 성인 키의 50% 수준에 이른다. 이 기간에 부모는 영아의 전인 발달을 위해 충분한 영양을 공급해 주어야 하며, 자녀와의 애착 형성과 기본적 신뢰감을 형성하기 위해 노력해야 한다. 또한 부모는 적절한 수면 습관과 배변 훈련을 통해 영아가 자율성을 형성할 수 있도록 도와주고, 안전한 환경에서 주변 환경을 자유롭게 탐색하면서 인지와 언어를 발달시킬 수 있도록 다양한 자극을 제공해 준다.

3. 자녀 기질에 따른 부모 역할

부모는 자녀의 기질을 이해하면서 그에 적합한 양육태도로 자녀를 양육하는 것이 중요하다. 기질(temperament)은 개인이 주변 환경이나 타인과 상호작용하는 특정한 행동양식이며 정서 반응 유형이다. 이는 유전적 요인과 생물학적 요인의 영향을 많이 받지만 임신 중의 태내 환경과 출생 후의 환경, 성장하면서 접하게 되는 사회적 맥락과 개인적 경험 등에 의해 영향을 받는다(조성연 외, 2017, p. 288).

기질은 개인마다 차이가 있는데 토마스와 체스(Thomas & Chess, 1977)는 순한 기질, 까다로운 기질, 느린 기질의 세 가지로 구분하였다(이 영 외, 2017, pp. 224-225). 순한 기질은 영아의 약 40%에 해당하는데 이 유형의 자녀는 일상생활이 규칙적이며, 새로운 경험에 쉽게 적응한다. 까다로운 기질은 영아의 약 10%에 해당하는데 이 유형의 자녀는 생리적 리듬이 불규칙하며, 새로운 상황에 적응하기 어려워 환경의 작은 변화에도 매우 민감하여 마음대로 안 되면 힘들어한다. 느린 기질의 영아는 약 15%에 해당하는데 이 유형의 자녀는 전반적으로 활동 수준이 낮고, 새로운 상황에 움츠러드는 경향이 있어 이에 적응하는 데 시간이 오래 걸리며, 스스로 자신의 마음을 조절하기 어려워한다. 기질은 개인마다 차이가 있으므로 부모는 자녀의 요구에 민감하게 반응하기 위해 자녀의 기질을 이해하는 것이 필요하다.

표 9-1 기질 유형별 영유아의 특징

범주	순한 기질	까다로운 기질	느린 기질
식습관과 수면 습관	규칙적임	불규칙적임	비교적 규칙적임
새로운 환경에 대한 적응	쉬움	느림	처음에는 느리지만 곧 적응함
낯선 사람에 대한 반응	편안해 함	두려워함	처음에는 수줍어하나 곧 적응함
좌절에 대한 반응	약간 보채지만 곧 수용함	짜증을 부리거나 혹은 위축됨	부정적 반응을 보이나 결국 회복함
정서 강도	대체로 긍정적임	부정적 정서가 강함	긍정적 혹은 부정적 정서가 약간 강함

부모가 자녀를 효과적으로 양육하기 위해 토마스와 체스(Thomas & Chess, 1977, pp. 186-187)는 무엇보다 부모와 자녀의 기질이 적절하게 조화를 이루는 조화의 적합성(goodness of fit)이 중요하다고 강조하였다. 부모는 자녀의 기질적 특성을 이해함으로써 자녀가 요구하는 것을 공감하고 수용해 주어야 하며, 부모와 자녀 간의 갈등 상황을 먼저 파악하는 것이 중요하다. 부모는 자녀의 상황을 공감해 주는 것만으

로도 이미 자녀 문제의 50%를 해결한 것이나 마찬가지다. 그러므로 부모는 영아의 기질에 적합한 양육 방법으로 자녀와 상호작용해야 한다. 이를 위해 부모는 부모 중심의 사고와 행동에서 벗어나 자녀의 기질을 인정하고, 자녀에게 좋은 모델을 보여 주며, 자녀가 보내는 신호를 인식하고 그 신호에 적절하게 반응해 주도록 노력한다.

참고 ❶

좋은 부모가 되기 위한 십계명

① 행동으로 본보기가 되라.
② 나이에 맞는 독립성을 키우라.
③ 사랑은 넘치게 주라.
④ 말과 행동의 일관성을 유지하라
⑤ 자녀의 삶에 참여하라.
⑥ 절대로 때리지 말라.
⑦ 자녀의 눈높이에 맞추라.
⑧ 부모의 규칙과 결정을 설명하라.
⑨ 지켜야 할 규칙을 정하라.
⑩ 자녀도 인격체임을 잊지 말라.

4. 부모교육 방법

부모교육에 대한 관심이 많아지면서 일반 대중에게 비교적 많이 알려진 부모교육 방법으로는 민주적 부모교육, 인본주의적 부모교육, 부모효율성 훈련 등이 있다(조성연 외, 2018, pp. 152-171).

1) 민주적 부모교육

민주적 부모교육은 드라이커스(R. Dreikurs)가 제시한 것으로 인간은 자신의 생각
이나 행동을 스스로 통제할 수 있다고 주장한 정신분석학자인 아들러(A. Adler)의
이론을 부모-자녀 관계에 적용한 부모교육 방법이다. 드라이커스는 부모와 자녀 관
계는 평등하므로 자녀 양육 시 민주적으로 갈등을 해결해야 한다고 주장하였다. 그
러므로 부모는 자녀를 한 사람의 인격체로 존중하여 자녀가 사용하는 잘못된 행동
목표에 잘 대처할 수 있어야 하며, 자녀가 나타내는 행동은 반드시 목적이나 원인이
있다는 것을 이해함으로써 자녀가 스스로 자신의 일을 결정하고 책임질 수 있도록
교육하는 능력이 있어야 한다.

(1) 자녀의 잘못된 행동 목표

부모는 자녀가 가지고 있는 잘못된 행동 목표를 이해해야 하는데, 이에는 관심 끌
기, 힘 행사하기, 앙갚음, 무능력감 보이기가 있다.

관심 끌기(attention)는 타인의 관심이나 주의를 끌기 위한 것이다. 자녀는 가족 내
에서 관심을 끌지 못하면 떼를 쓰거나 칭얼대서라도 관심을 끌려고 한다. 이런 경우
에 부모는 자녀의 잘못된 행동은 무시하고 긍정적인 행동에만 관심을 보여야 한다.

힘 행사하기(power)는 자녀가 관심 끌기 행동이 지속적으로 무시당하거나 제지당
하면 더 강력하게 자신의 힘과 능력을 보여 줌으로써 부모가 원하는 대로 행동하지
않고 오히려 부모의 요구를 거절하고 고집을 부리면서 자신의 힘을 보여 주려는 것
이다. 이런 경우에 부모는 화내거나 부적절한 태도를 보이기보다는 자녀가 관심을
받을 수 있는 경험을 할 수 있도록 기회를 주어야 한다.

앙갚음(revenge)은 자녀가 관심끌기나 힘 행사하기로도 안 될 경우에 자신이 상
처받은 만큼 다른 사람도 상처를 받아야 한다고 생각하여 나타내는 행동이다. 이런
경우에 부모는 자녀에게 벌을 주기보다는 긍정적이고 적절하게 관심을 보여 주어야
한다.

무능력감 보이기(inadequacy)는 자녀가 관심 끌기, 힘 행사하기, 앙갚음의 방법을

모두 사용해도 부모의 관심을 얻지 못했다고 생각하면 아무것도 성취하지 않으려하고 아무런 반응도 보이지 않으려는 것이다. 이런 경우에 부모는 자녀의 무능력감에 대해 비난하는 대신 작은 노력이라도 긍정적인 행동을 하면 관심을 보이고 지지하고 격려하는 태도를 보여 주어야 한다.

⑵ 부모교육 방법

부모는 자녀의 잘못된 행동 목표에 대해 인식 반응 보이기, 격려하기, 자연적 결과와 논리적 결과와 같은 방법을 사용할 수 있다.

- 인식반응 보이기: 자녀가 행동 목표를 잘못 선택했다는 것을 스스로 깨달을 때까지 부모는 자녀를 꾸짖지 않고 존중해 주기
- 격려하기: 자녀를 있는 그대로 받아들이면서 부모는 긍정적인 언어와 태도로 자녀의 부정적 행동은 무시하고 긍정적 행동에만 관심을 보이면서 있는 그대로를 존중해 주기
- 자연적 결과: 자녀가 잘못된 행동을 했을 때 시간이 지나면서 자녀는 자연스럽게 보상이나 벌을 받아 자신이 잘못한 것을 스스로 배우고 이해하도록 하기
- 논리적 결과: 부모가 자녀와 함께 규칙을 정하고 그에 따르게 하여 스스로 벌을 받기. 예를 들면, 자녀가 밥을 먹지 않을 경우, 밥을 먹지 않으면 배가 고프다는 것은 자연적 결과며, 제시간에 밥을 먹지 않으면 밥을 먹을 수 없다는 규칙을 만들고 이를 어기면 밥을 먹을 수 없다는 것은 논리적 결과다.

2) 인본주의적 부모교육

인본주의적 부모교육은 기노트(H. Ginott)가 로저스(C. Rogers)의 내담자 중심 상담이론을 부모교육에 적용하여 만든 부모교육 방법이다. 로저스에 의하면 내담자는 자신의 문제를 스스로 해결할 수 있는 잠재력을 가지고 있다. 그러므로 부모도 자녀에게 문제가 있을 때 자녀가 스스로 해결할 수 있다고 인식해야 한다고 기노트는 주

장하였다. 이를 위해 부모는 자녀를 있는 그대로 수용하고 독립된 인격체로 대우하면서 긍정적인 부모-자녀 관계를 수립하기 위해 효과적인 상호작용 기술을 습득하는 것이 필요하다.

(1) 부모-자녀 상호작용 촉진을 위한 지침

부모-자녀 관계에서 상호작용을 촉진하는 것이 무엇보다 중요하므로 부모는 자녀와 대화하기 위해 상호존중하는 태도와 의사소통 기술이 필요하고, 실제 노력하거나 성취한 것에 근거하여 칭찬해야 하며, 자녀의 잘못된 행동에 대해서만 지적해야 한다. 부모는 자신이 책임져야 할 문제와 자녀가 스스로 책임져야 할 문제를 분명히 구분하여 자녀가 독립심과 책임감을 가질 수 있도록 해 주어야 한다. 그러므로 부모는 자녀가 이해할 수 있는 수준에서 자녀에게 행동의 한계를 설정해 줌으로써 안정감을 느낄 수 있도록 해 주어야 한다. 이를 위해 부모는 자녀가 원하는 것을 간단한 말로 반복하여 말하고, 제한할 행동에 대해서는 정확하게 표현하여 제지하며, 자녀가 원하는 것을 들어주기 어렵다면 일부라도 성취할 수 있도록 대안을 제시해 주고, 원하는 행동을 못하게 할 경우에 짜증이나 투정을 부리는 대신 이를 적절하게 표현하는 방법을 알려 준다. 예를 들면, 자녀가 자야 할 시간에 더 놀고 싶다고 떼를 쓴다면 부모는 잘 시간이라는 것을 알리고, 자녀에게 짧은 동화책을 읽어 주는 정적인 활동을 하면서 조금이라도 자녀가 원하는 것을 성취했다는 느낌을 가질 수 있도록 해 준다.

(2) 부모교육 단계

인본주의 부모교육은 부모집단 모임을 통해 네 단계로 교육을 진행한다. 첫째, 이야기 단계로, 부모가 생활 속에서 자녀와 부딪히면서 경험했던 문제와 어려움, 이를 해결하기 위해 사용했던 방법을 솔직하게 이야기하면서 다른 부모와 공감대를 형성한다. 둘째, 민감성 증진 단계로, 부모가 자녀의 입장을 이해할 수 있도록 도와줌으로써 자녀의 느낌이 어떤지를 생각해 보고 부모-자녀 간 감정 교류에 대한 통찰력이 생기게 한다. 셋째, 개념형성 단계로, 부모 스스로 자신의 행동을 평가ㆍ분석하면서 바람직한 부모 역할과 자녀 양육에 대한 새로운 지식과 개념을 형성한다. 넷째, 기술 익히기 단계로, 부모가 자녀와의 관계에서 생긴 문제를 직접 해결하기 위해 자신이 생각한 자녀 양육 기술을 적용해 보면서 새롭고 합리적인 양육 기술을 익힌다.

3) 부모효율성 훈련

부모효율성 훈련(Parent Effectiveness Training: P. E. T.)은 고든(T. Gordon)이 인간관계에서 얻은 임상적 경험과 정신분석이론, 아동심리와 발달이론을 종합하여 만든 부모교육 방법이다. 그는 부모와 자녀 간의 관계에서 발생하는 문제는 양육 기술과 의사소통에서의 걸림돌을 많이 사용해서 발생한다고 보고 이를 개선하기 위해 효율적인 의사소통 방법을 개발하였다.

(1) 걸림돌

걸림돌은 부모와 자녀 간의 의사소통에 문제가 되는 열두 가지 대화 방법이다. 열두 가지 걸림돌이 언제나 잘못된 것이 아니라 상황에 따라 부모-자녀 간 의사소통의 장애가 되는 것이므로 부모-자녀 관계를 개선하려면 부모는 열두 가지 걸림돌을 극복해야 한다.

표 9-2 부모-자녀 간 의사소통의 열두 가지 걸림돌

걸림돌	내용	대화의 예
명령, 지시	부모는 자녀에게 어떻게 하라고 하거나 혹은 하지 말라고 명령하고 지시한다.	"너는 반드시~" "꼭~"
경고, 주의, 위협	자녀에게 어떤 행동이나 말을 하면 어떠한 결과가 일어나게 될 것이라고 말한다.	"만약 ~하지 않으면~"
훈계, 설교	자녀에게 해야 할 일과 해서는 안 되는 일이나 그 이유에 대해 장황하게 설명한다.	"이래야 돼, 저래야 돼."
충고, 해결책 제시	자녀의 문제를 어떻게 하면 해결할 수 있을지에 대해 부모가 해결책을 제시한다.	"~해야 하지 않겠니?"

강의, 가르침 (논리적으로 따지기)	부모 자신의 의견을 제시하여 자녀에게 영향을 주고자 한다.	"왜냐하면 말이지~"
비판, 비난	자녀에 대해 부정적인 시각으로 판단하고 평가한다.	"너는 말야~ 하잖아."
칭찬, 동의, 부추김	자녀의 의견에 긍정적으로 평가하고 동의한다.	"너는 잘 했구나~"
욕설, 비웃기, 조롱, 모욕	자녀에게 욕을 하거나 수치심을 준다.	"네가 무슨~"
분석, 해석, 진단	자녀의 행동 원인에 대해 부모가 분석하고 진단하여 이를 자녀에게 이야기한다.	"뭐가 문제냐 하면~"
격려, 달래기(위로), 공감(동정), 편들기	자녀의 기분을 맞추려 애쓰고, 자녀를 동정하고 현재의 기분을 풀어 주려고 한다.	"기운내라~"
심문, 질문, 탐문	자녀의 문제에 대해 원인이나 이유를 알려고 계속 질문을 한다.	"왜~ 누구랑~ "
전환, 회피, 한 발 물러서기, 비위 맞추기	문제를 회피하고 관심을 다른 곳으로 돌리려 한다.	"다른 이야기하자~"

출처: 조성연 외(2018). 부모교육(2판), pp. 202-203.

(2) 부모교육 방법

부모는 효과적인 자녀 양육을 위해 서로의 수용성 수준 파악하기, 문제의 소유자 파악하기, 적극적 경청, 나-전달법 등의 양육 기술이 필요하다.

첫째, 부모는 자녀가 요구하는 것에 대해 수용할 수 있는 수준을 파악해야 한다.

둘째, 부모는 문제의 소유자가 누구인지 파악해야 한다. 자녀가 문제라면 '적극적 경청(active listening)' 혹은 '반영적 경청'을, 부모가 문제라면 '나-전달법(I-message)'을 사용한다. '적극적 경청'은 자녀가 하는 이야기를 마음을 열고 열심히 들어 주는 것이고, '나-전달법'은 부모가 가지고 있는 생각을 자녀에게 전달하는 것이다. 이를 효과적으로 사용하기 위해서는 의사소통 시 세 가지 요소가 포함되어야 한다. 즉, 자녀를 탓하지 않고 단순히 자녀의 행동을 "네가 ~하면"식으로 이야기하고, 그 행동에 대한 부모의 감정과 느낌을 "나는 ~라고 느낀다."라고 말하면서, 자녀의 행동에 대한 결과를 "왜냐하면 ~하기 때문이다."라고 말한다. 예를 들면, 자녀는 소파나 의

자에서 뛰는 것을 좋아하는데 이런 경우에 부모는 자녀가 떨어져 다칠까 봐 걱정한다. 이때 사용할 수 있는 '나–전달법'을 사용한 대화는 "엄마는 너가 소파에서 뛰면 (자녀의 행동) 뛰다가 떨어져 다칠까 봐(행동에 대한 결과) 걱정이야(부모의 감정과 느낌)."다.

제10장

맞벌이 가족의 부모 역할

여성의 경제활동 참여율이 높아지면서 맞벌이 가족은 우리나라의 보편적인 가족 유형이 되었다. 맞벌이 가족을 형성하게 된 초기에는 경제적인 이유가 중심이었지만 1980년대 이후부터는 여성의 자아실현을 목적으로 맞벌이를 선택하는 경향이 증가하였다. 이로 인해 부부간 자녀 양육과 가사노동에 대한 문제가 중요한 사회적 이슈가 되었다. 따라서 이 장에서는 맞벌이 가족의 특징과 자녀 양육을 위한 부모 역할에 대해 살펴보고자 한다.

1. 맞벌이 가족의 특징

맞벌이 가족은 부와 모 모두 직업이 있는 가족이다. 우리나라의 맞벌이 가족은 주로 30, 40대고, 그 비율은 전체 가족의 절반 정도며, 이 중 6세 이하 자녀를 둔 경우가 또 절반 정도다(통계청 보도자료, 2021. 4. 25., p. 1). 이러한 결과를 통해 볼 때 맞벌이 가족에게 있어 자녀 양육과 가사노동은 해결해야만 하는 문제다. 실제로 여성가족부 보도자료(2020. 9. 2.)를 보면, 부부 유형별 하루 평균 가사노동 시간은 남편과 부인 간에 현저한 차이가 있었다. 즉, 맞벌이 가족의 가정 관리와 가족 및 가구원 돌보기를 포함하는 가사 시간에서 여성은 3시간 7분이고, 남성은 54분에 불과하여 취업 여성이 취업 남성에 비해 하루 평균 2시간 13분을 더 많이 일하였다. 여전히 우리나라에서 가정 관리는 여성의 몫으로서 맞벌이 가족 여성의 자녀 양육을 위한 시간은 절대적으로 부족하다.

[그림 10-1] 맞벌이 가족 여성의 일-가정 양립

이러한 상황에서 2011년 10월부터 정부에서 시행하고 있는 '육아기 근로시간 단축제도'를 이용하는 남성 임금근로자는 미미하지만 점진적으로 증가하고 있다([그림 10-2] 참조). 비록 이러한 제도를 활용하는 사람이 남성보다는 여성이 현저하게 많지만 남성 이용자의 미미한 증가는 고무적이라고 할 수 있다. 제도는 활용할 때 의미가 있는 것이므로 남성 취업자가 이러한 제도를 더 활발하게 사용하여 남성의 자녀 양육 참여를 보다 적극적으로 권장할 수 있는 사회 분위기를 조성하는 것이 필요하다.

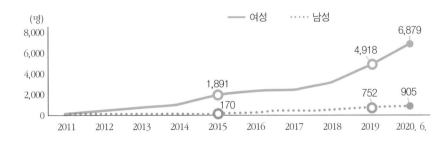

[그림 10-2] 육아기 근로시간 단축제도 이용률

출처: 여성가족부 보도자료(2020. 9. 2.). 2020 통계로 보는 여성의 삶, p. 23.

2. 맞벌이 가족의 부모 역할

맞벌이 가족에게 있어서 가장 어려운 점은 자녀 출산 후의 양육 문제다. 최근 조사 결과에 의하면 맞벌이 부부 중 51%가 돌봄 공백을 버틸 수 없어 휴업이나 퇴사를 고려하고 있었다(뉴스핌, 2020. 9. 15.). 자녀 양육을 위한 국가 차원의 다양한 방법이 있으나 기업의 가족 친화 정책인 재택근무나 유연근무가 어렵고, 가족 돌봄 휴가나 육아휴직 등을 사용하는 것도 어려움이 많으며, 육아휴직을 하더라도 경제적 문제에 직면할 수 있어 육아휴직을 신청하는 것도 쉽지 않다. 특히 자녀 양육 시 영유아기 자녀가 있는 맞벌이 가족은 가장 큰 위기를 경험한다. 즉, 맞벌이 부부는 자녀에 대한 지나친 죄책감과 과잉보호의 문제, 직업적 역할과 자녀 양육 및 가사의 이중 역할 수행의 부담으로 역할긴장과 역할 과중의 스트레스, 시간 압박 등의 문제, 영유아기 자녀를 돌봐 줄 수 있는 양육기관과 대리양육자 구하기의 어려움 등이 있다. 맞벌이 가족의 대부분은 자녀 양육을 위해 어린이집과 놀이방을 많이 이용하고 있으나, 전국적으로 영유아전담 어린이집의 수가 적어 이용하는 데도 어려움이 있다. 이런 상황에서 우리나라의 맞벌이 부부가 자신의 경력을 단절시키지 않으면서 자녀를 양육하기 위해서는 네 개의 보육 절벽을 넘어야 한다는 기사가 등장하여 눈길을 끈다([그림 10-3] 참조.).

맞벌이 부부가 넘어야 할 네 개의 보육 절벽 중 첫 번째 절벽은 출산 이후 1년간의 육아휴직이다. 육아휴직에 대한 사회적 인식이 개선되어 여성과 남성의 육아휴직 사용이 늘고 있지만 여전히 소규모 사업장이나 계약직 근로자는 육아휴직을 쓰기 위해 경력 자체를 포기해야 하는 경우가 많다.

육아휴직을 사용했다 해도 이를 마치고 직장에 복귀할 경우에 맞벌이 부부는 영유아전담 어린이집이나 종일반 어린이집을 구하기 위한 두 번째 절벽에 직면한다. 우리나라의 「영유아보육법」에 의하면 어린이집은 오전 7시 30분부터 오후 7시 30분까지 12시간 보육을 하고, 상시 여성 근로자 300명 이상이나 근로자 500명 이상을 고용하는 사업장은 직장어린이집을 설치하여 운영해야 한다. 다만, 의무 사업장에

맞벌이 부부가
넘어야 할
4개의 보육절벽

0세
육아휴직에 대한
직장 경영진의
기피 인식

1~2세
종일반 어린이집
(오전 7시 30분~오후 7시 30분)
시간 미준수
직장어린이집 미비

3~5세
방과 후 과정 미운영
또는 당첨 어려움

6~7세
(초등학교 1·2학년)
돌봄교실
당첨 어려움

[그림 10-3] 맞벌이 부부가 넘어야 할 보육 절벽

출처: "매일경제(2018. 3. 26.). 맞벌이 부부의 자격…죄송·미안 입에 달고 9년 버텨라, 2021. 7. 3. 인출." 중
연령을 수정 제시함

직장어린이집을 단독으로 설치하기 어려운 경우에는 사업주가 공동으로 설치할 수
있고 지역내 어린이집과 위탁계약을 맺어 해결할 수도 있다. 또한 장소 부족이나 비
용 부담 등으로 직장어린이집을 설치하지 못하는 다수의 중소기업이 밀집해 있는
경우에는 지방자치단체가 참여 비용의 일부를 부담하여 직장어린이집을 설치할 수
도 있다. 이때 컨소시엄 형태로 설치할 경우에는 고용노동부가 선정하여 지원해 줄
수도 있다. 그러나 많은 사업장이 직장어린이집을 설치하고 있지 않으며, 다수의 종
일반 어린이집도 법률에 명시된 운영 시간을 제대로 지키지 않아 퇴근 시간이 늦은

맞벌이 부부는 이용하기 어렵다.

자녀가 초등학교 입학 전 유치원을 이용하게 되면 세 번째 절벽을 경험하게 된다. 즉, 유치원은 「유아교육법」에 따라 반나절 수업을 실시하는 교육기관이고, 맞벌이 가족을 위해 일부 유치원이 종일제로 운영한다. 그러나 종일제로 수업을 운영하는 유치원은 그 수가 제한적이어서 이를 이용하는 데 어려움이 많다.

자녀가 유치원을 졸업하고 초등학교에 입학하면 네 번째 절벽을 넘어야 한다. 즉, 초등학교 저학년 수업은 오전에 끝나기 때문에 맞벌이 부부는 자녀의 점심 식사를 해결하고 자녀가 오후에 돌봄을 받을 수 있는 '돌봄교실'을 이용할 수 있어야만 하는데 이용할 수 있는 기관 수가 제한되어 있고 이용하는 학생이 적은 경우에는 그마저도 이용하기 어렵다. 그러므로 맞벌이 부부는 방과 후에 자녀를 돌봐 줄 수 있는 베이비시터를 구하거나 친지 등의 도움을 구해야만 한다.

맞벌이 가족은 성공적으로 일과 가정 사이의 균형을 위해 노력해야 한다. 이와 관련하여 미국 『포브스지(Forbes)』는 자녀가 있는 맞벌이 가족이 포기해야 할 다섯 가지를 제시한 바 있다(brunch, 2016. 2. 24.).

첫째, 자존심을 버리고 주변에 도와 달라고 말한다. 부부가 도움을 받고 후에 부부가 할 수 있는 일을 도와 주면 시간을 좀 더 효율적으로 활용할 수 있다.

둘째, '일:육아=50:50'의 공식을 버린다. 일과 가정 사이의 균형은 일과 가정의 일을 융통성 있게 한다는 것이므로 일과 가정 사이의 균형을 이루기 위한 부부의 원칙을 정하고 때로는 일에, 때로는 육아에 좀 더 집중하도록 노력한다. 이를 위해 맞벌이 가족은 가사 분담을 효율적으로 하기 위한 원칙을 세워 서로 할 수 있는 일을 정하여 지키려는 노력이 필요하다(<참고 1> 참조).

셋째, '나는 나중에'라는 생각을 버린다. 내가 지쳐 있으면 누구도 돌볼 수 없으므로 "나를 위한 시간을 1분도 낼 수 없다고 느껴질 때가 진정 나만의 시간이 필요한 때다."라고 생각하여 자신만을 위한 시간을 갖도록 노력한다. 성공적인 맞벌이 가족은 나만의 시간을 조금이라도 가지는 것이 장기적으로 도움이 된다. 잠과 휴식뿐만 아니라 운동은 건강과 일과 가정 사이의 균형을 이루는 데 도움이 되므로 이를 놓치지 않도록 한다.

참고 ❶

맞벌이 가족의 가사 분담을 위한 가사 내용과 맞벌이 부부 십계명

분류	해야 할 일	누가	소요 시간	해야 할 때
청소	어질러 놓은 물건 정리		5~10분	매일 퇴근 후
	청소기 돌리기		10~20분	매주 토요일
	방 걸레질하기		10~20분	매주 토요일
	걸레 빨기		3~5분	매주 토요일
	가구와 전자제품 닦기		10~20분	매주 금요일 저녁
	냉장고 청소하기		1시간 이상	매월 마지막 토요일
	신발장 정리		20분	매월 마지막 금요일 저녁
	침대 정리하기		5분	매일 기상 직후
식사 준비 · 설거지	장보기		1~3시간	매주 토/일요일
	아침 식사 준비		10분	매일 아침
	아침 식사 차리기		5~10분	매일 아침 식사 시
	아침 식사 후 정리하기		10~20분	매일 아침 식사 직후
	저녁 식사 준비 · 상차림		30분	매일 저녁 식사 시
	저녁 식사 후 정리하기 및 행주 삶기		30~50분	매일 저녁 식사 후
	싱크대와 가스레인지 닦기		30분	매일 저녁 식사 후
빨래	속옷		5~10분	2~3일, 저녁 세수 시
	세탁소에 옷 맡기기		10분	매주 금요일 퇴근 후
	세탁소에서 옷 찾아 오기		10분	매주 월요일 퇴근하면서
	커튼		1시간	매월 마지막 일요일
	베개와 이불 커버		1시간	매주 토요일
	세탁기 돌리기		1시간	2~3일, 저녁 샤워할 때
	세탁기에서 꺼내어 널기		10~20분	2~3일, 세탁 직후
	마른 옷 개서 넣기		10~20분	2~3일, 저녁 샤워 직후
아이 돌보기	아침에 깨우고 씻기기		10분	매일 출근 전
	아침 먹이기		20분	매일 출근 전
	어린이집에 데려다 주기		15분	매일 출근 전
	집에 데려오기		15분	매일 퇴근 후
	저녁 먹이기		40분	매일 퇴근 후
	목욕 시키기		30분	매일, 자기 전
	놀아 주기		1시간	매일 저녁 식사 후
	책 읽어 주기		10~30분	매일 자기 전

출처: "ENEX에넥스 공식 블로그(2017. 5. 9.). 현명하게 집안일 나누는 방법! 맞벌이부부의 가사분담
Tip!+가사분담표. 2021. 7. 3. 인출." 내용을 수정 제시함

2. 맞벌이 부부 십계명

① 가사분담표를 만들라.

② 집안일을 너무 완벽하게 하려고 하지 말라.

③ 부부끼리 공통 목표를 정하라.

④ 아무리 바빠도 부부끼리 대화하고 함께하는 시간을 따로 만들라.

⑤ 아이들에게 가사 일을 분담시키라.

⑥ 돈의 힘을 적절히 빌리라.

⑦ 아이들에게 지나친 죄책감을 느끼지 말라.

⑧ 일과 가정 간에 균형을 유지하라.

⑨ 맞벌이 손익계산서를 작성해 보라.

⑩ 일정액은 무조건 저축하라.

출처: 아시아경제(2013. 1. 25.). 가사분담표 만들어라… 맞벌이부부 10계명. 2021. 7. 3. 인출.

넷째, 아이를 언제나 행복하게 해야 한다는 생각을 버린다. 일과 가정의 균형을 잘 맞추는 부모는 자녀의 행복을 최우선에 두기보다는 자녀가 책임감 있는 성인으로 성장할 수 있도록 하는 것을 더 중요시한다. 그래서 부부는 어려서부터 자녀에게 집안일을 할 수 있도록 그 역할을 분배한다.

다섯째, 죄책감을 버린다. 부부가 파트타임이나 탄력근무제를 하지 못하고 전일제로 근무하는 경우에 자녀와 함께하는 시간이 적어 많은 부모가 죄책감을 갖는 경향이 있다. 일과 가정 사이에 균형을 이룬 부모는 "일하지 않으면 좋을 텐데."라고 아쉬워하느라 시간을 낭비하지 않고 자녀와 함께할 수 있는 순간에 더 집중하고 에너지를 쏟는 것을 우선시한다. 물론 부모 역할을 수행할 때 부모는 자녀와 상호작용하기 위한 절대적인 시간의 양이 중요하지만 양질의 시간 활용도 중요하므로 자녀와 함께하는 시간 동안 자녀에게 집중하여 자녀와 상호작용할 수 있도록 노력한다.

영유아기 자녀를 둔 맞벌이 가족의 부모가 안심하고 직장생활을 하면서 양질의 부모 역할을 수행할 수 있으려면 국가적 차원의 노력이 필요하다. 즉, 양질의 보육

시설을 확충하고, 육아휴직제도 활성화와 일-가정 양립을 위한 직장생활의 개선, 맞벌이 가족 맞춤형 부모교육 프로그램의 개발과 실시 등이다. 국가적 차원의 노력이 우선되어야 하지만 맞벌이 가족의 부모 스스로 자신이 자녀를 제대로 돌보지 못하고 있다는 생각에서 자유로워야 한다. 이를 위해 부모 스스로 부모로서의 역량 개발을 위해 노력함과 동시에 부모와 자녀 간의 안정된 애착관계를 형성할 수 있도록 노력하는 것이 더 우선되어야 한다.

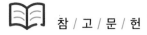

참 / 고 / 문 / 헌

공계순, 박현선, 오승환, 이상균, 이현주(2019). 아동복지론(5판). 서울: 학지사.

김광웅, 방은령(2003). 아동발달. 서울: 형설출판사.

김난도, 전미영, 이향은, 이준영, 김서영, 최지혜(2013). 트렌드 코리아 2014. 서울: 미래의 창.

김동식(2011). 고령 임산부의 건강한 자녀 출산을 위한 산전 지원 방안, KWDI 이슈페이퍼, 143-166.

김진숙, 김지은, 연미희, 이인수(2017). 나도 부모가 처음이야. 경기: 어가.

뉴스위크 특별호 한국판 1. (1999. 5. 21.). 귀여운 우리 아기: 태어나서 3세까지 부모가 알아야 할 모든 것. 서울: 중앙일보.

뉴스위크 특별호 한국판 3. (2000. 9. 23.). 출산서 골다공증까지 여성이 알아야 할 모든 것. 서울: 중앙일보.

뉴스위크 특별호 한국판 5. (2000. 12. 22.). 귀여운 우리 아기 Ⅱ: 태어나서 3세까지 부모가 알아야 할 모든 것. 서울: 중앙일보.

문무경, 조숙인, 김정민(2016). 한국인의 부모됨 인식과 자녀양육관 연구. 서울: 육아정책연구소.

박성연, 도현심(1999). 아동발달. 서울: 동문사.

보건복지부, 중앙아동보호전문기관(2020). 아동학대 신고의무자가 꼭 알아야 하는 아동학대 예방요령. 세종: 보건복지부.

성영혜, 김연진, 이경화, 윤혜경, 송주미, 장미경 외(1999). 영유아 발달의 이론과 실제. 서울: 동문사.

송명자(1997). 발달심리학. 서울: 학지사.

식품의약품안전청(2011). 건강한 예비맘을 위한 영양·식생활가이드. 충북: 식품의약품안전청.

유니세프 한국위원회(2016). 유니세프 엄마젖먹이기 브로슈어: 모유수유 실천해요. 서울: 유니세프 한국위원회.

이상림, 김석호, 김지범, 강정한, 박원호, 신난희(2016). 동아시아 국제사회조사 참여 및 가족태도 국제비교 연구. 서울: 경제·인문사회연구회, 한국보건사회연구원 정책보고서.

이소영, 김은정, 박종서, 변수정, 오미애, 이상림, 이지혜(2018). 2018년 전국 출산력 및 가족보건·복지 실태조사. 연구보고서 2018-37. 서울: 한국보건사회연구원.

이영, 강민주, 우현경(2006). 좋은 부모되기 첫걸음. 서울: 굿네이버스.

이영, 이정희, 김온기, 이미란, 조성연, 이정림 외(2017). 영유아발달. 서울: 학지사.

이창주, 윤용달(2001). 내분비계장애물질이 생식과 발생에 미치는 영향. *Development & Reproduction, 4*(2), 3-10.

이현아(2014). 집단면접조사를 통한 아버지 학교참여 사례 연구. 한국가정관리학회지, 32(5), 179-191.

장휘숙(1997). 아동심리학. 서울: 박영사.

정옥분(2002). 아동발달의 이해. 서울: 학지사.

정현숙(2019). 가족관계. 서울: 신정.

정현숙, 유계숙, 어주경, 전혜정, 박주희(2002). 부모학. 서울: 신정.

조복희(1997). 유아발달. 서울: 교육과학사.

조성연(2006). 예비부모교육. 서울: 학지사.

조성연, 백경숙, 옥경희, 전효정, 전연진(2017). 가족관계론. 경기: 양서원.

조성연, 이미란, 최혜영, 박진재, 송혜린, 권연희, 박진아(2018). 부모교육(2판). 서울: 신정.

조성연, 이정희, 천희영, 심미경, 황혜정, 최혜영, 전효정(2014). 영아발달. 서울: 신정.

조성연, 천희영, 심미경, 황혜정, 최혜영, 전효정(2017). 영유아발달. 서울: 신정.

최보현(2003). 일개병원 임부의 태아애착과 신생아 시각, 청각의 관계. 연세대학교 교육대학원 석사학위논문.

통계청(2020). 2019 영아사망 · 모성사망 · 출생전후기사망 통계. 대전: 통계청.

한국보육진흥원(2016). 2016년 보육교직원 아동학대 예방교육. 서울: 한국보육진흥원.

한국인간발달학회 편(1997). 유아의 심리. 서울: 중앙적성출판부.

한재찬(1983). 태교신기의역: 좋은 아기 낳는 법(영인판). 서울: 정문사.

함기선, 신문균, 최홍식(1997). 신경생리학. 서울: 현문사.

* * *

Anthony, J. (1996). Newborn operant learning informs us about prenatal language development and learning. *Infant Bahavior and Development, 19*(1), 83.

Barney, T. (1987). 태아는 알고 있다(윤호중 역). 서울: 홍익사.

Berk, L. E. (1999). *Infants and children* (3rd ed.). Boston: Allyn and Bacon.

Berk, L. E. (2008). *Infants and children* (6th ed.). Boston: Allyn and Bacon.

Brazelton, T. B., & Greenspan, S. (2000). 생후 첫 몇 년간에 형성되는 미래를 향한 창문. 뉴스위크 한국판 특별호, pp. 34-36.

Cunningham, F. G., MacDonald, P. C., & Gant, N. F. (1989). *Williams obstetrics.* London: Prentice-Hall International.

Field, T. (1997). 영아기 발달(박성연, 이영 공역). 서울: 이화여자대학교 출판부.

Gander, M. J., & Gardiner, H. W. (1981). *Child and adolescent development.* Boston: Little, Brown Company.

Heckman, J. J. (2008). Schools, skills, and synapses. *Economic Inquiry, 46*(3), 289-324.

Korones, S. B. (1981). *High-risk newborn infants.* St. Louis, MS: Mosby.

Leboyer, F. (2003). 평화로운 탄생(김영주 역). 서울: 샘터.

LeMasters, E. E. (1957). Parenthood as crisis. *Marriage and Family Living, 19*, 352-355.

Lovejoy Jr., F. H., & Estridge, D. (Eds.). (1987). *The new child health encyclopedia: The complete guide for parents.* New York: Delta Book/Merloyd Lawrence.

Murkoff, H. (2000). 육아의 진정한 전문가는 바로 부모 자신이다. 뉴스위크 한국판 특별호 5, pp. 22-23.

Murkoff, H., Eisenberg, A., & Hathaway, S. (2002). *What to expect when you're expecting.* UK: Simon and Schuster.

Papalia, D. E. (1999). *A child's world infancy through adolesence.* New York: McGraw-Hill.

Pillitteri, A. (1981). *Maternal-newborn nursing: Care of the growing family.* Boston: Little Brown Company.

Ridley, M. (2000). 게놈(하영미, 전성수, 이동희 공역). 서울: 김영사.

Santrock, J. W. (2008). *Life-span development* (12th ed.). New York: McGraw-Hill.

Santrock, J. W. (2012). *Life-span development* (14th ed.). New York: McGraw-Hill.

Shaffer, D. R. (1999). *Developmental psychology: Childhood and adolescence* (5th ed.). Pacific Grove, CA: Brooks/Cole.

Steinberg, L. (2010). 좋은 부모 되기 위한 10계명(신민섭, 송종용 공역). 서울: 시그마프레스.

Stoppard, M. (2002). *New pregnancy and birth back*. UK: Dorling Kindersley.

Thomas, A., & Chess, S. (1977). *Temperament and development*. New York: Brunner/Mazel.

Vasta, R., Haith, M. M., & Miller, S. A. (1992). *Child psychology: The modern science*. New York: John Wiley & Sons.

Williams, B. K., Sawyer, S. C., & Wahlstrom, C. M. (2006). *Marriage, families, and intimate relationships: A practical introduction*. Boston: Allyn and Bacon.

경상매일신문(2013. 3. 20.). '영아 돌연사' 부모와 함께 자는게 '화근'. http://m.ksmnews.co.kr/view.php?idx=42952에서 2021. 5. 1. 인출.

고려대학교구로병원. http://anam.kumc.or.kr/dept/disease/deptDiseaseInfoView.do?BNO=102&cPage=2&DP_CODE=GROG&MENU_ID=004005에서 2020. 12. 24. 인출.

고려대학교 안산병원 산부인과. http://ansan.kumc.or.kr/dept/disease/deptDiseaseInfoView.do?BNO=114&cPage=&DP_CODE=ASOG&MENU_ID=004005에서 2021. 4. 26. 인출

국가건강정보포털. 건강정보. https://health.kdca.go.kr/healthinfo/biz/health/gnrlzHealthInfo/gnrlzHealthInfo/gnrlzHealthInfoView.do에서 2021. 5. 5. 인출.

국민일보(2019. 4. 9.). 1% 생존 확률 극복하고 쑥쑥 크는 '302g 사랑이'. http://news.kmib.co.kr/article/view.asp?arcid=0924071732&code=14130000&sid1=all에서 2021. 2. 15. 인출.

금연길라잡이. 임신과 흡연. https://www.nosmokeguide.go.kr/lay2/bbs/S1T33C109/H/22/view.do?article_seq=356&only_one=Y에서 2021. 5. 3. 인출.

누리위키. 클라인펠터 증후군. https://nuriwiki.net/wiki/%ED%81%B4%EB%9D%BC%EC%9D%B8%ED%8E%A0%ED%84%B0_%EC%A6%9D%ED%9B%84%EA%B5%B0에서 2021. 7. 7. 인출.

뉴스핌(2020. 9. 15.). 장철민 "맞벌이 부부 둘 중 한명이 돌봄공백으로 퇴사 고려". https://www.newspim.com/news/view/20200915000525에서 2021. 7. 2. 인출.

대한모유수유의사회. 모유수유모 예방접종. http://www.bfmed.co.kr/subView.html?cate=9&cate=9&idx=962에서 2021. 1. 1. 인출.

대한모유수유의사회. 모유수유의 장점(엄마). http://www.bfmed.co.kr/subView.html?cate=1&page=2&cate=1&idx=890에서 2021. 1. 1. 인출.

대한모유수유의사회. 신생아 모유수유 성공 팁 17가지. http://www.bfmed.co.kr/subView.html?cate=3&cate=3&idx=994에서 2021. 1. 1. 인출.

대한모유수유의사회. 신생아 모유수유 실패 지름길 17가지. http://www.bfmed.co.kr/subView.html?cate=3&cate=3&idx=996에서 2021. 1. 1. 인출.

대한모유수유의사회. 아기에게 친근한 병원 명단. http://www.bfmed.co.kr/subView3.html?cate=1&idx=43에서 2021. 7. 1. 인출.

대한모유수유의사회. 위생적으로 젖을 짜고 보관했다가 아기에게 먹이는 방법. http://www.bfmed.co.kr/subView.html?cate=10&cate=10&idx=707에서 2021. 1. 1. 인출.

대한모유수유의사회. 한국과 선진국 모유수유율 비교. http://www.bfmed.co.kr/subView.html?cate=1&cate=1&idx=938에서 2021. 1. 1. 인출.

대한산부인과학회 홈페이지. https://www.ksog.org/public/index.php?sub=2에서 2021. 4. 22. 인출.

데이터솜(2020. 7. 3.). 경사진 요람에서의 재운 아기, 질식사고 우려. http://www.datasom.co.kr/news/articleView.html?idxno=106925에서 2021. 5. 1. 인출.

데일리시큐(2018. 3. 15.). 다운증후군 증상과 발달 장애 문제. https://www.dailysecu.com/news/articleView.html?idxno=31575에서 2021. 5. 5. 인출.

동아사이언스(2003. 8. 11.). 산모의 음식이 아이 건강 좌우. http://dongascience.donga.com/news.php?idx=-49064에서 2021. 5. 1. 인출.

동아사이언스(2020. 11. 27.). 임신 중 스트레스, 태아 뇌 발달에 영향. http://dongascience.donga.com/news.php?idx=41898에서 2021. 4. 30. 인출.

동아사이언스(2021. 4. 26.). 35년 전 체르노빌 원전사고 겪은 피해자들, 대물림 피폭 흔적 없었다. http://dongascience.donga.com/news.php?idx=46095에서 2021. 5. 5. 인출.

동아일보(2001. 5. 6.). 술마시는 임신부 유산가능성 높아(A20). https://www.donga.com/news/article/all/20010506/7685734/1에서 2020. 12. 28. 인출.

동아일보(2009. 9. 26.). 『胎內환경이 지능 좌우한다』…美과학誌 보도. https://www.donga.
　　com/news/article/all/19970801/7273922/1에서 2021. 4. 30. 인출.

동아일보(2019. 12. 4.). 20대 미혼 남녀 47% "결혼할 생각 없어"…10명 중 6명 "출산 NO".
　　https://www.donga.com/news/Society/article/all/20191204/98658797/1에서 2021.
　　4. 18. 인출.

동아일보(2011. 4. 25.). 체르노빌 25년… 방사능 공포는 '진행형'. https://www.yna.co.kr/
　　view/AKR20110425149600009에서 2021. 5. 5. 인출.

동원산부인과(2017. 6. 29.). 앉아서 분만하는 좌식분만 장단점 총정리. https://m.post.
　　naver.com/viewer/postView.nhn?volumeNo=8382473&memberNo=34632337에서
　　2020. 12. 29. 인출.

라포르시안(2018. 1. 26.). 의료계 반대에도 밀어붙였던 '제왕절개분만 평가'…엉터리 정
　　책 손실은 누가 책임지나. http://www.rapportian.com/news/articleView.html?
　　idxno=108658에서 2020. 12. 18. 인출.

루시나산부인과 홈페이지. http://www.lucinamiz.com/bbs_detail.php?bbs_num=299
　　&tb=board_goods_introduce&id=&pg=1&menu_number=549에서 2021. 5. 5. 인출.

머니투데이(2017. 5. 16.). 첫 이유식 실패… 이렇게 바꾸니 "얌얌". https://m.mt.co.kr/
　　renew/view.html?no=2017051515312276878&MVJdptj에서 2021. 1. 1. 인출.

머니투데이(2017. 12. 18.). 이대목동병원뿐일까…韓 미숙아 생존율 최대 20%p 낮아. https://
　　news.mt.co.kr/mtview.php?no=2017121818528262693에서 2021. 2. 15. 인출.

매일경제(2018. 3. 26.). 맞벌이 부부의 자격… 죄송·미안 입에 달고 9년 버텨라. https://
　　www.mk.co.kr/news/society/view/2018/03/190858/에서 2021. 7. 3. 인출.

매일경제(2021. 6. 3.). [반복되는 아동학대] ① 1년에 3만여건…폭력에 신음하는 아이들.
　　https://www.mk.co.kr/news/society/view/2021/06/534813/에서 2021. 6. 27. 인출.

매일아이 홈페이지. https://www.maeili.com/cms/contents/contentsView.do?idx=1061&
　　categoryCd1=3&categoryCd2=3&categoryCd3=4&reCome=1&gubn=2에서 2021. 6.
　　27. 인출.

보건복지부 보도자료(2007. 10. 19.). 소아 청소년 성장곡선(신체발육 표준치) 새로이 제
　　정. http://www.mohw.go.kr/react/al/sal0301vw.jsp?PAR_MENU_ID=04&MENU_
　　ID=0403&page=696&CONT_SEQ=42375에서 2021. 1. 15. 인출.

보건복지부, 중앙아동보호전문기관(2019). 아동학대 신고의무자가 꼭 알아야 하는 아동학대

예방 요령(강의자료). 서울: 중앙아동보호전문기관.

보건복지부 홈페이지. http://www.me.go.kr/home/file/readHtml.do?fileId=1240&
　　fileSeq=2에서 2021. 5. 3. 인출.

부산일보(2019. 5. 30.). 체중 244g 초미숙아 '세이비의 기적'. http://www.busan.com/view/
　　busan/view.php?code=2019053018391726108에서 2021. 5. 1. 인출.

비온뒤(2017. 1. 19.). 고령 출산, 제대로 알고 준비하자. https://aftertherain.kr/commentary
　　/?work=view&idx=16638&cate=0에서 2021. 5. 1. 인출.

블로그(2019. 9. 19.). 신생아 반사 작용 종류, 모두 알려드릴께요. https://blog.naver.com/
　　PostView.nhn?blogId=kkulkkuls&logNo=221652943569&parentCategoryNo=&cate
　　goryNo=30&viewDate=&isShowPopularPosts=true&from=search에서 2021. 5. 18.
　　인출.

삼성서울병원 홈페이지. http://www.samsunghospital.com/home/healthInfo/content/
　　contenView.do?CONT_SRC_ID=132&CONT_SRC=HOMEPAGE&CONT_ID=4869
　　&CONT_CLS_CD=001004에서 2020. 12. 14. 인출.

삼성서울병원 홈페이지. http://www.samsunghospital.com/home/healthInfo/contentconten
　　View.do?CONT_SRC_ID=31092&CONT_SRC=HOMEPAGE&CONT_ID=3580 &CONT_
　　CLS_CD=001027에서 2021. 4. 25. 인출.

삼성서울병원 소아청소년과. http://www.samsunghospital.com/home/healthInfo/content
　　contenView.do?CONT_SRC_ID=09a4727a8000f2db&CONT_SRC=CMS& CONT_ID=
　　2976&CONT_CLS_CD=001020001008에서 2021. 5. 18. 인출.

서울대학교 의과대학 국민건강지식센터. http://hqcenter.snu.ac.kr/archives/jiphyunjeon/%
　　ED%98%84%EB%AA%85%ED%95%9C-%ED%83%9C%EA%B5% 90%EC%9D%98-
　　%EC%B2%AB-%EA%B1%B8%EC%9D%8C-%EC%9E%84%EC%8B%A0%EA%B8%B0
　　%EA%B0%84%EC%9D%98-%EC%98%81%EC%96%91%EA%B4%80%EACB%A6%에
　　서 2020. 12. 18. 인출.

서울대학교병원 의학백과사전. http://www.snuh.org/health/encyclo/view/21/2/18.do에서
　　2021. 4. 25. 인출.

서울신문(2014. 11. 15.). 뱃속부터 웃던 태아, 태어나서도 미소 그대로… 화제. https://now
　　news.seoul.co.kr/news/newsView.php?id=20141115601004에서 2021. 5. 1. 인출.

세계일보(2018. 5. 23.). 환경호르몬의 역습… 기형아 출산 늘었다. https://m.segye.com/

view/20180523004793에서 2020. 12. 25. 인출.

시사저널(2004. 10. 12.). 술고래 남편 두면 애 낳기 힘들다. https://www.sisajournal.com/news/articleView.html?idxno=96580에서 2021. 5. 3. 인출.

아동권리보장원. 아동학대 예방 및 보호: 사업내용. https://www.ncrc.or.kr/ncrc/cm/cntnts/cntntsView.do?mi=1030&cntntsld=1033에서 2021. 6. 27. 인출.

아동권리보장원. 아동학대 예방 및 보호: 사업안내. https://www.ncrc.or.kr/ncrc/cm/cntnts/cntntsView.do?mi=1030&cntntsld=1029에서 2021. 6. 27. 인출.

아시아경제(2013. 1. 25.). 가사분담표 만들어라… 맞벌이부부 10계명. https://cm.asiae.co.kr/article/2013012509524779557에서 2021. 7. 3. 인출.

아주대학교병원. 올바른 식습관은 이유식에서부터 시작된다. hosp.ajoumc.or.kr/HealthInfo/DiseaseView.aspx?ai=1192&cp=1에서 2021. 2. 18. 인출.

안전한 출산 인프라 구축 사업단 홈페이지. http://hwangs.kr/?page_id=492)에서 2021. 4. 23. 인출.

여성가족부 보도자료(2020. 9. 2.). 2020 통계로 보는 여성의 삶. 서울: 여성가족부.

연합뉴스(2009. 11. 13.). 유모차 사고, 80% 이상이 낙상으로 인한 머리 부상으로 밝혀져…. https://www.yna.co.kr/view/RPR20091113027600353에서 2021. 6. 25. 인출.

연합뉴스(2014. 11. 2.). "체르노빌 방사선 노출로 갑상선암 심각해져"… 상관관계 입증. https://www.yna.co.kr/view/AKR20141101005900091에서 2021. 5. 1. 인출.

연합뉴스(2017. 11. 27.). 임신 중 아스피린 복용, 태아 뇌성마비 위험. https://www.yna.co.kr/view/AKR20171127041300009에서 2021. 5. 1. 인출.

연합뉴스(2018. 5. 23.). 신생아 100명중 5.6명 '선천성 기형'… 6년새 1.6배↑. https://www.yna.co.kr/view/GYH20180523000100044에서 2021. 2. 15. 인출.

연합뉴스(2019. 1. 27.). 초산 제왕절개분만율 추이. https://www.yna.co.kr/view/GYH20190127000900044에서 2021. 2. 15. 인출.

연합뉴스(2019. 2. 26.). 임신 중 니코틴 노출−ADHD 연관 확실. https://www.yna.co.kr/view/AKR20190226069100009에서 2021. 5. 3. 인출.

연합뉴스(2021. 5. 31.). 볼트 쉽게 파손되는 유모차·잘 넘어지는 가구 등 66개 제품 리콜. https://www.yna.co.kr/view/AKR20210531037800003?section=searchDPTJ에서 2021. 6. 25. 인출.

에듀넷. http://down.edunet4u.net/KEDNCM/A000800002_20150305/02(4).jpg에서 2021.

4. 18. 인출.

유니세프 한국위원회. 모유수유 단계별 실천방법. file:///C:/Users/user/Downloads/2016_
mom_action.pdf에서 2021. 1. 1. 인출.

이데일리(2013. 7. 11.). 몰래 핀 아빠의 흡연 흔적, 태아는 알고 있다!. https://www.edaily.
co.kr/news/read?newsId=01728566602873536&mediaCodeNo=257에서 2021. 5. 3.
인출.

의료그룹차 홈페이지. https://www.chamc.co.kr/health/guide/default.asp?ct_id=323&cc_
id=32302에서 2021. 4. 26. 인출.

의학신문(2021. 2. 2.). 결혼-출산 지연 35세 이상 고령임신 비율 증가세 지속. https://www.
bosa.co.kr/news/articleView.html?idxno=2143479에서 2021. 5. 1. 인출.

위시바디라인 블로그. 임신 음주/임신 중 음주는 태아알코올증후군 위험 높다. https://
m.blog.naver.com/PostView.nhn?blogId=wissi_family&logNo=50123247868&proxy
Referer=https:%2F%2Fwww.google.com%2F에서 2021. 2. 16. 인출.

인민망 한국어판. http://kr.people.com.cn/n/2015/0708/c208059-8917219-3.html에서
2021. 5. 13. 인출.

임신육아종합포털 아이사랑. http://www.childcare.go.kr/cpin/contents/010203010000.jsp
에서 2021. 1. 3. 인출.

임신육아종합포털 아이사랑. http://www.childcare.go.kr/cpin/contents/010201030000.jsp
에서 2020. 12. 28. 인출.

임신육아종합포털 아이사랑. http://www.childcare.go.kr/cpin/contents/010201060000.jsp
에서 2021. 12. 28. 인출.

임신육아종합포털 아이사랑. http://www.childcare.go.kr/cpin/contents/010201080000.jsp
에서 2021. 5. 14. 인출.

임신육아종합포털 아이사랑. http://www.childcare.go.kr/cpin/contents/010202010000.jsp;
jsessionid=b2A0BTm66zpDmaJBPaJ0JaBTxh1aV9ueDao0Tlss4QCIw7SnJGijy4xufbk
yR4Av.mwdawas03_servlet_pcms에서 2021. 4. 23. 인출.

임신육아종합포털 아이사랑. http://www.childcare.go.kr/cpin/contents/010101020000.jsp
에서 2021. 1. 3. 인출.

임신육아종합포털 아이사랑. http://www.childcare.go.kr/web/board/BD_board.list.
do?bbsCd=1062&ctgCd=1001에서 2020. 12. 5. 인출.

임신육아종합포털 아이사랑. http://www.childcare.go.kr/web/board/BD_board.list.do?bbsCd=1062&ctgCd=1002에서 2020. 12. 5. 인출.

임산부약물정보센터 한국마더세이프 전문상담센터. https://www.mothersafe.or.kr/archives/41542에서 2021. 5. 1. 인출

임산부약물정보센터 한국마더세이프 전문상담센터. http://www.mothersafe.or.kr/archives/42303에서 2020. 12. 19. 인출

임현숙(2011). 산전산후 영양관리를 위한 건강한 식생활정보. http://www.childcare.go.kr/web/board/BD_board.view.do?seq=H06-2340620110707&bbsCd=1019&pageType=&showSummaryYn=N&delDesc=&q_currPage=5&q_sortName=&q_sortOrder=&q_searchKeyType=&q_searchKey=&q_searchVal=에서 2021. 1. 3. 인출.

위키백과. 태교. https://ko.wikipedia.org/wiki/%ED%83%9C%EA%B5%90에서 2021. 4. 30. 인출.

장주영. 아주대학교병원 홈페이지. http://hosp.ajoumc.or.kr/HealthInfo/DiseaseView.aspx?ai=1192&cp=1에서 2021. 2. 18. 인출.

전북대신문(2013. 12. 1.). 인류 최악의 참사로 기억될 체르노빌. http://www.jbpresscenter.com/news/articleView.html?idxno=4196에서 2021. 5. 5. 인출.

제일여성병원. http://www.jeil3366.co.kr/jeil_htm/jeil_m031_01_05.php에서 2020. 12. 14. 인출.

조선일보(2020. 10. 20.). 신생아는 젖병으로 매일 미세 플라스틱 158만개 먹는다. https://www.chosun.com/economy/science/2020/10/20/IFZNJNG45NDN7HDSZDXLAON2BM/에서 2021. 6. 13. 인출.

주간동아(2018. 11. 9.). 고령산모니까 제왕절개해야 한다?. https://m.post.naver.com/viewer/postView.nhn?volumeNo=17058455&memberNo=39087579에서 2020. 12. 30. 인출.

중앙일보(1998. 10. 16.). [태교음악의 몇가지 진실] 3개월째부터 음 알아듣는다. https://news.joins.com/article/3712255에서 2021. 4. 30. 인출.

중앙일보(2000. 10. 4.). 스트레스 받은 산모 기형아 출산율 높다. https://news.joins.com/article/3976748에서 2021. 5. 1. 인출.

중앙일보(2004. 11. 28.). 임신부 체중 1kg 늘 때마다 제왕절개 비율 4%p 증가. https://news.joins.com/article/418160에서 2021. 4. 24. 인출.

중앙일보(2013. 1. 4.). 태아 때부터 언어 배운다. https://news.joins.com/article/10343599 에서 2021. 4. 30. 인출.

중앙일보(2014. 11. 7.). 텅빈동네·사라진 아이들… 2750년 '인구 0명' 한국은 없다. https://news.joins.com/article/16352560에서 2021. 2. 15. 인출.

중앙일보(2015. 8. 1.). 여성 생식력 계산기 나와… 최적의 출산 시기는? https://news.joins.com/article/18366749에서 2021. 4. 22. 인출.

중앙일보(2017. 5. 17.). 노산이라 양수검사 걱정? 요즘엔 혈액으로 확인할 수 있어요. https://news.joins.com/article/21578990에서 2021. 5. 1. 인출.

중앙일보(2019. 4. 3.). 영양부족 경험한 저체중 신생아, 비만 가능성 높다 왜? https://news.joins.com/article/23430558에서 2021. 5. 1. 인출.

중앙일보(2021. 4. 20.). 조기초경 11세 소녀 쇼크 수십년전 살충제 노출 외할머니 탓. https://news.joins.com/article/24038817에서 2021. 5. 5. 인출.

진오비산부인과 정보. 태교에 관하여. http://gynob.kr/thread-1400-1-1.html에서 2021. 4. 30. 인출.

질병관리청 예방접종도우미. https://nip.cdc.go.kr/irgd/index.html에서 2021. 2. 18. 인출.

청해의학 블로그(2010. 12. 19.). https://m.blog.naver.com/PostView.nhn?blogId=hyouncho2&logNo=60120315144&proxyReferer=https:%2F%2Fwww.google.com%2F에서 2021. 5. 6. 인출.

최예용(2013. 2. 12.). 반세기 넘도록 계속된 고통, 탈리도마이드 피해자를 만나다. http://ecotopia.hani.co.kr/?document_srl=68588dptj에서 2021. 2. 16. 인출.

키즈현대(2020. 12. 2.). 가정 내 장난감 사고 주의! 안전한 장난감 사용법과 올바른 구매요령. https://kidshyundai.tistory.com/1146에서 2021. 6. 25. 인출.

태아알코올증후군 예방연구소 홈페이지. http://part.eumc.ac.kr/dept/FAS/content.do?menuId=001015에서 2021. 5. 3. 인출.

태아알코올증후군 예방연구소 홈페이지. http://part.eumc.ac.kr/dept/FAS/content.do?menuId=001016에서 2021. 5. 3. 인출.

통계청(2020). 2019년 영아사망·모성사망·출생전후기사망 통계. 대전: 통계청.

통계청 보도자료(2018. 9. 20.). 점점 다양해지는 가족 형태, 당신이 생각하는 가족은 무엇인가요? 대전: 통계청.

통계청 보도자료(2019. 12. 18.). 2019 일·가정 양립 지표. 대전: 통계청.

통계청 보도자료(2020. 6. 23.). 2019년 하반기 지역별 고용조사 맞벌이 가구 및 1인 가구 고용 현황. https://m.post.naver.com/viewer/postView.nhn?volumeNo=16743814&memberNo=608322에서 2020. 12. 10. 인출.

통계청 보도자료(2020. 8. 26.). 2019년 출생 통계. 대전: 통계청.

통계청 보도자료(2021. 2. 24.). 2020년 인구동향조사 출생·사망통계 잠정 결과. 대전: 통계청.

통계청 보도자료(2021. 3. 18.). 2020년 혼인·이혼 통계. 대전: 통계청.

통계청 보도자료(2021. 4. 25.). 신혼부부통계로 살펴본 혼인 후 5년간 변화 분석: 출산·경제활동·주택소유 중심으로. 대전: 통계청.

통계청, 여성가족부 보도자료(2019. 7. 1.). 2019 통계로 보는 여성의 삶. 서울: 여성가족부.

통계청, 여성가족부 보도자료(2020. 9. 2.). 2020 통계로 보는 여성의 삶. 서울: 여성가족부.

파이낸셜뉴스(2017. 2. 6.). 신생아집중치료센터 지원 8년만에 1kg미만 미숙아 생존율 72.8%로 증가. https://www.fnnews.com/news/201702061923482109에서 2021. 2. 15. 인출.

프레시안(2016. 5. 25.). 고양이가 사라지자, 사람이 죽기 시작했다!. https://www.pressian.com/pages/articles/137030에서 2021. 5. 5. 인출.

프로라이프 홈페이지. 생명의 연속성. https://www.prolife.or.kr/page/sub_050101에서 2021. 5. 1. 인출.

프로라이프 홈페이지. 임신과 태아발달과정 도표. https://www.prolife.or.kr/bbs_shop/read.htm?me_popup=&auto_frame=&cate_sub_idx=0&list_mode=board&board_code=bbs_050103&search_key=&key=&page=&idx=222527에서 2021. 5. 1. 인출.

프로라이프 홈페이지. 카네기 발달단계표. https://www.prolife.or.kr/bbs/bbs_050103/222537에서 2021. 5. 1. 인출.

한겨레신문-비빔툰 2005-5-9 "조각"

한국경제(2018. 8. 5.). 주부의 가사노동은 왜 '부급'으로 따져야 하나. https://www.hankyung.com/economy/article/201807304569b에서 2020. 10. 27. 인출.

한국민족문화대백과사전. 칠태도. http://encykorea.aks.ac.kr/Contents/Item/E0074714에서 2021. 7. 5. 인출.

한국병원 의학상식. http://www.hankookhospital.co.kr/knowledge_dept9/13083에서 2021. 5. 18. 인출.

한국소비자원 보도자료(2019. 3. 26.). 영아용 조제분유, 구매 전 영양성분 꼼꼼히 살펴봐야.

https://www.kca.go.kr/kca/sub.do?menukey=5084&mode=view&no=1002786393 &page=7에서 2021. 6. 13. 인출.

한국일보(2020. 3. 25.). '민식이법' 시행 첫날… 개정안 체감하지 못하는 보행자·운전자는 여전. https://www.hankookilbo.com/News/Read/202003251709786994에서 2021. 6. 25. 인출.

한의학박사 김성훈 블로그. https://blog.daum.net/kidoctor/15966992에서 2021. 5. 18. 인출.

헬스조선 뉴스(2015. 10. 20.). 美 연구 "임신 중 술 한 모금도 마시면 안 돼". https://m.health. chosun.com/svc/news_view.html?contid=2015102001857에서 2021. 5. 3. 인출.

헬스조선 뉴스(2017. 12. 15.). 조산, 6년새 2.3배나 증가… 건강한 출산하려면? https://m. health.chosun.com/svc/news_view.html?contid=2017121500883에서 2021. 4. 26. 인출.

헬스조선 뉴스(2018. 5. 21.). 임신부가 주의해야 할 '임신중독증' 5가지 증상은? https://m. health.chosun.com/svc/news_view.html?contid=2018052100977에서 2021. 2. 14. 인출.

헬스조선 뉴스(2020. 11. 22.). 임신부가 술마시면 '이런 일'이… https://m.health.chosun. com/svc/news_view.html?contid=2020112001808에서 2021. 5. 3. 인출.

brunch(2016. 2. 24.). 맞벌이 부부가 버려야 할 5가지. https://brunch.co.kr/@ ahyeonkim/10에서 2021. 7. 2. 인출.

ENEX에넥스 공식 블로그(2017. 5. 9.). 현명하게 집안일 나누는 방법! 맞벌이부부의 가사분담 Tip!+가사분담표. https://m.blog.naver.com/enexhome/2210018 47000에서 2021. 7. 3. 인출.

ezday(2015. 8. 1.). 만혼시대… 여성 생식력 계산기 나와. http://m.ezday.co.kr/bbs/view_ board.html?q_sq_board=6947110에서 2021. 4. 22. 인출.

Gaia 의학정보. http://gaianos.tistory.com/238에서 2021. 5. 18. 인출.

HiDoc 뉴스/칼럼(2020. 6. 19.). 美 영아 사망원인 1위, '영아 돌연사 증후군'이란? https:// www.hidoc.co.kr/healthstory/news/C0000521190에서 2015. 5. 22. 인출.

momQ(유한킴벌리) 홈페이지. 육아정보. https://www.momq.co.kr/board/board.html? code=2020nemomq_board1&page=1&type=v&board_cate=&num1=9998601&num2 =00000&number=1253&lock=N에서 2021. 2. 18. 인출.

momQ(유한킴벌리) 홈페이지. 육아정보. https://www.momq.co.kr/m/board.html?code=
　　　2020nemomq_board1&page=3&type=v&board_cate=1&num1=9998847&num2=000
　　　00&number=305&lock=N에서 2021. 5. 15. 인출.

Pinterest. 유엔아동권리협약 인포그래픽. pinterest.co.kr/pin/22961380975799435에서
　　　2021. 4. 18. 인출.

POPULAR SCIENCE(2018. 10.1). 아기 보행기는 언제나 위험하다… 왜 계속 팔리지?. http://
　　　www.popsci.co.kr/news/articleView.html?idxno=7854에서 2021. 6. 25. 인출.

RULIWEB 홈페이지. 고엽제에 의해 기형이 된 베트남 아이들의 비참한 모습. https://bbs.
　　　ruliweb.com/community/board/300145/read/17410248dop서 2021. 2. 16. 인출.

SAFEKiDSKorea. 가정안전. http://www.safekids.or.kr/content/content.php?cont=
　　　record03_02&mode=1에서 2021. 1. 2. 인출.

SAFEKiDSKorea. 어린이 안전사고 통계자료. http://www.safekids.or.kr/content/content.
　　　php?cont=record03_00&mode=1에서 2021. 6. 21. 인출.

THE FACT(2019. 10. 6.). 길거리 내몰리고 우울증도…위기의 아이들. http://news.tf.co.kr/
　　　read/life/1764649.htm에서 2020. 11. 3. 인출.

UNICEF KOREA. 모유수유 단계별 실천 방법. https://www.unicef.or.kr/child-rights/
　　　initiative/mother-friendly-workplace.asp에서 2021. 2. 18. 인출.

WORLDTODAY(2021. 7. 6.). '터너증후군' '무시무시' 공포 이것 알면 "쉽게 고친다". http://
　　　www.iworldtoday.com/news/articleView.html?idxno=167291에서 2021. 7. 7. 인출.

찾 / 아 / 보 / 기

저자
소개

조성연(Cho Songyon)

연세대학교 생활과학대학 아동학과 졸업
연세대학교 대학원 아동학과 박사(Ph. D.)
현) 호서대학교 유아교육과 교수

〈저서〉
청소년학개론(2판, 공저, 학지사, 2019)
최신 보육학개론(공저, 학지사, 2018)
부모교육(2판, 공저, 신정, 2018)
가족관계론(공저, 양서원, 2017)
영유아발달(공저, 신정, 2017)

〈논문〉
유아교사의 음악에 대한 태도와 감성리더십이 음악교수효능감에
　　　미치는 영향(공동, 한국보육지원학회지, 2019)
사회행동과학연구에서의 생명윤리와 기관생명윤리위원회(IRB)의
　　　이해(단독, 한국보육지원학회지, 2018)
부모역할만족척도의 타당화 연구(공동, 생애학회지, 2017)

행복한 부모-자녀 관계를 위한

예비부모교육
Education for Future Parenthood

2021년 10월 15일 1판 1쇄 인쇄
2021년 10월 20일 1판 1쇄 발행

지은이 • 조성연
펴낸이 • 김진환
펴낸곳 • ㈜ **학지사**
　　　　04031 서울특별시 마포구 양화로 15길 20 마인드월드빌딩
대표전화 • 02)330-5114　　　팩스 • 02)324-2345
등록번호 • 제313-2006-000265호

홈페이지 • http://www.hakjisa.co.kr
페이스북 • https://www.facebook.com/hakjisa

ISBN 978-89-997-2523-4 93370

정가 16,000원

출판 · 교육 · 미디어기업 **학지사**

간호보건의학출판 **학지사메디컬** www.hakjisamd.co.kr
심리검사연구소 **인싸이트** www.inpsyt.co.kr
학술논문서비스 **뉴논문** www.newnonmun.com
교육연수원 **카운피아** www.counpia.com